宋桂明 编著

股权设计战略与
股权激励实务指引

A GUIDE TO EQUITY STRUCTURE DESIGN
AND EQUITY INCENTIVE

浙江工商大学出版社
ZHEJIANG GONGSHANG UNIVERSITY PRESS

图书在版编目(CIP)数据

股权设计战略与股权激励实务指引 / 宋桂明编著.
—杭州：浙江工商大学出版社，2017.8(2020.6 重印)
ISBN 978-7-5178-2300-1

Ⅰ．①股… Ⅱ．①宋… Ⅲ．①股权管理－研究 Ⅳ.
①F271.2

中国版本图书馆 CIP 数据核字(2017)第 170527 号

股权设计战略与股权激励实务指引

宋桂明　编著

责任编辑		王　英
封面设计		林朦朦
责任印制		包建辉
出版发行		浙江工商大学出版社
		(杭州市教工路 198 号　邮政编码 310012)
		(E-mail：zjgsupress@163.com)
		(网址：http://www.zjgsupress.com)
		电话：0571－88904980,88831806(传真)
排　　版		杭州朝曦图文设计有限公司
印　　刷		杭州宏雅印刷有限公司
开　　本		710mm×1000mm　1/16
印　　张		18.5
字　　数		282 千
版 印 次		2017 年 8 月第 1 版　2020 年 6 月第 8 次印刷
书　　号		ISBN 978-7-5178-2300-1
定　　价		48.00 元

序

马云、马化腾、刘强东、雷军……这些成功的创业者犹如一座座灯塔，指引着人们踏上创业的征程。尤其是2014年李克强总理提出"大众创业、万众创新"的口号之后，一股创业浪潮席卷了整个中国。随着创业大军不断壮大，由于创业引发的各类矛盾与纠纷随之而来，一些因股权纠纷而导致创业失败的案例也经常上新闻头条。这些股权纠纷的产生，源于创业者在创业伊始没有慎重地考虑如何科学、合理地对创业公司的股权进行设计。

律师之道犹如中医之道，我们一旦参与创业，就需要时时号脉——"治未病"。商事领域，时间就是金钱，效率就是生命。因此，仅仅"对症下药"，化解现有的法律纠纷和矛盾是不够的；要做到"治未病"，避免企业法律风险的产生，这才是商事法律服务的最高追求。股权设计和股权激励项目亦应如此。股权设计是时代的需要，科学合理的股权架构，无疑是企业稳健发展的基础。近两年，笔者通过培训、讲座等方式，与各地的创业者分享关于股权设计的经验心得。但是，仅仅凭借短期培训等方式，可能无法系统性地、全面地梳理所得。因此，笔者决定着手本书的写作，以期能从内容的实用性、架构的逻辑性、实务的贴合性等方面为商界人士提供一些有益帮助。

本书分为两个模块，前一模块是对股权设计之道进行经验性的总结与分享，后一模块着重对股权激励进行分析与实战研讨。对一家企业而言，一般不可避谈三个方面——创始人、资本、员工。因此，笔者将股权设计分为三个方面，即针对创始团队和创始人之间的创始股东股权设计，针对创业公司和投资人股东之间的股权融资方案设计，以及针对公司与公司员工的股权激励方案设计。这三个方面因为所涉及的主体不同，所以在相应的关注点和条款的设计上均有差异。结合实战经验，笔者总结出了"股权设计三步法"这一设计思路，其目的就是让客户判断什么样的股权设计方案是完整的、安全的、可行的。另外，本书的最后部分附有股权激励相关文书，以及与股权设计和股权激励相关的法律法规及文件列表，希望能为读者提供更好的帮助。

　　笔者及其团队立足于股权，根据多年来的律师实务经验，结合企业在不同成长阶段所面临的问题和挑战，以通俗易懂的配套案例提供支撑说明，详细地阐释了股权设计之道。笔者在学习参考大量现有研究成果的同时，也总结出了许多原创观点，这些观点可能存在不成熟之处。对此，笔者将会在今后的研究过程中予以修改和完善，也希望本书的读者能给我们提出宝贵的意见和建议，鄙人将不胜感激。

宋桂明

2017 年 8 月

目　录

第一编　股权设计战略

第二编　股权激励实务指引

第一编　股权设计战略

古希腊有这样一则神话故事,传说在希腊雅典提修斯的时代,有一个奇怪的巨人强盗叫普罗克拉斯提斯,他并不抢钱劫物,而是梦想能用他的铁床改变别人的身高。他有一长一短两张铁床,把抓到的高个子绑在短床上,抓到的矮个子绑在长床上。如果被劫人的身高比铁床短,普罗克拉斯提斯就强拉被劫人的身体,使他的身体与床一样长;如果被劫人身高比铁床长,普罗克拉斯提斯就斩去他身体长出的部分。如此一来被劫者都被"修理"得与铁床"相配"了,当然也被折磨得没了命。

在中国,从清华大学 1981 年首次推出"厂长班"至今,企业培训行业在中国已经发展了 36 年。近几年,在各种因素的影响之下,越来越多的企业遇到了发展的瓶颈,大量的企业家在企业转型的压力下开始"病急乱投医",参加各式各样的培训班,导致培训行业近几年的发展出现了井喷式的现象。但在企业家培训的浪潮中,大量企业的瓶颈问题并未得到解决,反而出现了"老板一培训,企业就倒闭"的尴尬局面。企业进行调整和转型以顺应市场发展的方向是企业发展的一条必经之路,但是企业家对企业进行改革并不是要把企业强行放入"普罗克拉斯提斯之床"(Procrustean's bed),这样无异于削足适履,结果会适得其反。

股权设计与股权激励亦然,"知其然"的同时我们还需"知其所以然"。如果不了解现代公司制度,不了解股权设计中的一些基本原理,甚至道不清说不明什么是股权,那么空谈股权设计与股权激励无异于管中窥豹,不仅难成体系,更容易误入歧途。

第一章　公司与股权

我们在和客户的交谈中发现了一个有趣的现象,绝大多数的创业者都不会怀疑股权的重要性,因而将其牢牢握在手中视为珍宝,但却鲜有几个创业者能说得清他们所在意的这个股权究竟是什么,公司(如本文无特殊注明,所述"公司"皆为"有限责任公司")和股东之间又是一个什么样的关系。虽然我们提倡创业者要把"专业的事交给专业的人"来做,但是关于公司、股权,正确地去理解一些基础概念也许会帮助你对创业的方向和公司的顶层架构设计有更为深刻的思考和认识。

第一节　什么是企业法人

日常生活中,大多数的"非法律人"谈到"法人"一词时都认为是指公司的法定代表人,但法律意义上的"法人"并不是指企业的"法定代表人",而是指公司本身。《中华人民共和国公司法》(以下简称"《公司法》")第三条规定:"公司是企业法人,有独立的法人财产,享有法人财产权。公司以其全部财产对公司的债务承担责任。有限责任公司的股东以其认缴的出资额为限对公司承担责任;股份有限公司的股东以其认购的股份为限对公司承担责任。"

这条规定以极为简短的91个字拟制了公司独立人格地位的同时,也规定了股东的有限的责任承担模式。法人拟制和有限责任是现代公司制度的基础,公司制度的设立被很多学者誉为是当代最伟大的发明创造。

1. 公司的人格拟制

公司的人格拟制,是一种将自然人的一些人格特征赋予公司这个社会组织的法律技术。比如说自然人的人格中有一个特征就是自然人的意志能力,拥有意志能力使得自然人能够对自己的行为有一个判断,对自己的行为结果有一个预期;而独立地位的取得,代表了公司通过股东会、董事会等议事规则形成并具有了自己的独立意志。此外,法律也将一些其他的自然人特征赋予了公司,如姓名、住所等。独立的人格拟制,实际上就是形成了一个将投资人和公司人格区分的事实。我们认为这种区分便是《公司法》及现代公司制度的核心所在,通过法律人格的拟制,构建了公司和股东之间两个不同的人格,两种不同的权利行使方式及两种不同的责任承担方式,互不混同。正是这种区分,使得公司变为一个独立的主体,为公司的自我发展奠定了基础;为资本替代血缘,让陌生人之间的合作变成了一种可能。而塑造公民企业,也使得公司为相关利益者创造了更多的价值。

不同于自然人,从理论上来说公司这个法律拟制的具有独立人格的组织有着无限期的生命。世界上也不乏拥有百年历史,时至今日依旧发挥无限生命力的公司。例如,美国的杜邦公司,成立于 1802 年,距今已经有 200 多年的历史,今天在化工行业依旧有着巨大的影响力;美国保洁公司,成立于 1837 年,距今已有 180 年的历史,现在仍然是世界上最大的化学日用品公司,SK-Ⅱ、玉兰油、飘柔、海飞丝、潘婷、沙宣、舒肤佳都是其旗下的子品牌,影响着人们的生活;德国西门子股份公司,创立于 1847 年,已有 170 年的历史,直到今天依然是全球领先的技术企业;瑞士雀巢集团,成立于 1867 年,已经历了 150 个春夏秋冬,今天依然是全球最大的食品制造商;荷兰飞利浦公司,成立于 1871 年,虽然已有 146 年的历史,但是仍然是世界排名前十的电子生产企业;美国可口可乐公司,成立于 1886 年,有着 130 余年的历史,今天依旧是拥有世界饮料行业近一半的市场;美国通用电气公司,创立于 1892 年,已有 125 年的历史,今天依旧是世界上最大的提供技术和服务业务的跨国公司,保持着强大的创新能力。像这样的百年企业还有很多,正是因为公司有着独立的人格,哪怕股东生老病死,变更交替,公司都能依据自己的独立意志得以持续发展。

2. 股东有限责任的承担方式

在现代公司制度设立之前,由于投资者和企业之间在人格、权利、责任上没有区分,特别是没有责任承担方式上的区分,使得人们在交易过程中大多是以个人全部财产来承担无限连带责任,这样的承担方式虽然有利于责任的追诉,但同时无限连带的模式也使得商人对于较高风险的项目和商业模式保持一种极为谨慎的态度。随着两次工业革命的开展,大量的发明创造涌现,当时的情况和今天由互联网带来的创业潮极为类似,有大量的创业者和发明家希望将个量的发明变成批量的商品,但是这个过程需要大量的资金和商业运作的支持,所以当时工匠出身的发明家创业者也极为渴望得到天使轮、A 轮、B 轮等的融资。一方面是创业者对资金的渴望,另一方面是由于发明创造的商品化过程需要投入的资金体量极大,而其市场前期又存在极大的不确定性,如果采用无限连带的责任承担模式,在极大的风险系数面前是鲜有人愿意铤而走险资助这些工匠发明的新事物的。商法的制定并不是闭门造车,而是来源于对商事行为的总结。在 19 世纪中后期至 20 世纪初情况发生了变化,这一时期西方主要的资本主义大国特别是英国、德国和美国陆续颁布了法律,确定了股东的有限责任,这一举措极大限度地鼓励了投资,促进了资本的集聚。正如 20 世纪初美国哥伦比亚大学校长巴特尔(Butler)所言,有限责任形态的公司是现代最伟大的创举,以至于蒸汽机和电力的发明也无法与其媲美,没有有限责任形态的公司,蒸汽机和电力就会无所作为。

3. 滥用法人地位的法律风险

公司独立人格的拟制和股东有限责任的确立不是为了打造一个逃避债务的避风港,如果不能正视公司的独立人格,股东的有限责任就会得到一些否定性的法律评价。"刺破公司面纱"(Piercing the Corporation's Veil)又叫作公司法人人格否认制度,是指公司股东为逃避法律义务或责任而违反诚实信用原则,滥用法人资格或股东有限责任、致使债权人利益严重受损时,法院有权判令该股东直接向公司债权人履行法律义务,承担法律责任。我国《公司法》第二十条规定了公司股东应当遵守法律、行政法规和公司章程,依法行使股东权利,不得滥用股东权利损害公司或者其他股东的利益,不得滥用公司法人独立地位和股东有限责任损害公司债权人的利益。公司股东滥用股东权利给公司或者其他股东造成损失的,应当依法承担赔偿责任。公司股东滥用公司法人独立地位和股东有限责任,逃避债务,严重损害公司债权人利益的,应当对公司债务承担连带责任。这为"刺破公司面纱"制度在我国的司法实践提供了法律依据。

在实践中该制度应分为两种情形,第一种是公司控股股东滥用公司法人人格,存在转移资金,恶意逃避债务等行为,使公司形骸化,丧失独立承担责任的基础。该情形应适用法人人格否认制度,可依据《公司法》第二十条的有关股东与公司人格混同的规定判令股东与公司承担连带责任。

第二种是关联公司之间的法人人格混同,即公司与另一个存在某种特殊关系的公司之间出现了财产、经营范围、组织机构等方面的混同,且这种混同情形侵害了债权人的合法利益。对此,法律目前尚无明确的具体规定,但实践中可以灵活适用《公司法》法人人格否认理论,以及民法理论中的诚实信用、公平正义等理念来确定一公司对其关联公司的债务承担连带责任。

【案例】

徐工集团工程机械股份有限公司诉成都川交工贸有限责任公司等买卖合同纠纷案

该案原审法院为江苏省徐州市中级人民法院,二审法院为江苏省高级人民法院。原告为徐工集团工程机械股份有限公司(以下简称"徐工机械公司"),被告为成都川交工程机械有限责任公司(以下简称"川交机械公司")、四川瑞路建设工程有限公司(以下简称"瑞路公司")、成都川交工贸有限责任公司(以下简称"川交工贸公司")与王某等人。

该案原告徐工机械公司与被告中的川交工贸公司签订了买卖合同,由于被告拖欠货款,原告遂诉至法院,并将与川交工贸公司关系较为密切的川交机械公司、瑞路公司及王某等人一并列为被告,要求其承担连带责任。本案一审法院判决被告川交工贸公司赔偿所欠货款,川交机械公司、瑞路公司对其承担连带责任,但驳回了原告要求王某等人承担连带责任的诉讼请求。随后,江苏省高级人民法院驳回川交机械公司与瑞路公司的上诉,维持原判。

该案的裁判关键主要有两点:一是三家公司之间人员、业务和宣传上的交叉引起的财产难以区分,是否会导致其丧失独立人格,构成人格混

同;二是如果其构成人格混同,是否应承担连带责任。在该案中,针对以上两个问题,徐州市中院和江苏省高院做出了统一的判决:

首先,法院援引《公司法》第三条"公司是企业法人,有独立的法人财产,享有法人财产权。公司以其全部财产对公司的债务承担责任"的规定确定本案被告三公司丧失独立人格。虽然该条规定并未明确何种情况公司丧失独立人格,但显然指明了公司具有独立法人地位、能独立承担债务的前提是有独立的财产。而本案被告三公司相互间财务、人员交叉,账户不加区分,无法指明其独立财产,进而可以被认定为不具有独立法人地位,构成人格混同。

其次,法院比照我国《公司法》第二十条第三款和《中华人民共和国民法通则》(以下简称《民法通则》)第四条的规定,要求被告三公司承担连带责任。本案中,川交机械公司、瑞路公司虽然不是川交工贸公司的股东,但三公司业务、财务、人员混乱,虽然名义上合同相对人是川交工贸公司,但实际决策和履行无法证明是由川交工贸公司独立完成的。三公司的这种行为已然构成了利用公司法人地位逃避责任,与《公司法》第二十条第三款规定的情形除了主体要件不符外,完全相同,而法院根据《民法通则》的诚实信用原则比照适用,从逻辑上看也是合理的。

该案为最高人民法院于 2013 年 1 月 31 日发布的 15 号指导案例,因为该案首次打破了我国"刺破公司面纱"制度仅就股东与公司之间混同适用的情形,将兄弟公司也纳入了承担债务连带责任的范畴,因此引起了极大的关注。

除了"刺破公司面纱"外,还有一项原则的创立极大地限制了对公司独立人格的滥用,那就是"深石原则"(Deep Rock Doctrine),该原则又称"衡平居次原则"(Equitable Subordination Rule),是由美国法院在 1938年受理的"泰勒诉标准气电公司"(Taylor v. Standard Gas & Electric Co.)一案中确立的。

深石公司是标准气电公司(Standard Gas & Electric Co.)的子公司,其因经营不善而进入破产重整程序。法院在审理深石公司破产重整案件中发现,其母公司标准气电公司同时也是深石公司的巨额债权人,且这些债权都是基于两者之间业务往来而产生的。虽然标准气电公司对重整计划做出了一定的让步,但是如果允许其同其他债权人一起登记受偿的话,对其他债权人和深石公司的其他股东非常不利。因此,美国联邦最高法院审理后认为,标准气电公司在设立深石公司时没有足额出资,且标准气电公司基本掌握着深石公司的经营利益,遂判决标准气电公司对深石公司的债权劣后于其他普通债权人的债权居次受偿。

该原则后以成文法的形式被规定在美国的破产法中。通常,美国法院按照"实质重于形式"的原则,重点审查该股东对其所控制的从属公司是否存在"不公正行为"。"不公正行为"主要包括:①从属公司资本明显不足;②控制公司管理违反受信义务;③控制公司与从属公司资产混同或不当转移;④控制公司滥用从属公司独立人格。如果法院认定控制公司利用其控制地位通过从事不公正的行为取得对从属公司的债权,损害从属公司其他债权人利益时,法院可判其债权劣后受偿。

"深石原则"在中国的司法实践中也有一定的运用。

【案例】

中国"深石原则"运用的首案

2010年6月11日,松江法院判决茸城公司应当向沙港公司支付货款及相应利息损失。后茸城公司被注销,沙港公司向法院申请追加茸城公司股东开天公司及7名自然人股东为被执行人,在各自出资不实范围内向沙港公司承担责任,共计扣划股东款项696505.68元(包括开天公司出资不足的450000元)。2012年7月18日,开天公司起诉要求茸城公司8个股东在各自出资不实范围内对茸城公司欠付开天公司各类款项以及违约金承担连带清偿责任。该两案也进入了执行程序。

2013年2月27日,松江法院执行局做出《被执行人茸城公司追加股东执行款分配方案表》,将上述三案合并,确定执行款696505.68元在先行发还三案诉讼费用后,余款再按31.825%同比例分配,今后继续执行到款项再行分配处理。沙港公司遂于2013年4月27日向松江法院提起异议之诉,认为开天公司不能参与就其出资不到位而被扣划的款项分配。

一审法院认为,开天公司因出资不实而被扣划的450000元应首先补足茸城公司责任资产,向公司外部债权人沙港公司进行清偿。开天公司以其对茸城公司也享有债权为由要求参与其自身被扣划款项的分配,对公司外部债权人是不公平的,也与公司股东以其出资对公司承担责任的法律原则相悖。最终法院否定了出资不实股东进行同等顺位受偿的主张。一审判决后,当事人均未提出上诉,一审判决生效。在审理中,由于我国法律对此并无明确规定,一审法院实质上借鉴了美国历史上"深石案"所确立的"深石原则",其对债权人保护的努力应予肯定。

该案是最高人民法院公布的典型案例,案件中,法院借鉴了美国"深石原则",首次确认出资不实的股东对公司的债权劣后于公司外部债权人的受偿顺位。"深石原则"作为制度移植,有其适用条件,也有其合理限度,应综合考量。

第二节　什么是股权、股份和股东权利

在生活中,人们常常会将股权和股份这两个概念混淆使用,但是如果严格依据《公司法》规定的概念,股份和股权两者在概念上是不同的。股份是相较于股份有限公司而言的,而股权是相较于有限责任公司而言的。除此之外,两者在法律意义上的载体、转让方式等方面也都存在一定的差异,如果不从法律规定角度对两者进行狭义区分,通常情况下"股权"的使用概率比较高,其含义也较"股份"广。因此,为了表述和理解的方便,我们在本书中,如果未做特别的区分,将统一使用"股权"进行表述。

《公司法》第四条规定,公司股东依法享有资产收益、参与重大决策和选择管理者等权利。这条规定也概括性地定义了在我国法律制度下股权的含义和内容,依据《公司法》的此项规定,股权在某种意义上也可以简单理解为是股东权利。

股东权利源自股东对公司的出资,从前文所述可以看出,由于公司具有独立的拟制人格,在人格、权利和责任的区分之下,股东为了换取投资回报的最大化,将自己对财产的支配权让渡给了公司,来取得自己对公司的另一种权利,这种权利就是股权。股权不能简单理解为分红权、投票权,更不能理解为股东对公司的所有权,股权实际上是一种复合型的权利,其中包含了股东资产收益权,股权转让权,优先购买权,优先认购权,剩余财产的分配权,异议股东的回购权,解散公司、确认公司决议无效或撤销公司等请求权,知情权及质询权,等等。这些权利中,有的是股东为了自己能从公司获得经济利益的权利,如分红权等,我们称之为自益权;有的是为了公司法人的利益而行使的权利,如投票权等,我们称之为共益权。

　　区分共益权和自益权的目的是让股东能够认识到股东权利和公司权利是有所区分的,股权不只是一个财产性的权利,更不是所有权的表现形式,而是一个规则,是维系股东和公司两个独立人格之间的纽带。

第二章　股权设计是一个关于规则的故事

　　这是一个英雄辈出的时代,时势造英雄,这个时代的英雄与过往不同,不单单只有赫赫功勋的战斗英雄,也不仅仅有兼济天下的革命家,更有着一群忠于自己理想的奋斗者和创业者。马云、任正非、马化腾、李彦宏、王石、雷军、刘强东……每一个名字背后都是一个传奇的故事,每一个名字都如同一面旗帜,激励着人们源源不断地投身于创业的浪潮。

　　有人说创业者是孤独的。每一个创业者都有自己的辛酸与苦楚,总有一个夜晚会让创业者辗转反侧,心中的不甘与无奈令其彻夜难眠却又难以同人倾诉。但同时,也有这么些创业者,他们天性乐观积极,虽然也会有难以言喻的心结,但在每每焦虑低落的时候身边总是有伙伴互相安慰加油打气,每当事业面临困难和挑战时身边总有伙伴建言献计,即使在创业的过程中遇到了风险也总会有伙伴愿意共同承担,而非各作鸟兽散。事实上,人多力量大,这样的创业者往往更容易取得成功。

　　一群人创业能坚持到最后,鲜有人单纯依靠个人的人格魅力,因为你的梦想并不必然是别人的梦想,让别人心甘情愿去实现你的理想难,但是让别人千方百计去实现他们自己的理想就容易得很多。"法治"优于"人治",如同企业管理,制度与规则的设计意义非同寻常,而作为一家公司的顶层设计——股权设计的最终目的就在于公司股东之间的协作与共享,让创业者在创业的路上不再孤单,让更多的人能分享到创业带来的实惠。

【案例】

史玉柱的四大金刚

　　无论公司陷入如何的困境,史玉柱的核心成员都会选择追随。史玉柱二次创业初期,很长一段时间,身边的人连工资都没法领。但是有四个人始终不离不弃,他们后来被称为"四个火枪手":史玉柱大学时期的"兄弟"陈国、费拥军、刘伟和程晨。

史玉柱在关键岗位上用的都是跟他打拼过、经历过生死的人。在他看来,内部员工就像是地底长出的树根。他感激困难时期几年没拿工资的陈国与费拥军。巨人集团时期,他也曾为强化内部管理,空降了当时方正的一位高管,结果出了乱子。经历了二次艰难创业,对于这些内部人,史玉柱最看重的还是德,他相信五年时间能看出一个人的德行,当然也包括已经熟悉多年的人。征途的一名副董事长,是那家史玉柱十八年前赊账买电脑的小公司当时的副总经理。"四个火枪手"中的刘伟与程晨两位女性位居高位,在史玉柱看来,"女性从忠心角度来说可能会好点"。当年身为文秘的刘伟如今成为副总裁级别管理人员。

上市后,史玉柱对人才是否会流失的问题有两点看法:一是待遇,二是员工的自我价值实现。因此史玉柱给了关键员工五年期权,作为激励。

股权是一个关于规则的故事,而这个故事是否精彩与圆满,取决于剧本与主演的合一,两者缺一不可。

第一节　股权设计的必要性

股权需要精心设计的原因有很多,我们认为其主要的原因包括以下几点。

1. 时代背景的需要

2014 年 9 月李克强总理在夏季达沃斯论坛上提出"大众创业,万众创新"的口号。2015 年起,国务院出台了一系列包括国发〔2015〕32 号《国务院关于大力推进大众创业万众创新若干政策措施的意见》在内的推动创业发展的文件,同时政府积极鼓励引导发展众创空间等创业创新平台,鼓励建立和完善创业投资引导机制,形成了成熟的"创投创业"模式,并提供了一系列的税收优惠措施,在中国 960 多万平方千米的土地上掀起了"大众创业,草根创业"的新浪潮,形成了"万众创新,人人创新"的新势态。

在这样的时代背景和政策号召之下,越来越多的人走上创业的道路,但是在创业的过程中,机遇与风险并存,创业者除了要规避商业风险之外,还要规避创业过程中所遇到的相关法律风险。为了提高创业企业的存活率,促进初创企业的发展,进行股权设计已是时代背景的需要。

2.法治环境为公司股权设计提供了法律保障和要求

随着市场经济的不断发展和法制化进程的不断完善,从我国《公司法》的不断修改可以看出国家已转变对公司的管理理念,由"管治"思维逐步向"自治"思维转变,其中最有代表性的就是我国《公司法》中最有魅力的一句话——"公司章程另有约定的除外"。这句话规定了公司章程可对公司管理的部分事项进行自行约定。如《公司法》第四十二条规定:"股东会会议由股东按照出资比例行使表决权;但是,公司章程另有规定的除外。"《公司法》第一百零五条规定:"股东大会选举董事、监事,可以依照公司章程的规定或者股东大会的决议,实行累积投票制。"在表决权上,公司章程的自治空间的规定仅是《公司法》授权公司章程进行自治的一小部分,具体法律授权公司章程进行约定的部分将在本书的第七章第二节进行列举,此处将不展开论述。《公司法》中大量对公司章程的授权性规定,也为我们进行股权设计提供了法律依据和基础。

我国现代市场经济从本质上看是法治经济,每一个公司在市场经济的大环境下生存,就必须遵循市场经济法制结构和框架运行规则,否则将失去"市场"这个经济平台,被"剥夺"生存和发展的权利。在这个经济平台上,公司的各种经营管理行为都是通过法律行为来实现的,例如公司的成立、筹资、上市、破产清算、重组、生产、劳资管理、市场营销等,每个环节都涉及外部市场经济的法律规范,也涉及公司内部的管理规章制度。因此,市场经济的不断规范要求公司必须早日实现法制化管理。

前文提到了公司法人的存在和发展的目的是盈利,而公司盈利必然要求公司实施法制化管理。公司法制化管理的直接目标是依法经营,规范管理,但其终极指向是获取更大的经济利益,从而推进公司健康可持续发展。对于正常经营的公司来讲,法律风险是基于市场经济中法律环境产生的关于权利和义务的商业风险,使公司各方在生产经营活动中能够产生公司利益损失的可能性。从客观条件来看,由于市场供需的不确定,公司发展水平的差异,员工能力水平的参差不齐等,导致了公司生产、经营、管理行为的不规范、不标准、不科学,如环节复杂、决策失误、执行不当、制度落后、监管不严等,致使公司在某方面的权利义务失衡,法律风险加大。而这些潜在风险都要求公司在公司顶层股权架构上进行设计,提高企业的法制化的治理水平。

3. 成功企业引领创业浪潮,为股权设计提供榜样

前文中提到,在这个时势造英雄的时代,诞生出一批企业家英雄的同时,也诞生了一批偶像级的民营企业,伴随着这些偶像级民营企业在资本市场上的优异表现,许多人一夜暴富。

百度网络技术有限公司(以下简称"百度")上市前注册资本为 4520 万美元,2005 年 8 月 5 日,百度成功登陆纳斯达克,股价从发行价 27 美元起步,至 2017 年 2 月,股价为 184.31 美元,与原投资价值 1 股 1 美元相比,增长上百倍;百度现总市值为 637.03 亿美元,相当于当年上市前投资 1 美元原始股,变成 1409.36 美元(按 2017 年 2 月 14 日收盘价计算),增长了约 1400 倍。腾讯控股有限公司(以下简称"腾讯")上市前公司注册资本 6500 万元人民币,2004 年 6 月腾讯在香港挂牌上市,股票上市票面价值 3.7 港币发行;至 2017 年 2 月单股股价为 202.80 港币,总市值达到 19219.86 亿港币,相当于当年上市前投资人民币 1 元原始股,变成 26141.97 元(按 2017 年 2 月 14 日收盘价和港币汇率计算),增长了约 26000 倍。阿里巴巴集团控股有限责任公司(以下简称"阿里巴巴")上市前注册资本为 1000 万元人民币,阿里巴巴集团在纽约证券交易所上市,确定发行价为每股 68 美元;现股价为 103.10 美元,总市值达到 2572.86 亿美元,收益率达百倍以上,相当于当年上市前人民币 1 元原始股,变成 176560 元(按 2017 年 2 月 13 日收盘价和美元汇率计算),增长了近 17.7 万倍。

李克强总理大力鼓励股权投资基金的设立,引导股权投资的良性发展,毫不夸张地说,眼下股权投资已成为最热门的投资领域,我国也进入了股权投资时代,"人无股权不富"的观点已经深入人心,股权成为公司发展的重要资源。因此,对其进行精心设计也显得尤为重要。

4. 失败案例的警示

从前些年影响力极大的国美黄光裕控制权之争及餐饮巨头"真功夫"家族企业的家族股权内斗,到"罗辑思维"分家、"西少爷肉夹馍"的合伙人散伙,不合理的股权结构设计导致企业元气重伤,甚至是创业失败。通过对裁判文书网的检索,截至 2017 年 3 月,2016 年度已公布的全国与公司有关的纠纷的裁判数量达到了 23852 起,较 2015 年度的 23116 起又有所增长。而这仅仅是创业失败案例的冰山一角,实际还有大量的股权纠纷是在法庭之外解决的。

导致这些纠纷产生的主要原因是公司没有进行相应的股权设计,这不断提醒我们股权设计的重要性。

我们认为股权设计主要集中于针对创始团队创始人之间的创始股东股权设计,针对创业公司和投资人之间的股权融资方案设计,以及针对公司与企业员工的股权激励方案设计这三个主战场当中。在这三个领域中,因为所涉及的主体不同,所以相应的关注点和条款的设计上均有差异。

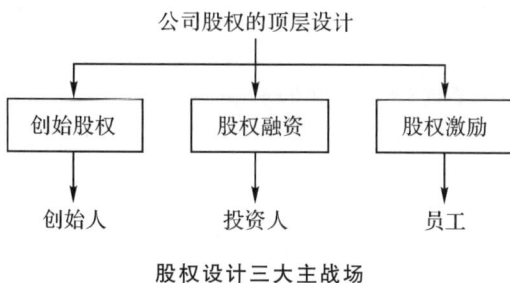

股权设计三大主战场

第二节　创始人股权设计

正如前文所述,公司和股东人格的区分,使得资本代替了血缘,为陌生人的合作提供了可能。通过股权这种合作形式,兄弟创业、父子创业的模式渐渐被一群由各有所长的合作伙伴进行创业的模式所替代,创业者在创业伊始通常都会选择自己的合作伙伴,但就如同电影《中国合伙人》

所演绎的那样,一群人创业,即便是一群好友创业,有时到最后往往也会反目,但是也有些共同创业的创业者就像前面提到的史玉柱的创业一样最终能够续写成功。

【案例】

"中国合伙人"的股权战争,明星创业团队频繁散伙

2016 年 3 月 24 日,媒体报道了又一家创业公司创始人之间爆发的股权战争。该联合创始人在微信朋友圈发布消息,详细说明了她"被离职"的来龙去脉,称因为她与公司创始人在经营和管理理念上的分歧,董事会已经同意起草有关她的优先退股协议,在未来一年半内允许她优先出让股份,但该份协议并没有签署生效。而后,她突然收到公司创始人以协议内容完成为由,提出让她离开的要求。媒体报道显示,这家创业公司融资已进入 C 轮,估值几亿美金。这一报道让人不由想起"首席娱乐官""西少爷肉夹馍""泡面吧"等企业创始人之间的股权战争,这些"中国合伙人"式股权战争的案例多是在融资过程中甚至是融资前夜爆发。尽管事实真相和细节只有当事人知道,外人很难客观公平地评论是非曲直,但是,这些事件的背后都指向一个共同的主题——创始人之间的股权战争。

以上案例说明了创始人之间股权设计的重要性,创始人之间要制订详细而明确的规则。我们很庆幸有越来越多的创业者,在创业伊始就向我们咨询了解创始股权设计,因为重义轻利的传统思想,使很多创始人在开始创业和合作时,往往都忌讳谈什么权利分配、利益分配的问题,对分家散伙的问题更是闭口藏舌,认为谈到这些问题都是唯利是图的表现,有损兄弟和气,但事实上绝大多数这样带着兄弟情义上路的创业者,最后都是赔了"兄弟"又折兵。

所以,创始人股权设计必须要考虑,而且最好在创业伊始就考虑,一个创业者都认可的规矩执行起来其实并不会让彼此为难。规则的制定是为了在出现问题时,可以"循规蹈矩"地找到解决方案,所以带着规则上路其实更有利于各方保持理性的合作,而只有这种理性的合作才是高效的、长久的。

我们对 300 余名创业者做过一个调查,让大家列举出自己认为重要

的挑选合伙人的标准,大家的说法各不相同,因为我们在股权设计实战中亦是如此,每家公司都有其不同的需求。需求是个性化、差异化的,但是在大家所列的答案中我们惊喜地发现,其中有80％的创业者所列的答案标准集中于下图的右侧,而只有约20％的创业者的答案集中于下图的左侧。下图左侧的要素是《公司法》所规定的股东法定出资范围,而右侧所列的这些标准和资源则是《公司法》没有规定且又是创业者在实践过程中最为关注的。所以既然《公司法》没有规定,那么自然就需要在股权设计方案中对这些问题进行明确,否则一旦出现分歧,无规则可循,轻则陷入僵局,重则对簿公堂。

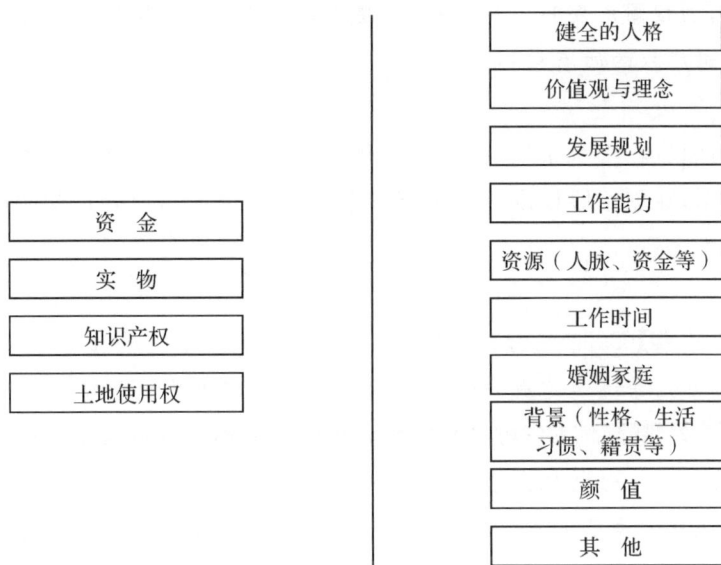

	健全的人格
资 金	价值观与理念
实 物	发展规划
知识产权	工作能力
土地使用权	资源（人脉、资金等）
	工作时间
	婚姻家庭
	背景（性格、生活习惯、籍贯等）
	颜 值
	其 他

创业者挑选合伙人的标准要素

这里特别指出,其实创业过程中不仅仅需要关注合伙人本身的问题,有时甚至合伙人的配偶都会对创业成功与否产生巨大影响。

【案例】

土豆条款

土豆网自2005年上线至2010年创始人王某离婚时,5年间已经获得了5次注资,募资额为1.35亿美元(超过9亿元人民币)。双方离婚后半年多,2010年11月初,土豆网先于优酷网向美国证监会提交了IPO申请。提交申请次日，王某的前妻杨某向上海市徐汇区人民法院起诉，要求分割婚姻关系存续期间的财产。而在双方婚姻存续期间，土豆网成立了上海全土豆网络科技有限公司。

上海徐汇区人民法院就王某前妻杨某提出的离婚财产分割诉讼采取行动，冻结了王某名下三家公司股权，其中包括上海全土豆科技有限公司95％的股份。土豆网创始人王某与前妻杨某的离婚案成为土豆网上市的一大阻碍。

最后双方达成协议，王某付给杨某700万美元补偿款，但同时土豆也错失了最佳的上市时机。王某的婚变，投资方也很受伤，为了避免出现类似事件，创投圈内发明了对冲条款，美其名曰"土豆条款"，即约定配偶放弃对公司股权的所有权利。

虽然目前"土豆条款"在法律上仍存有争议，但是这个故事也足以向我们警示，在创始股权设计中所要考虑和约定的内容，所要规避的风险还有太多太多。

【小故事】20世纪初，美国福特公司正处于高速发展时期，一个个车间、一片片厂房迅速建成并投入使用。客户的订单快把福特公司销售处的办公室塞满了。每一辆刚刚下线的福特汽车都有许多人等着购买。突然，福特公司一台电机出了毛病，几乎整个车间都不能运转了，相关的生产工作也被迫停了下来。公司调来大批检修工人反复检修，又请了许多专家来察看，可怎么也找不到问题出在哪儿，更谈不上维修了。福特公司的领导火冒三丈，别说停一天，就是停一分钟，对福特来讲也是巨大的经济损失。这时有人提议去请著名的物理学家、电机专家斯坦门茨帮忙，大家一听有理，急忙派专人把斯坦门茨请来。

斯坦门茨仔细检查了电机，然后用粉笔在电机外壳画了一条线，对工作人员说："打开电机，在记号处把里面的线圈减少16圈。"人们照办了，令人惊异的是，故障竟然排除了！生产立刻恢复了！福特公司经理问斯坦门茨要多少酬金，斯坦门茨说："不多，只要1万美元。"1万美元？就只简简单单画了一条线！当时福特公司最著名的薪酬口号就是"月薪5美元"，这在当时是很高的工资待遇，以至于全美国许许多多经验丰富的技术工人和优秀的工程师为了这 5 美元月薪从各地纷纷涌来。1 条线,1 万美元,一个普通职员 100 多年的收入总和! 斯坦门茨看大家迷惑不解,转身开了个清单:画一条线,1 美元;知道在哪儿画线,9999 美元。福特公司经理看了之后,不仅照价付酬,还重金聘用了斯坦门茨。

在创始股权设计中,应根据公司每位创始人所拥有的能力、水平、资源,合理地进行相应股权的匹配。如下图,柱形部分为某公司对其 A,B,C,D 四位股东的能力、水平、资源等因素所进行的综合评价,虚线以下为 A,B,C,D 四位股东都拥有的能力、水平、资源等条件,而虚线以上为 A,B,C,D 四位股东有差异的部分。正如前文案例中的小故事:画一条线是每个人都会的技能,知道在哪儿画线才是难点。在创业过程中,我们需要一个知道把线画在哪儿的合伙人。所以,创始股权的设计应重点关注不同股东在能力方面表现出来的差异部分,而非一致部分。

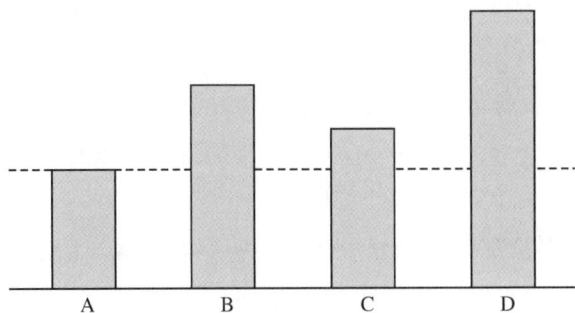

股权设计的重点关注度

第三节　投资人股权设计

当年内蒙古蒙牛乳业(集团)股份有限公司(以下简称"蒙牛")和摩根士丹利(中国)股份投资管理有限公司(以下简称"摩根士丹利")对赌,蒙牛胜出,其高管最终获得价值高达数十亿元股票。也有私募股权基金 CVC 赶走张兰入主俏江南集团(以下简称"俏江南"),以及中国永乐胶带有限公司(以下简称"永乐")与摩根士丹利、鼎晖投资基金管理公司对赌,永乐最终输掉控制权,被国美电器控股有限公司(以下简称"国美")收购的案例,这不禁让人思考,投资人到底是天使还是恶魔?

【案例】

继 CVC 与俏江南之后,大娘水饺与 CVC 的矛盾引发的思考
——什么才是投资人与创始人之间最佳的关系

2016 年备受关注的"大娘水饺"创始人与管理层之争继续发酵,公司创始人吴某再度发声,在接受媒体采访时表示对亲手创立的"大娘水饺"现状"恨铁不成钢"。

"大娘水饺"此前受到关注,因吴某公开发布《致全体大娘人的公开信》,信中指资本方私募股权基金 CVC 经营不当,致使公司业绩直降。

事件源于创始人公开与资本方的矛盾。在吴某的公开信发布前,"大娘水饺"只作为一家中式快餐店被大众熟知,自从公司创始人吴某在百度贴吧"大娘水饺吧"发布公开信起,其与公司时任管理层之间的矛盾公开化。吴某在公开信中称,大娘水饺自 2014 年被欧洲最大私募股权基金公司 CVC 收购后,资方聘用的管理层"对大娘水饺产品不断提价,饺子由每只 20 克改到 17.5 克,主要汤品主料减 10%",导致销售业绩连年下滑。

我们在和客户交流的过程中经常会听到有的客户羡慕朋友的投资人怎么怎么样,抱怨自己的投资人如何如何。每个人都渴望遇到一个知己一般的投资人,但是千金难寻,知己更难求,和投资人建立一个合理的关系靠的不是"姻缘",而是合理的投融资股权设计方案。

创业者和投资人之间的关系微妙且多变。有时如胶似漆、难舍难分,有时也会为了利益反目成仇、分道扬镳。在我们经历的诸多投融资项目中,其实大多数投资人都是抱着合作共赢的心态去投资的,无论是哪一轮的投资人都希望能够通过自己的资金、资源为创业者带来帮助,让企业做强做大。但是,投资人毕竟不是"善财童子",其投资的目的最终还是获利而非慈善,所以我们会发现任何一份投资协议里都会写满对投资人的保护条款。这是因为在"创投模式"下,投资人并不直接参与对企业的管理,而且由于投资人进行投资时往往是按公司的估值计算相应的股权比例,因此在这样的情况下使投资人在进入公司时具有出钱多、占股比例小、不

参与管理、对公司监控难等特点。

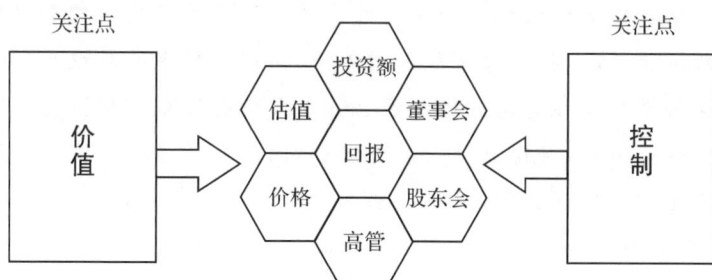

投资人股权设计关注点

在这样的情况下投资人的股权设计就要平衡投资人和创始人的权利和义务,适度地约束创始人,从而实现对自己投资利益和控制权的把握,而要实现上述平衡点,就需要在投资人的股权设计中考虑以下两个要点。

(1)投资利益的保证

投资利益的保证需要在分红、认购、转让、业绩补偿、清算这五个维度设计相应的投资人权利条款。

第一,在分红的维度上,投资协议中通常会设计相应的优先分红权,一般常见的优先分红权条款中会约定:除非首先向投资人全额支付其应分配的股利,否则公司不得向其他股东支付或宣布任何股利或其他分配,不论是以现金、财产或公司股本的形式。

【参考条款】优先分红权

投资方有权优先于其他股东取得分红,直至投资方全额获得出售价格。此后,所有股东按照股权比例分红。

第二,在认购的维度上,为了保证投资人的投资利益,会约定投资人拥有优先与创始股东对扩股部分进行认购的权利。同样,在创始股东对内或对外转让股权时,投资人也会约定其具有优先于其他股东的优先购买权。

【参考条款】优先认购权

公司根据增资协议相关约定所做出的股东会决议决定增加注册资本或发行新股要约时，投资方有权以同等条件、按其持有的股权比例优先认购新增注册资本。在公司拟增加注册资本或发行股权（"拟议发行"）前至少20日内，公司应，且现有股东应确保公司，向投资方送达关于拟议发行的书面通知（"发行通知"），发行通知应列明：

(a)此次增加注册资本及发行股权的数量、类型及条款；

(b)拟议发行实施后公司能够收到的对价；

(c)相关认购人的详细信息。

在公司向投资方送达发行通知之后，投资方应分别在其收到发行通知后的20日（"认购答复期限"）内以书面形式答复公司，表明其：(i)针对本次发行放弃优先认购权；(ii)针对本次发行行使优先认购权认购的数量（该答复此时称"优先认购通知"）。如投资方在收到发行通知后未在认购答复期限内以书面形式做出任何答复，则应视其已针对该次发行放弃优先认购权。

在认购答复期限届满或投资方对发行通知做出书面回复（以先发生者为准）后20个工作日内，如公司未能和相关认购人根据不优于提供给投资方的发行条款和条件针对投资方在该次发行中未行使优先认购权认购的股权达成有法律拘束力的认购安排，则公司应重新履行本条规定的优先认购权程序，再次给予投资方书面通知，投资方应在收到该书面通知后15天内做出书面回复。

第三，在转让的维度上，为了确保投资人能在下一轮投资中优先套现，通常会在投资协议中约定强制随售权等条款，强制随售权也叫领售权，指投资人强制原有股东卖出股权的权利，如果被投资企业在一个约定的期限内没有上市，为事先约定的出售条件达成，投资人有权要求原有股东和自己一起向第三方转让股权，原有股东必须按投资人与第三方谈好的价格和条件，按与投资人在被投资企业中的股份比例向第三方转让股权。另外，在转让维度上对投资人保护条款的还有共同出售权条款等。

【参考条款】领售权

如果自交割日起满三年,公司未能达成相应交易所法定的合格上市条件;或者公司实际控制人发生变更,或符合本协议所约定的情况下,则投资方或现有股东均有权联系有意购买投资方或现有股东在公司所持股权的、与公司无竞争关系的意向第三方,旨在将投资方或现有股东所持公司股权按照约定的条款和条件全部或部分转让给意向第三方。

在前述事件发生且在满足下述条件时,投资方或现有股东有权要求公司其他股东且董事会必须批准且其他股东也有义务,按照相同的条款和条件出售他们的股份(全部或按相同比例):(i)投资方或现有股东同意出售全部或部分股权给第三方;(ii)该意向第三方要求公司其他股东与投资方或现有股东一并出售公司股权;(iii)其他股东无法找到能够以同等条件购买投资人股份或现有股东的其他第三方;(iv)第三方对公司的股权估值不低于人民币＿＿＿＿＿＿元(￥＿＿＿＿＿＿)。如果任何公司其他股东不愿意出售,那么该等股东应该以不低于第三方的价格和条款购买投资方和其他股东拟向意向第三方转让的全部公司股份。

第四,在业绩补偿的维度上,因为投资人大多按照公司估值的数量确定自身投资所占的股权比例,而目前流行的估值方式是按照公司的市盈率或市净率进行估值,因此公司的估值大小和公司的业绩有着直接的联系。为了确保投资人的利益,通常会约定当没有达到相应的业绩目标时,其他股东需要对投资人进行业绩补偿,而业绩补偿的形式有很多种,目前流行的形式有现金补偿和股权调整。现金补偿较为容易理解,就是向投资人支付相应的现金以补偿投资人的相应损失,股权调整则主要是其他股东无偿向投资人转让相应的公司股权以实现投资人投资利益的平衡,而这些条款一般也就是我们经常听到的"对赌"条款的常见形式之一。在这里我们需要注意的是,在业绩补偿条款中根据相关判例(甘肃世恒有色资源再利用有限公司等与苏州工业园区海富投资有限公司增资纠纷案),如果投资人对目标企业进行股权投资时,约定可以从目标企业取得相对固定的收益且该收益脱离目标公司的经营业绩的条款为无效条款。简单地理解为:投资人与目标公司之间的业绩对赌无效,但是与目标公司的股东的业绩对赌有效。

【参考条款】业绩补偿

目标公司 2008 年净利润不低于人民币＿＿＿＿＿＿万元。如果 2008 年实际净利润不能达到＿＿＿＿＿＿万元,投资人有权要求其他股东予以补偿。

补偿金额＝(1－2008 年实际净利润/3000 万元)×本次投资金额。

第五,在清算的维度上,为了确保投资人的利益,通常会约定投资人的优先清算权。优先清算权是对公司清算后资产如何分配的权利约定,即资金如何优先分配给持有系列股份的股东,然后再分配给其他股东的权利约定。

【参考条款】优先清算权

(a)在投资方持有公司股权期间,如公司发生"视为清算"情形时,投资方有权优先于公司的其他股东取得相当于其投资总额的金额以及已宣布但未分配的红利。如果还有剩余,则剩余应按比例分配给公司的全体股东;但是,在发生下述第(b)项第(ii)、(iii)、(iv)中的情形时,如收购公司的第三方对公司估值足以使投资方就其增资款实现年化 12% 的回报率,则各方同意按各方持股比例予以分配。

(b)各方同意,"视为清算"包括:(i)公司清算、解散、破产或结业;(ii)导致公司控制权发生变化的整合、合并或公司股权转让;(iii)出售、转让或以其他方式处置公司全部或几乎全部的资产;(iv)排他性地转让公司全部或几乎全部的知识产权;(v)投资人依据增资协议相关规定要求认定公司发生了"视为清算"情形。

(c)除前述(a)和(b)另有规定外,发生以下任一事由时,公司可于经营期限届满前解散,同时本协议可在期限届满前终止:(i)各方一致书面同意解散公司;(ii)《中华人民共和国公司法》规定的其他解散事由。

若公司依照本条解散,投资方有权依照第(a)项的规定获得其优先分配额。

（2）公司控制权的保证

如前文所述，投资人所占公司的股权比例较小，且不参与公司的日常经营，因此，投资人对公司控制权皆有一定的需求以确保投资的安全性。一般投资人实现控制权的方式主要集中于知情权、表决权两个维度。

第一，在知情权的维度下保证控制权。在通常的投资协议中除了会在协议中明确约定投资人有权自身或聘请专业人士查阅和了解关键经营性数据及原始凭证外，还会约定享有例行检查和探访权，以便其能对公司的经营情况有真实全面的了解。

【参考条款】例行检查和探访权

投资方有权对公司和/或其子公司、分公司（如设立）进行例行检查及行使文件资料、财务账簿及经营情况探访权：

（a）投资方有权在提前5日通知公司的情况下，查阅股东会、董事会会议决议，公司和/或其子公司、分公司涉及的重大行政处罚和诉讼、仲裁文件、各项管理制度、发生的关联交易及资金占用情况及公司其他经营信息；

（b）投资方有权在提前5日通知公司的情况下，自行或委托会计师事务所等指定中介机构检查公司的账簿、记录、账目、凭证等财务文件，以及自行或委托指定中介机构检查公司的场地和设施；

（c）投资方有权在经提前5日通知后对公司的经营情况进行了解及询问，公司应根据投资人的要求安排管理层在专门的时间进行接待并回答询问，该等问询原则上每月一次。

第二，在表决权的维度下保证控制权。

首先在股东会层面上，投资人通常占公司的股权比例极小，但是投资人为了保障其股权权益，在一些关键问题上通常会在进入时同创始股东约定，如公司未来进行增资或减资，合并、分立、解散，或修改公司章程及其他约定事项需召开股东会进行决议的，必须经过投资人同意才可以通过。

其次董事会会对投资人有权委派多少董事、董事会的职权及董事会的议事规则（投资人董事的一票否决权约定）做出相关的具体约定。一般来说以下事项是投资人或投资人所应重点关心的事项：①公司合并、分立、清算、解散或以各种形式终止经营业务；②修改公司章程，增加或减少公司注册资本，变更公司组织形式或主营业务；③董事会规模的扩大或缩小；④与公司关联方进行交易；⑤直接或者间接向第三方借款，但经公司年度预算、年度商业计划和年度财务计划事先批准的除外；⑥分配股利，制定、批准或实施任何股权激励计划，以及任何清算优先权的设置或行使；⑦聘任或解聘首席执行官及财务负责人，决定公司付给创始人的薪酬；⑧聘请或更换进行年度审计的会计师事务所；⑨审议批准公司的资产处置、利润分配方案和弥补亏损的方案；⑩其他经投资人及创始人共同认可的任何重大事项。

再次，关于监事会《公司法》规定其具有下列职权：①检查公司财务；②对董事、高级管理人员执行公司职务的行为进行监督，对违反法律、行政法规、公司章程或者股东会决议的董事、高级管理人员提出罢免的建议；③当董事、高级管理人员的行为损害公司的利益时，要求董事、高级管理人员予以纠正；④提议召开临时股东会会议，在董事会不履行本法规定的召集和主持股东会会议职责时召集和主持股东会会议；⑤向股东会会议提出提案；⑥当董事、高级管理人员执行公司职务时违反法律、行政法规或者公司章程的规定，给公司或股东造成损失的，对董事、高级管理人员提起诉讼；⑦公司章程规定的其他职权。监事有权列席董事会会议，并对董事会决议事项提出质询或者建议，监事会或不设监事会的公司的监事发现公司经营情况异常，可以进行调查；必要时，可以聘请会计师事务所等协助其工作，费用由公司承担。因此投资人为了保障自身的控制权需要委派相关监事以维护其自身权益。

最后，除了以上"三会"之外，由投资人委派相应的高级管理人员和财务负责人，也是常见的投资人控制权实现的途径之一。

总之，上述相关投资条款的设计会因当事人所处的立场、具体的创业项目、谈判效果等因素的不同而不同，具体的条款设计需要从有利于合作推进的角度出发，最终实现投资人与创业者的利益平衡。

第四节　员工股权激励设计

我们认为员工股权激励方案的设计应当从以下九个角度进行展开。第一是需要确定股权激励的目的。股权激励的目的是九个要素的基础，目的的确定是最简单也是最难的问题，因每家公司的情况不同，所以确定股权激励的目的一定要让股权激励的初衷符合公司自身的客观情况，以实现主客观的相统一。第二是要根据公司的现实需求来确定激励对象，激励对象的确定要匹配以不同的准入条件。第三是需要确定股权激励的模式，股权激励没有最优的模式，只有最适合自己公司的模式。第四是需要确定激励股权的来源问题，激励股权通常来源于公司此前的期权池的预留、大股东的让渡，以及公司对激励对象的定向增资。第五是需要明确数量问题，包含激励的总量和赋予每个激励对象的个量。第六是要对激励的价格进行确定，价格确定上可以是有偿的，也可以是无偿的，但是我们通常建议进行有偿的授予和行权。第七是要对时间问题进行明确，明确相应的授予时机及方案的有效期。第八是要对授予、行权、变现等条件进行明确。第九是要确定相应的机制，一般我们强调的是动态调整机制和激励对象的退出机制。

> 1. 目的（最简单也是最难的，要求主客观要统一）
>
> 2. 对象（设置准入条件）
>
> 3. 模式（限制性股权/期权/收益分享）
>
> 4. 来源（期权池/大股东让渡/定向增资/股东同比转让）
>
> 5. 数量（期权池/本次总数量/本次个体数量/预留数量）
>
> 6. 价格（授予可以无偿，但行权原则上有偿）
>
> 7. 时间（授予的时机/方案的有效期）
>
> 8. 条件（授予/成熟/行权/变现）
>
> 9. 机制（调整机制/退出机制）

股权激励的九大要素

员工股权激励方案的设计会在本书第二编进行详细论述,因此在这里我们不详细展开说明,关于股权激励我们可以试看一则案例。

【案例】

华为技术有限公司——虚拟股权＋账面价值增值权

华为技术有限公司(以下简称"华为")由华为投资控股有限公司100％持有,而华为投资控股有限公司由任正非与华为投资控股有限公司工会委员会分别持有1.01％和98.99％股权,其中华为技术投资控股有限公司工会委员会(以下简称"华为工会")即为华为员工的持股会。华为工会负责设置员工持股名册,对员工所持股份数额、配售和缴款时间、分红和股权变化情况进行记录,并在员工调离、退休及离开公司时回购股份,并将所回购的股份会转作预留股份。截至2017年6月,华为技术有限公司注册资本约399.08亿元,华为投资控股有限公司注册资本约128.14亿元,而华为设立时的注册资本仅为2万元。

华为采用了虚拟股权＋账面价值增值权的激励模式,授予激励对象分红权及净资产增值收益权,但没有所有权、表决权,不能转让和出售虚拟股权,在激励对象离开公司时,股票只能由华为工会回购。激励对象只要达到业绩条件,每年可获准购买一定数量的虚拟股权,直至达到持股上限。

在价格上,在股权授予时华为公司采取的每股净资产价格,相关净资产的计算参照毕马威公司的审计报告,但具体的计算方式并不公开;当激励对象离开公司,华为工会按当年的每股净资产价格购回。

华为公司的股权激励收益率较高,分红的收益率一般超过50％,除分红之外员工还可以享受在华为工会回购股票时一次性兑现的净资产增值收益。

华为公司的激励效果是被人所称道的。华为公司从2001年到2013年销售收入从235亿元增长到2390亿元。2013年营业利润291亿元,净利润210亿元。

值得一提的是,华为通过这种股权激励模式,只是将原股东的利润分享权转移给了员工,而华为的控制权却一直掌握在任正非手中。从华为的股权架构和人事任命上来看,在决定华为所有重大决策的股东会决议上,一直只有两个人的签名,任正非和孙亚芳。

第三章　股权结构与公司治理结构设计

　　公司治理是一个巨大的命题，人力资源、项目、资金、技术、市场、信息、设备与工艺、作业与流程、文化制度与机制、经营环境……涉及方方面面，因此公司治理方面的问题往往也是复杂多样、层出不穷，面对这些问题创业者往往会出现"头痛医头、脚痛医脚"的情况，仅仅花精力于一些表面的问题，如当出现人力资源的管理问题时，只会考虑是否是由管理人员经验不足还是管理制度混乱引起的问题，殊不知管理人员的安排和管理制度的制定都反映出顶层管理架构如董事会、高级管理层治理不严密等问题，而继续深究这些问题的最终成因都能在公司的股权结构设计不合理这一方面找到答案。如公司出现一股独大的绝对控制时，如果大股东盲目进行决策且朝令夕改，人事安排又唯亲是用，那么问题最终一定会暴露在公司管理的方方面面。同样，如果股权结构过于平均，股东之间相互推诿最终也会导致公司爆发管理问题。

　　公司治理问题和股权结构有着表里关系，这就提醒我们在出现公司治理问题时仅仅治表不治里是远远不够的，要想公司能够长治久安，就必须要理清自己股权结构与公司治理间的内在关系。但正如我们所坚持的那样，股权设计没有标准的答案，只有因"人"而异，符合公司的实际情况而进行的股权结构设计才是我们所推崇的。公司治理结构的设计亦是如此，要结合自身公司的实际情况及股东股权结构特点，设计和制订合理的公司治理方案。

第一节　股权结构的衡量指标

1. 股权结构的衡量指标[①]

对股权结构的衡量主要涉及股权集中度和股权制衡度两个标准。

(1)股权集中度指标

衡量股权集中度的指标主要有 CRn 指数和 HHI 指数。

CRn 指数是指公司前 n 位股东持股比例的总和,例如,CR_3 代表前三大股东的持股比例的总和。CRn 越小,表明该公司的股权越分散;而该指数越大,则说明该公司的股权就越集中。

HHI 指数是指前 n 位股东的持股比例的平方和。这个指数是 CRn 指数的一个补充,因为当公司的前 n 位股东的股权比例相同时,将难以区分两公司的股权分布的差异,所以 HHI 指数就很好地解决了这个问题。因为小于 1 的数进行平方计算,会使得差异更加显著,于是便反映出了股权在分布上的不平衡。

(2)股权制衡指标

股权制衡度的主要指标为 Z 值指数和 CNn 指数。

Z 值指数是指第一大股东持股比例与第二大股东持股比例之比。Z 值越小,表明第二大股东对第一大股东的制衡能力就越强,反之则表明制衡能力较弱。当该数值趋于 1 时,则表明两大股东持股比例相近;公司不是由最大的股东单独控制,即不属于控制型的股权结构。

CNn 指数表示第二到第 n 位股东的持股比例总和与第一大股东的持股比例之比。CNn 越大,表示该公司的股东制衡程度越高,反之,则表明制衡程度相对较低。

[①] 万立全:《股权结构的公司治理效应研究》,经济科学出版社出版 2016 年版,第 26 页。

2. 合理的公司治理结构设计

公司治理结构是一种对公司进行管理和控制的体系。公司治理结构的设定需要明确公司各个参与者的责任和权利分布,如股东会、董事会、监事会、高级管理层、股东、董事、监事及其他利益相关人的权利义务分配。完善的公司治理结构体系应当清楚地说明在决策公司事务时所应遵循的规则和程序。林毅夫曾经说过,公司治理结构是指所有者对一个企业的经营管理进行监督和控制的一套制度安排,而控制包括内部的直接控制和外部的间接控制。良好的公司治理结构有助于提高公司的治理水平,树立市场对公司的信心,有利于公司吸引稳定的投资。1999年9月,党的十五届四中全会通过的《关于国有企业改革和发展若干重大问题的决定》就指出:"公司法人治理结构是公司制的核心。要明确股东会、董事会、监事会和经理层的职责,形成各负其责、协调运转、有效制衡的公司法人治理结构。所有者对企业拥有最终控制权。董事会要维护出资人权益,对股东会负责。董事会对公司的发展目标和重大经营活动做出决策,聘任经营者,并对经营者的业绩进行考核和评价。发挥监事会对企业财务和董事、经营者行为的监督作用。……股权多元化有利于形成规范的公司法人治理结构,除极少数必须由国家垄断经营的企业外,要积极发展多元投资主体的公司。"

公司股东之间的股权比例结构将直接影响公司股东会的决策效率和决策结果,因此股权结构的设计与公司治理之间存在一定天然的联系。我们一直秉持着多元化和相对主义的观点,认为在股权结构和公司治理当中并无普适性的最优方案和最劣选择,所有的方案设计要从公司的实际情况出发,寻找到最适合自己的方案。

第二节　分散型股权结构及其治理方式

1. 分散型股权结构

　　分散型的股权结构是一种股权比例较为分散的股权结构,表现形式如 30%∶20%∶20%∶20%∶10%。分散型的股权比例产生的原因可能是公司的创始人较多,且因各个股东投入和地位相当,导致股权比例在分配上难以集中。

　　分散型的股权结构具有以下一些特点。首先,在这种股权结构之下,由于股权的零散分布,公司需要在部分股东达成一致的情况下,才能进行决策,股东之间的相互制衡有利于提高决策的民主性和科学性;但相较于控制型的股权结构而言,分散型的股权结构无论是在股东决策的效率上还是在公司的反应速度上都要低很多。其次,股权越分散将导致公司的中小股东的数量越多,这些中小股东因为自己在公司的股权很少,个人没有什么决定性的发言权,所以就直接放弃管理公司的权利和对公司的投入,把管理公司和对公司的投入问题交给大股东,而消极的投入和参与管理将会出现中小股东"搭便车"的现象发生。再次,由于股权的分散分布,股东会决策时会因为各方股东的意见不一致,导致公司难以形成决策以至于出现公司僵局的情况。最后,因为股东追求投资利益最大化的预期,势必将导致股权的不断转手,然后在分散性的股权结构下,公司缺少实际的控股股东,在股权的不断交易中容易造成公司的兼并与监管的动荡。2016 年所发生的"宝万之争"无疑是最典型的例子。

【案例】

股权分散迎来门口的野蛮人

　　万科企业股份有限公司(以下简称"万科")的股权结构极度分散,在宝能投资集团及旗下相关公司举牌万科时,万科的前十大股东合计持有万科的比例仅有 22.72%。其中,华润股份持有 14.94%,为第一大股东,除此之外,前十大股东中,仅有自然人刘元生持有 B 股的 HTHK/CMG

FSGUFP,持股比例在1‰以上,除此之外的其他7家机构,持股比例均不足1‰。按2016年6月10日的收盘价格,如果某个"野蛮人"在二级市场上实施恶意收购,要成为第一大股东,仅仅需要132亿元人民币的价格。这个价格水平,使得大量的"野蛮人"觊觎着万科的控制权。

股权的分散并不意味着股权在比例结构上的不合理,现代美国企业具有高度分散化的股权结构,美国股权分散化是和企业的融资方式有直接关系的,即在美国由于法律规定银行不得为公司提供长期贷款,加之其发达的证券市场,所以美国公司主要是通过发行股票和公司债券的融资方式从资本市场上筹措长期资本的,从而导致股权的高度分散。

股权的高度分散使得公司的所有权和经营权分离,对公司也有诸多的正面促进作用。还是以万科为例,当"宝万之争"日趋激烈之时,人们第一反应都是在批判万科分散的股权结构导致被动局面的发生,但鲜有人关注股权分散的情形对万科所产生的以下正面影响。

第一,促进了更为健全的公司治理结构。作为最早上市的企业之一,万科很早就认识到公司治理机制在建立现代企业制度中所发挥的重要作用,并为形成规范化的运营体系付出了不懈的努力。控制模式和控制权力的来源方面,王石之于万科,与华为、联想、海尔等都有很大不同。王石既没有借助集团公司模式的控制,也没有个人直接控制大量股权,而是自1984年万科成立以来,王石一直保持着对万科经营权的控制。正如王石所说:"我从没有把万科当作孩子,我把万科当作作品,这是团队、员工、股东和业主一起创造的。"

第二,促进了管理人员激励机制的多样化。由于公司治理的重心在董事会和高级管理层上,因此万科也建立了多样化的激励机制,以提高董事会和高管的忠诚和勤勉程度。在股权激励上,万科采用双重考核的业绩评价标准,双重考核指标是指万科在股权激励的行权条件上,一方面对企业的经营业绩做出了规定,另一方面对行权时的股票价格进行了一定的要求。这样的做法,首先,限制公司的盲目再融资冲动;其次,切实保护投资者利益;再次,限制公司操纵利润行为和激励对象利益输送;最后,限制公司盲目扩张,提高公司增长内在质量。同时,限制性股票激励计划的实施建立起股东与经理人团队之间的利益共享与约束机制,将公司利益、股东利益和经理人团队的利益更紧密地结合在一起,进一步完善了公司的治理结构。

2. 分散型股权结构的治理形式

(1)利用董事会进行公司治理

由于股权的分散导致股东在公司的股东会上难以形成控制权,所以公司可以利用董事会进行日常的公司管理和决策。相较于股东会利用表决权比例进行决策的议事规则,一人一票的董事会议事规则似乎更适合股权分散型的公司。

(2)形成重大事项的一票否决权

由于股权的分散,想要让一个股东形成对公司相对或绝对的控制权难度较大,但是能较为容易地让一个股东形成对公司重大事项的一票否决权。比如当一个公司的股权结构为 30%:20%:20%:20%:10%,持 30% 股权的股东虽然是第一大股东,但不能在股东会层面上形成 66.67% 的绝对控制或 51% 的相对控制,如果要想形成决策必须要联合其他股东。但是如果其他创始人分别向大股东转让 1% 股权,将股权比例调整为 34%:19%:19%:19%:9%。这样一来,大股东虽不能在股东会层面形成绝对或相对的控制权,但其所持有的 34% 的持股比例使其相当于掌握了重大事项的一票否决权。

第三节 控制型股权结构及其治理方式

1. 控制型股权结构

控制型的股权结构是常见于家族企业的股权结构形式。在这种结构模式之下,由一个持有股权比例在 51% 甚至是 67% 以上的股东或家族控制公司的股东会,其表现为控股股东"一股独大",而该控股股东通常为该公司的董事长/执行董事/总经理,同时作为公司的法定代表人,并保管公司的印章证照,实现对公司的全方位控制。

控制型股权结构在创业初期有一定的优势,因为股权的高度集中,使得创业项目的负责人和创业前期的成功与失败有最为直接的关联;且创业初期往往需要将更多的精力放在产品研发和市场的开拓工作上,因此需要进行高效的决策,以便将更多时间用于实质性的工作上。相较于分散性的股权结构,在控制型的股权结构下,只要实际控制人不发生变动,其他股东的进入和退出对公司的影响都较小,因此这样的股权结构安全性更强。以上都是控制型股权在创业初期所发挥出的优势,但如果一家公司长期保持这种模式,将不利于公司的发展。

【案例】

三星集团"闭门造车"的教训

1993 年,三星集团正因其电子产品中集成电路片的畅销而蒸蒸日上。这时,集团总裁李健熙宣布三星即将加入汽车行业。这个消息在韩国的国营和私营汽车业界都引起了一阵波动。许多人对李健熙的决定表示质疑。李健熙是一个众所周知的汽车狂热爱好者,一生都梦想着制造汽车,所以当时的舆论都认为,三星加入汽车业与其说是一个明智的商业决定,不如说是李健熙个人狂热的结果。

尽管遭到一些反对,但1998年第一批三星汽车问世了。李健熙造车的时运不济,当时,韩国正处在经济大衰退的边缘,一次规模空前的经济危机席卷了整个韩国,导致韩元大幅度贬值,进口原材料价格猛涨。更糟糕的是,韩国每年汽车生产量为 240 万辆,而国内市场的需求量仅为 160 万辆,供大于求已经成为韩国汽车业的显著问题,在这样的背景之下,三星汽车只卖了不到 5 万辆。仅 1998 年上半年,三星汽车就亏损了 1560 亿韩元,而它的债务也大幅上升。在这时李健熙除了放弃他对汽车制造的热望,已别无选择。1999 年初,三星汽车向银行提出了破产管理,并通过各种手段来挽回损失。经济危机和在汽车业的惨败让三星集团为了生存下去不得不进行了一次痛苦的整个公司范围内的重组。

三星总体上还算是幸运的。对于一家基业长青的企业来说,这次众目睽睽下的失败不过是一次警告,当公司发展到一定阶段后,如果公司完全在控制型股权结构下任由老板的喜好来进行决策,那么所付出的代价都是惨重的。除此之外,在控制型股权之下,因为公司的发展和实际控制人的捆绑程度极高,所以实际控制人个人所遭受的意外都会给公司带来影响。

【案例】
"夺命按摩池"的启示

　　2015 年 4 月,据香港媒体报道,澳门某酒店发生罕见的按摩池夺命意外。一名在深圳营商的内地人,日前与妻儿赴澳门度假并入住该酒店,前晚躺在暖水按摩池时,疑水池底部回水口吸力过大,腰背近臀部被紧紧吸实,妻子及泳客合力拉他上来未果,约 20 分钟后,职员关掉抽水系统,但商人已溺毙。据知,溺毙于按摩池的商人吴某,事发时 37 岁左右,大学毕业后南下深圳创业,在深圳成立一家公司,吴属最大股东,公司规模约数十人,凭生物科技认证技术起家,每年生意额逾亿元,在行内颇为知名。

　　正如此案例,自然人在日常生活中所遇的风险多不可测,有时就连洗澡都有可能存在生命危险。在控制型股权结构之下,公司的经营战略、日常管理往往都集中在大股东手中,因此一旦该大股东发生意外,往往都会对公司的股权结构与公司治理带来巨大的冲击。所以,控制型的股权结构无疑增加了公司经营的风险。

2. 控制型股权结构的治理方式

(1) 股权激励实现多元持股

　　控制型的股权结构可以通过股权激励的形式,使管理层和员工进行持股,以调动职业经理人和员工的工作积极性,来弥补激励和约束机制的不健全。管理层持股从另一方面来说也稀释了股权的结构,分散了大股东对企业的控制权,改变公司治理的组织结构,能够提高生产效率,并改进公司决策机制。

(2)将公司的经营权和所有权相分离

控制型的股权结构最大的风险并不来自股权的安全性,而是由于控股股东过于容易进行决策,容易形成独断、专行的决策机制,使得不合理的决策影响到公司的发展。因此在这种股权结构模式下可以进行经营权和所有权相分离,控股股东不参与董事会和公司管理层,以避免形成封闭、保守的经营机制。

第四节　博弈型股权结构及其治理方式

1. 博弈型股权结构

博弈型的股权结构是最常见的股权结构形式之一,是指股东之间股权平均分配,股东间所持股权比例相当,相互制衡,常见的表现形式为:50%：50%,40%：40%：20%。这种股权结构通常因为难以形成实际控制人,容易造成公司僵局,没有核心股东,也容易造成股东矛盾,因此被人们称为"最差"的股权结构。

【案例】

"真功夫"股权之争

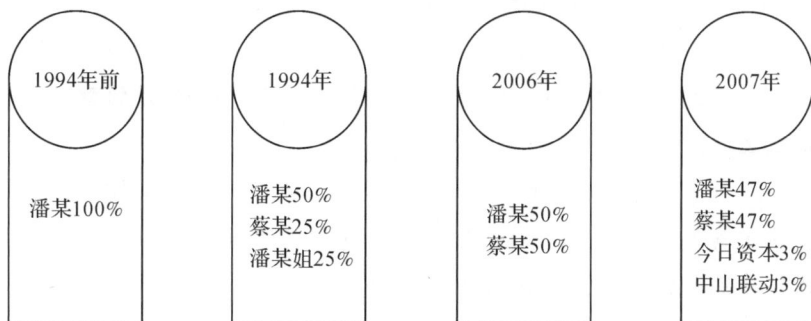

1994年前	1994年	2006年	2007年
潘某100%	潘某50% 蔡某25% 潘某姐25%	潘某50% 蔡某50%	潘某47% 蔡某47% 今日资本3% 中山联动3%

"真功夫"的前身是蔡某的小舅子潘某在东莞长安镇107国道旁边开的一家168甜品店。1994年,潘某姐姐和姐夫蔡某加入,投资了4万元,

潘某自己也出资 4 万元,把 168 甜品店改为 168 快餐店。股份结构是潘某占 50%,姐姐和姐夫各占 25%。初期,企业经营以小舅子为主,姐姐管收银,姐夫做店面扩张。潘某掌握着企业完全的主导权。

1997 年,真功夫借助其"电脑程控蒸汽设备",攻克了中式快餐业的"速度"和"标准化"两大难题,开始在全国各地开设企业连锁店,企业快速发展起来。在这个阶段,负责店面扩张的蔡某对企业的贡献越来越大。2003 年,企业的主导权从潘某的手中转到了蔡某手中。2006 年 9 月,蔡某与潘某姐姐离婚,潘某姐姐所持有的 25% 股权归蔡某所有。

2007 年 10 月,"真功夫"引入了今日资本和中山联动两家 PE 的投资,两家 PE 对"真功夫"估值高达 50 亿元,各投 1.5 亿元,各占 3% 的股权,蔡某和潘某的股权比例都由 50% 摊薄到 47%。

PE 作为资本方,逐利是其最大目的,因此,投资一家企业后,一定会支持能力较强、对企业发展作用更大的一方。PE 投资"真功夫",主要看中的是蔡某的能力,因此,无论在股东会还是董事会,PE 都支持蔡某,力图在企业经营上确立蔡某的核心地位。这样一来,本来平衡的天平,倒向了蔡某,而潘某被逐步边缘化。在 PE 的建议下,蔡某开始着手"去家族化"改革,从肯德基、麦当劳等餐饮连锁企业挖来众多职业经理人,而在此过程中,"真功夫"多位与潘某关系密切的中高层离职或被辞退,使得潘某被进一步边缘化。这无疑也引起了潘某的反弹,股东冲突由此引爆。

2009 年初,"真功夫"向银行申请 1 亿元贷款,潘某却向银行称"两大股东有矛盾,贷款有风险",银行只能停止贷款,最后还是"真功夫"的两名来自 PE 的董事担保,贷款才得以放行。

2009 年 7 月 23 日,潘某将"真功夫"告上法庭,要求履行公司股东知情权,并请求法院查封该公司 2007 年 7 月至 2008 年 12 月的财务报告、财务账册,以及会计凭证。

2010 年 2 月,广州市天河法院做出判决,判定"真功夫"拒绝大股东查账审计属于违法,要求"真功夫"将财务报告、财务账册、会计凭证、银行对账单提供给股东潘某委托的会计师事务所进行账目审计,并提供不少于 10 平方米的办公场所。随后,潘某向公安报案。

2011 年 3 月 17 日,"真功夫"部分高管因涉嫌经济犯罪,被警方带走协助调查。蔡某与其妹妹随即也下落不明,蔡某离开当天任命了他的小妹妹出任董事长。但是,潘某对此任命不予认可,双方之间的控制权之争从此进入白热化状态。

2013 年 12 月 12 日,广州市天河区法院认定蔡某职务侵占和挪用资金两项罪名成立,判处有期徒刑 14 年,没收个人财产 100 万元。

"真功夫"事件的发生后,很多人认为是家族企业导致的,特别是蔡某和潘某姐姐的离婚是关键。也有人将其归结于股权结构,有人说全世界最差的股权结构就是两个股东各占 50%,如果两个股东意见一致还好,如果不一致就将陷入于无尽的纠纷。而"真功夫"正是这种情况,蔡某离婚后,蔡某和前小舅子潘某各占 50% 的股份。"真功夫"的投资者之一、今日资本的总裁徐某,早在 2005 年就向蔡某表达了对"真功夫"蔡、潘两人各占 50% 股权的忧虑,徐某以自己多年的经验告诫蔡某,这是一枚定时炸弹。即使引入 PE 以后,蔡某和潘某的股权比例仍然是 47% 对 47%。

【案例】

"海底捞"的成功启示

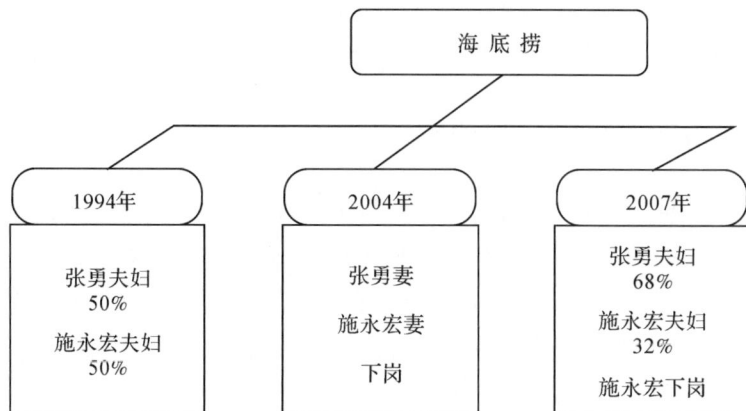

1994 年,四位要好的年轻人在四川简阳开设了一家只有四张桌子的小火锅店,这就是"海底捞"的第一家店,这四个人各占 25% 的股份。后来,这四位年轻人结成了两对夫妻,两家人各占 50% 股份。

随着企业的发展,张勇认为另外三位股东跟不上企业的发展,毫不留情地先后让他们离开企业,只做股东。张勇最早先让自己的太太离开企业,2004 年让施永宏的太太也离开企业。2007 年,在"海底捞"步入快速发展的时候,张勇让无论从股权投入还是时间和精力的付出上都与自己平分秋色的 20 多年的朋友施永宏也离开企业。

张勇在让施永宏离开的同时,还以原始出资额的价格,从施永宏夫妇的手中购买了 18% 的股权,张勇夫妇成了握有"海底捞"68%(超过三分之二)股权的绝对控股股东。

2007 年,在"海底捞"成立 13 年,并快速发展的时候,一方股东却将 18% 的股权,以 13 年前原始出资额的价格,转让给了另一方股东,这简直就是匪夷所思。

但是,施永宏却如此回答:"不同意能怎么办,一直是他(张勇)说了算……后来我想通了,股份虽然少了,赚钱却多了,同时也清闲了。还有他是大股东,对公司就会更操心,公司也会发展得更好。"

海底捞以出人意料的方式解决了股权结构不理想的问题。这一方面得益于海底捞从一开始就是张勇为主、施永宏为辅,形成了张勇是核心股东的事实,另一方面也得益于施永宏的大度、豁达与忍让。其实这个世界上并不存在最差的股权结构,也不存在最好的股权结构,只有最适合时下企业自身的股权结构。

2. 2% 的股权对公司的控制

在最为极端的情况下即便某股东仅仅持有公司 2% 的股权,也能实现对该公司的控制,那么这种控制权是通过何种方式实现的呢?

当出现 49%:2%:49% 的股权比例结构时,虽然两名大股东分别持有公司 49% 的股权,但因所持的表决权比例在没有特殊约定的情况下并未超过半数,仅一名股东在股东会层面并不能形成最终决策,如果该公司想要形成股东会决议,就必须要求两名以上股东相互达成一致行动的共识。在这种情况下,如果大股东双方在经营思路上发生纠纷,出现对立,那么持有 2% 股权的股东,自然会成为两方大股东相互笼络的对象,而此时因其和任意股东达成共识即可形成决策,反而掌握了公司的控制权。

这种股权设计比例结构的背后包含着一种均衡之道。其实只要在任一方股东无法形成决策,而任意双方结合就可形成决策的情况下,就像上文所述的情形,无论是持有公司2%股权的股东还是持有公司49%股权的股东,在决策时都无法单独形成决策。因此两者在表决权层面上并无区别,用2%来实现公司的控制权其实只是其中一种最为极端的情况而已。

这种以持有较小股权但通过各方博弈的方式来实现控制权的方式并不是纸上谈兵,其在实践中也具有一定的实际操作性。我们有一个客户在公司发展过程中需要筹措大量资金,因此管理团队不得不为了引进投资人而让渡自己手中的股权。由于管理团队在初期没有意识到股权的重要性,在引进第一个投资人的时候就以转让的方式让渡了自己手中30%的股权。但是随着公司的进一步发展,公司的资金需求量也不断加大,管理团队也随即进行了第二轮融资。在这轮融资中,管理团队考虑到第一轮引进的投资人所持股权比例过高,且总是对管理团队施压,影响公司的管理和对重大问题的决策,因此,管理团队决定在第二轮融资中,将错就错,以转让30%股权的形式,引进了另一个背景雄厚,且经营管理思路和第一轮所引进的投资人略有不同的投资人股东。

这样的做法看似管理团队在股权比例结构上放弃了在公司股东会层面的控制权,但是其背后却折射出了管理团队对于公司治理的大智慧。在这样的股权比例结构之下,三方股东都不能单方形成股东会决议,而投资人因为持有公司股权,都有参与公司管理和决策的想法,但是由于双方的经营思路略有不同,所以,两者之间难以在股东会层面形成一致的决策,且两者股权比例相加之后也不足总股权的三分之二以上,因此即便他们达成一致,没有创始股东的参与也难以对如增减资、公司解散、分立合并、修改公司章程等重大事项形成决策。如此,管理团队就可斡旋于两方投资人之间,以博弈的方式实现对公司的控制。

3. 博弈型股权结构公司的治理形式

有些企业在创业初期,各个股东之间的资源投入和股东能力旗鼓相当是比较常见的情况。在这种情形下平均分配股权也许是适合企业的一种方式。但是,随着企业的发展,考虑到避免公司僵局的产生,其实可以通过很多方式化解平均分配股权的弊端。

除了像海底捞一样,发展后期通过股权转让的形式解决股权结构不理想的问题外,也可以考虑通过分红权与决策权相分离的设计。《公司法》第四十二条规定了有限责任公司的公司章程有权对股东会会议中股东的表决权和出资比例做分离设计,第三十四条规定了有限责任公司的公司章程有权对股东的分红权和出资比例做分离设计。《公司法》第一百六十六条规定:"公司弥补亏损和提取公积金后所余税后利润,有限责任公司依照本法第三十四条的规定分配;股份有限公司按照股东持有的股份比例分配,但股份有限公司章程规定不按持股比例分配的除外。"有限责任公司在进行分红权与决策权的分离设计时,还可以考虑参考 AB 股制度进行。

【参考】AB 股制度

AB 股制度也叫作双重股权结构(Dual Share Class)或二元股权结构,是指上市公司进行同股不同权的设定。按照该规定,通常一般股东同股同权即一股一票,但公司少数高管为了实现控制权可以一股数票,这是一种通过分离现金流和控制权而对公司实行控制的有效手段。区别于同股同权的制度,在双重股权结构中,股份通常被划分为高、低两种投票权。高投票权的股票拥有更多的决策权,高投票权的股票每股具有 2 至 10 票的投票权,主要由高级管理者所持有。低投票权股票的投票权只占高投票权股票的 10% 或 1%,有的甚至没有投票权,由一般股东持有。作为补偿,高投票权的股票股利低,不准或规定一定年限,一般 3 年后才可转成低投票权股票,因此流通性较差,而且投票权仅限管理者使用。

虽然,股东的分红权与决策权进行分离设计有相应的法律依据,但是,需要注意的是这里说的表决权的分离设计是针对有限责任公司而言的,对于股份有限公司则需"同股同权"。不过,《公司法》第一百零五条规定了股东大会选举董事、监事,可以依照公司章程的规定或者股东大会的决议,实行累积投票制。因此股份有限公司可以通过累积投票制的方式来实现表决权的优化。

第四章　股权设计三步法

岔开话题，几年前人们还在反思"快餐化"的学习方式，而如今随着互联网的进一步冲击及人们生活节奏的进一步加快，已经很难再听到有人再对这个问题进行反思。我们认为"快餐化"其实是社会分工的必然要求，随着沟通成本的降低，从成本和效率的考虑，"把专业的事交给专业的人来做"已成为必然的趋势，学习不再是为了使自己变成一个各方面精通，能解决各类问题的全才，更多的是通过拓展自己的知识面，通过了解一些基础知识而提高自己的判断能力。在会做"判断题"即可，不要求会做"简答题"的学习目标下，"快餐化"的学习方式其实从某种意义上来说也是值得推广的。

而我们总结股权设计三步法正是出于这个目的，我们不管是在培训中还是在和客户的访谈交流中都会介绍我们原创的股权设计的三步法，让受众了解三步法的目的就是让客户判断什么样的股权设计方案是完整的、安全的、可行的。

第一节　股权设计的三个基本点

无论是创始股权设计、股权融资方案设计还是股权激励方案设计，我们认为一份及格的设计方案，必须包含以下几个基本点：进入机制、议事规则和退出机制。通俗地讲，就是股东之间怎么进门的，怎么开会的，怎么分家的。

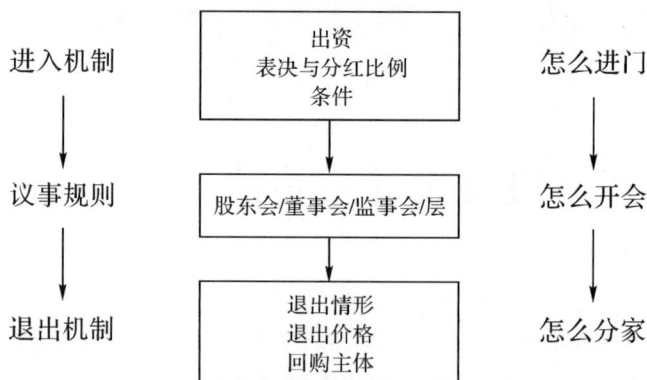

股权设计的三个基本点

这三个基本点源自对大量司法判例的总结,以及我们的实践积累。通过对"裁判文书网"所公布的与公司有关纠纷的裁判文书的数量统计及查阅分析,我们能够精准把握股权设计的主要风险点和风险点所产生原因,并将之应用于股权设计方案的制作之中。

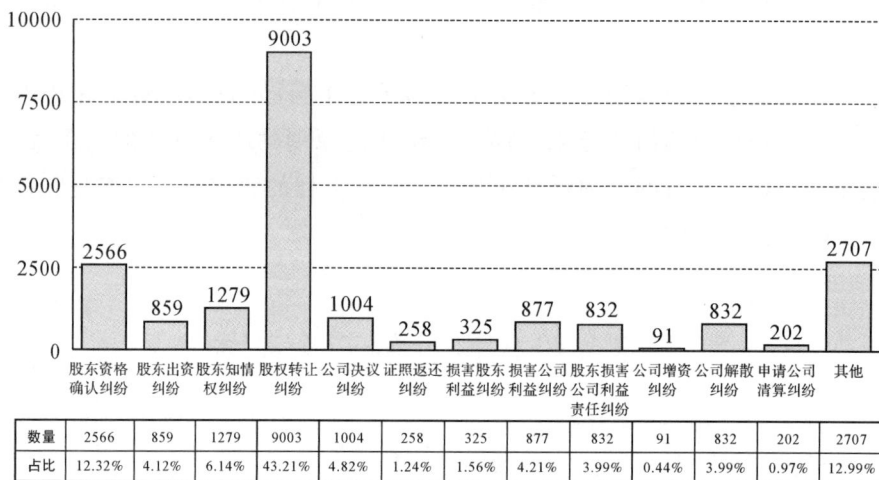

	股东资格确认纠纷	股东出资纠纷	股东知情权纠纷	股权转让纠纷	公司决议纠纷	证照返还纠纷	损害股东利益纠纷	损害公司利益纠纷	股东损害公司利益责任纠纷	公司增资纠纷	公司解散纠纷	申请公司清算纠纷	其他
数量	2566	859	1279	9003	1004	258	325	877	832	91	832	202	2707
占比	12.32%	4.12%	6.14%	43.21%	4.82%	1.24%	1.56%	4.21%	3.99%	0.44%	3.99%	0.97%	12.99%

2016 年全国与公司有关纠纷各类案由案件数量统计图

截至 2017 年 2 月 19 日,我们对"裁判文书网"发布的所有 2016 年全国与公司有关纠纷的案例进行了统计。虽然数据统计时仍有大量 2016 年未审结的案例和未公布的与公司有关纠纷的案例,但是从目前公布的案例数据来看,与公司有关的纠纷最多的就是股权转让纠纷,随之便是股东资格确认纠纷、股东知情权纠纷及公司决议有关纠纷。

我们试按《民事案件案由规定》中所规定的与公司有关纠纷的 25 类案由进行分类,我们发现,这 25 类案由大致可以对应以下三个基本点:进入机制、议事规则和退出机制。进入机制包括了股东资格确认纠纷、股东出资纠纷、公司设立纠纷、发起人责任纠纷、股东名册记载纠纷等;议事规则包括了股东知情权纠纷、公司决议纠纷、公司盈余分配纠纷等;退出机制包括了股权转让纠纷、公司解散纠纷、申请公司清算纠纷等。

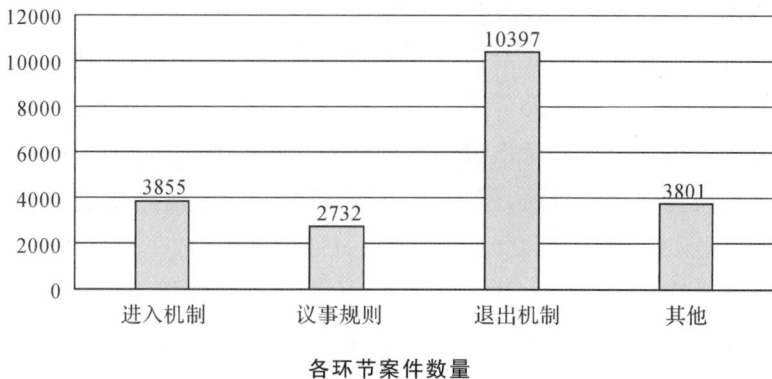

各环节案件数量

1. 进入机制

进入机制的重要性不言而喻,现在的创业者往往都极为关注这个部分,因为进入机制的设计包含了股东出资的金额、出资的形式及出资的时间与周期。但是有很多创业者会忽视或未正确看待进入机制中的分红比例、表决比例等内容的设定。我们前面说过股权属于一个复合的权利,其中包含了自益权,比如说要求公司提供出资证明或者股票的请求权、股份转让过户登记请求权、股息和红利的分配请求权、公司剩余财产的分配请求权等。同时股权也是一个共益权,比如说出席股东会的表决权、股东会的召集请求权、任免董事和公司管理人员的请求权、查阅公司章程及簿册的请求权、要求宣告股东会议决议无效的请求权、对董事或监事提起诉讼的权利等。因此,进入机制设计的好坏往往会决定议事规则和退出机制能否有一个良态的运作。好的进入机制往往会使得一份股权设计方案更具智慧,有四两拨千斤之功效。比如《公司法》第四十二条规定有限责任公司股东会会议由股东按照出资比例行使表决权,但是,公司章程另有规定的除外。这就为股权设计在表决比例方面的设计提供了一定的空间。如果在表决比例上不做设计,仅按照《公司法》的规定以出资比例进行表决,将导致一方为获取公司控制权而投入大量的资本,这就使得获取公司控制权的成本尤其高。但如果参照"AB 股"的设计模式,将会使主要创业者在获取控制权上有四两拨千斤之效。

在进入机制中,除了对出资及分红和表决的比例进行设计外,还有一个非常重要的内容就是对出资条件的确定。《公司法》第二十七条规定股东可以用货币出资,也可以用实物、知识产权、土地使用权等可以用货币估价并可以依法转让的非货币财产作价出资,但是,法律、行政法规规定不得作为出资的财产除外。如果一个项目各个股东都是纯粹的出资人,那在进入条件中仅需要对出资责任即出资金额、时间、违约责任、赔偿责任等做出设定即可。目前,创业潮已经由热情回归于理性,加之经过数年的磨合,创业者和投资人之间的分工也日趋明确,形成了一定的默契,即初创团队负责将项目落地并进一步扩大,进而吸引投资人的投资。越来越多的团队在股权设计中首要考虑的并不一定是资金问题而是资源问题,因此,股权设计中资源的整合就显得尤为重要。

但事实上,往往很多项目中股东所提供的资源部分或全部是无法以货币进行衡量的,如管理劳务、渠道资源、专业知识等。在这种情况下,进入条件的设计就显得尤为重要。一个团队当中,由于每个成员所掌握的资源不同,为了促使项目的成功,团队之间需要明确各个股东的资源投入,在进入机制的设计当中需要对各个成员的资源投入进行细化和量化。资源投入与进入条件的细化及量化程度不仅是影响项目前期的进度和发展的重要因素,也是后期对股权进行调整的基础。

【案例】
杭州某咨询公司创始股权设计方案

案例客户的主营业务是咨询和中介,因为所涉及的领域不但需要有非常强的专业人士提供专业意见以支撑客户的核心业务,同时也需要有部分股东来提供一定的客户及渠道资源。此外,该客户的日常业务量较大,并且具体项目的营销策划和公司管理对该客户的整体发展也起着巨大的作用,因此,该客户在团队的选择和组成上就是围绕着其未来的主营业务进行的。在客户团队中,A负责项目的日常管理和营销运营,B负责有专业知识的人士的对接和维护,C负责相关渠道资源的匹配及吸引投资人,A,B,C三者分工明确,且任何一方的资源没有提供到位都会影响项目的进程,甚至会影响项目的成败。但由于A,B,C之间所提供的资源都不属于《公司法》所规定的出资形式,A,B,C三方所提供的资源各有差异,所以在进入机制的设计上就遇到了如何以合理的进入条件设计来实现A,B,C三者的资源投入的问题。

在经过讨论和研究之后,我们首先对A,B,C三者所提供的资源进行了明确的细化和量化,将三者此前在进入条件问题上所达成的一个原则性的共识明确并细化到多个进行量化考核的具体目标。如A负责日常的项目管理和营销运营,于是我们在A所投入的资源考核上做了一个以公司阶段性业绩目标的关键绩效指标设计;针对B所投入的资源特点,对其所对接的专业人士及专业机构在相关数量、资质及每次咨询中介服务的客户评价方面上做了一个细化的明确;根据C所提供的渠道的质量及其引进的投资数量做了一个具体细化的考核标准。其次,针对细化的结果设置了资源到位的时间表及不同的违约责任,以督促各方及时向公司提供相应的资源。最后,建议客户预留部分股权,用于激励保质保量完成资源投入的团队人员。

2. 议事规则

在过去早期的创业模式中,公司的控制权绝对掌握在控股股东的手里,控股股东除了掌握绝对性的控股比例,同时兼任公司的董事长或执行董事、总经理及法定代表人,其个人的意志直接代表公司的意志,因此不需要也不存在对议事规则进行设计。但伴随现在的创业模式和创业理念的改变,特别是由平等各方组成的创业团队,即便团队公司中存在持有股权比例较多的大股东,在事项的决策上,尤其是在重要事项的决策上需要各方进行讨论,而且随着创业者公司管理思维意识的逐步提高,公司相关机构及相关人员的"权责利"的分配也逐步为创业者所重视。在这种情况下议事规则设计的重要性就得以凸显。

(1)公司三会一层的设计

我们认为公司议事规则的设计,主要从公司的三会一层出发,即公司的股东会、董事会和监事会,以及公司的高级管理层如总经理、财务总监等。在设计的内容上,可以考虑从三会一层的职权、议事方式等问题上着手。

关于三会一层的职权,《公司法》有详细而具体的规定,但是需要提请注意的是对股东会的职权设定,《公司法》第三十七条所列举的前十项股东会职权只能由股东会享有,如果将这些职权中的部分职权分散给董事会、执行董事或者高级管理层是有违《公司法》规定的。而对于股东会、董事会、监事会和公司的高级管理层,《公司法》规定了公司章程可约定其他职权,这为议事规则的设计提供了一定的空间。

(2)罗伯特议事规则(Robert's Rules of Order)

我们在调研中发现,绝大多数的创业型公司和小微企业并未对公司的议事规则进行明确的规划和设计,遇到意见不合的情况,如表决机制约定的不合理往往会使公司陷入僵局,从而导致公司出现不必要的危机。

除了《公司法》的规定之外,我们这里主要向大家介绍一下著名的罗伯特议事规则。简单地说,罗伯特议事规则规定的就是一个开会的方法。罗伯特议事规则是美国适用最广的议事规则典范,已成为全球范围内组织治理与规则的蓝本。其中最著名的是其设定辩论规则,规定了民主的程序细节,本质上就是会议上的法治。罗伯特议事规则有极强的操作性,从美国国会到一般的企业都可以适用,甚至还可以适用于中国的农村。

【案例】

"南塘十三条"

"南塘十三条"是袁鹏天把罗伯特议事规则引入南塘村时,将其精简成通俗的语言被南塘村最初采纳的规则。因为最开始只定了最核心的也是村民最容易理解的十三条,所以被称为"南塘十三条",后来被逐渐完善。具体内容如下。

第一条:会议主持人,专门负责宣布开会制度,分配发言权,提请表决,维持秩序,执行程序。但主持人在主持期间不得发表意见,也不能总结别人的发言。

第二条:会议讨论的内容应当是一个明确的动议。"动议,动议,就是行动的建议!"动议必须是具体的、明确的、可操作的行动建议。

第三条:发言前要举手,谁先举手谁优先,但要得到主持人允许后才可以发言,发言要起立,别人发言的时候不能打断。

第四条:尽可能对着主持人说话,不同意见者之间避免直接面对面发言。

第五条:每人每次发言时间不超过两分钟,对同一动议发言每人不超过两次,或者大家可以现场规定。

第六条:讨论问题不能跑题,主持人应该打断跑题发言。

第七条:主持人打断违规发言的人,被打断的人应当中止发言。

第八条:主持人应尽可能让意见相反的双方轮流得到发言机会,以保持平衡。

第九条:发言人应该首先表明赞成或反对,然后说明理由。

第十条:不得进行人身攻击,只能就事论事。

第十一条:只有主持人可以提请表决,只能等到发言次数都已用尽,或者没有人再想发言了,才能提请表决。如果主持人有表决权,应该最后表决,防止抱粗腿。

第十二条:主持人应该先请赞成方举手,再请反对方举手。但不要请弃权方举手。

第十三条:当赞成方多于反对方,动议通过。平局等于没过。

罗伯特议事规则主要包括发言与辩论规则、表决规则、动议与修正案、程序动议、文件制度等。因为罗伯特议事规则的内容较多,我们这里简单地通过上述"南塘十三条"来看看公司的议事规则中应怎样来引用罗伯特规则。

我们在参加客户的股东会或者董事会时通常会发现这么几个问题:

第一,跑题。一个问题还没结论又开始讨论另外一个问题,会议开了几个小时,最后什么结论也没形成。

第二,打断。不等别人说完话就随意打断,拒绝聆听,放弃沟通。

第三，"一言堂"。有的人说起话来没完没了，其他人得不到发言的机会。

第四，不懂得合理辩论。只要意见不同就容易情绪激动。

第五，表决流程混乱。在表决规则上，有时候会议的主持人会说"同意的跟我举个手"，然后举起手来，眼睛直勾勾地盯着没举手的，直到够数就放下手来。还有的是只喊一声"我们表决吧"，然后都不说同意还是不同意，接着又开始发表各自的看法，也不说明结论。

这些问题我们在实践中发现是极为普遍的，而这些问题都能通过议事规则的设计来解决。

"南塘十三条"通过明确了五个规则来避免了上述五个问题。

第一，一时一事规则。"南塘十三条"中明确规定了一个时间只能处理一个问题，讨论问题不能跑题，如果跑题主持人应该打断跑题发言。

第二，发言完整规则。为了避免插嘴，主持人有权打断违规发言的人，被打断的人应当中止发言；此外，"南塘十三条"中还通过尽可能对着主持人说话，不同意见者之间避免直接面对的发言，来防止不可控的辩论发生。

第三，文明表达规则。该规则明确规定了禁止在议事时进行人身攻击，怀疑他人动机、习惯或偏好，强调就事论事。

第四，限时限次规则。规定了同一个问题，每个人的发言时间和发言次数都是确定的，避免"一言堂"的出现。同时"南塘十三条"还明确了一名主持人，由主持人来把握会议的节奏，制止跑题、攻击、独占会议时间、打断别人发言等行为，来贯彻监督和裁判，有效地提高了会议的效率。为了避免主持人跑题、独占时间、打断别人发言，"南塘十三条"建立了一个很精妙的机制，那就是其第一条就规定了"会议主持人，专门负责宣布开会制度，分配发言权，提请表决，维持秩序，执行程序。但主持人在主持期间不得发表意见，也不能总结别人的发言"。

第五，"南塘十三条"为了避免不公正的表决做了三个充满智慧的设定。第一个是表决时间，表决的时间必须是所有人用尽或放弃发言次数，充分表态之后再进行表决，这样有利于避免表决之后又反复讨论不前；第二个是表决流程，表决流程上采用了正反表决的规则，主持人也有投票权，但是为了避免其想法影响到他人，要最后投票，以示公正；第三个是在表决比例的安排上，明确规定了当赞成方多于反对方，动议通过。这里只考虑了赞成票和反对票,这里的算法的基数是在场且投票者,并未对弃权、缺席的人数进行计算,极大提高了表决的效率,也避免了因表决产生的纠纷。

【案例】

万科的董事会

2016 年 6 月 18 日,万科宣布,董事会通过包括向深圳地铁增发股票,万科以 456 亿元人民币向深圳地铁收购资产等议案,所有的议案表决都是同意 7 票,反对 3 票,弃权 0 票通过。现公司第二大股东华润则认为万科公司董事会未达到批准议案所需的三分之二以上的绝对多数,质疑董事会通过议案的合法性。

万科在其章程 137 条规定了议案需要董事会三分之二多数通过的情形,包括"(六)制订公司增加或者减少注册资本、发行债券或其他证券及上市方案;(七)拟订公司重大收购、收购本公司股票或者合并、分立、解散和变更公司形式方案"。因此,万科本次董事会会议的议案理应以三分之二以上的多数通过。

万科董事会共有 11 名董事,其中独立董事 4 名。本次董事会全体董事均出席了会议,来自第二大股东华润推荐的独立董事张利平现任黑石投资大中华区主席,而黑石投资与万科成立了物流公司,张利平认为自己的身份与本次董事会决议有利害关系,因此回避了本次表决。如果张利平的票数计入有权表决的董事人数总数以内,则表决结果 11 票中只有 7 票赞成,未达到万科董事会会议票决有效所需的三分之二以上的绝对多数同意的要求;如果张利平的票数不计入有权表决的董事人数总数,则万科董事会的决议可以以 10 票中的 7 票赞成而获得超过三分之二的绝对多数通过。双方就此产生了分歧。

(3)决策委员会

议事规则的设计并不仅仅体现在三会一层的设计上,针对一些特别情况还可以考虑设计决策委员会、决策辅助人等机制灵活提高公司的决策效力。

决策委员会的适用范围主要包括以下几种情况。第一,股东较多,表决权分散,不设立相关决策辅助机构,难以形成决策的;第二,一股独大,公司中有一名绝对的控股股东,只有设立决策委会才能科学地进行决策。

决策委员会的设计要考虑以下几点。第一,职权范围,决策委员会必须有明确的清单式的职权范围,避免因越权而产生纠纷;第二,决策委员会要注意决策的高效性,因为决策委员会的设立很大程度上是为了增加决策的效力和科学性,其决策的事项通常不是公司的重大事项,但是具有一定的机遇性,所以在其决策上要注意高效性,尽量过半数通过即可;第三,要注意成员的专业性,由于决策委员会决策的事项追求一定的效力,且其决策也将最终由公司来承担后果,所以决策委员会人员的选择要注意考虑其专业性,尽可能邀请专家、律师、会计师等专业人才加入。

【案例】

帝豪集团股份有限公司的决策委员会设置

为了降低大额投资的风险,帝豪集团股份有限公司设立了由董事会成员、高管、股东代表、机构投资者和专家组成的投资决策委员会。

委员会的主要职责为:审议公司投资金额在 5000 万元以上的项目;投资超出公司目前主要经营方向、经营范围的项目;董事会和经营管理团队认为需要由投委会做出评价和决策的投资项目。

委员会的人员构成:投委会成员共有 51 人,17 人由公司董事会和高管人员担任,17 人由股东代表担任,17 人由机构投资者、专家学者担任。

委员会的工作程序:投委会对该项目安排一至数次专题讨论会,对该项目的可行性进行论证,不同意见进行辩论,对可行性报告及项目有关人员进行质询;投委会对项目进行投票表决,一般项目需超过参加表决人数的半数才能获得通过;重大项目需通过全体人数 51 人的半数,即不少于 26 票同意才能获得通过。

3. 退出机制

关于退出机制,我们先看一则案例。

【案例】

现实版的"中国合伙人"——"泡面吧"

在"泡面吧"即将获得 A 轮融资,只差签署最终协议之际,这家估值达 1 亿的网站却一夜分家,3 个核心的团队成员在转眼之间"反目成仇"。

在"泡面吧"官方声明中,正式开除联合创始人王某、严某,收回各类管理权限,保留追究相关责任权利,并责令王某、严某停止直接或间接使用非法窃取获得的"泡面吧"项目代码。王某、严某也"以牙还牙",将"泡面吧"项目团队和原先的用户管理人员从用户 QQ 群中踢出,严重影响到"泡面吧"产品市场运营工作。

作为一家曾经大有前途的在线教育企业,"泡面吧"的境地让人感叹不已。知情人士表示,俞某、王某、严某 3 人矛盾公开化,让投资人不满。

在创业伊始,创业者之间对于退出机制的问题往往难以启齿,对退出机制没有做出明确的约定往往会导致退出机制的不畅通,最终损害公司和股东的利益。退出机制不畅通导致的纠纷已成为目前数量最多的公司纠纷,因此,我们认为退出机制一定要设计在前面。

(1)退出机制的实现路径

《公司法》规定了四种股东退出的路径,即股权转让、减资、异议股东回购请求权、公司解散。

①股权转让。股权转让是一种较为灵活的退出方式,也是最常见的、最便捷的退出方式,是以股东对内或对外将股权转让给受让方,从而实现退出的。如果受让方是公司内部股东,那么可以自由转让,股东间有特殊约定除外;如果是公司内部股东以外的第三方,按《公司法》第七十一条的规定,"股东向股东以外的人转让股权,应当经其他股东过半数同意。股东应就其股权转让事项书面通知其他股东征求同意,其他股东自接到书面通知之日起满三十日未答复的,视为同意转让。其他股东半数以上不同意转让的,不同意的股东应当购买该转让的股权;不购买的,视为同意转让"。所以,股权转让在法律上没有障碍。《公司法》第七十一条第三款同时规定,公司章程对股权转让另有规定的,按公司章程规定进行。因此,这也为股权转让的设计提供了法律依据。考虑到股权转让的良好性

和简便性,这种方式也是退出机制设计当中的首选。

②减资。这种退出方式是指公司减少注册资本来实现股东的退出,其实质是公司回购了退出股东的出资。这种方式的好处是其他股东不需要另行筹集股权的购买款,但前提是需要公司其他股东的同意及配合,因为公司减资至少需要三分之二以上有表决权的股东同意。同时,公司减资的程序比较复杂,需要编制资产负债表、财产清单、公告与债权人协商债务偿还或担保事宜等,并且公司减资还需要进行公告公示,其整个周期流程也比较长。受制于上述原因,公司的减资程序适合股东之间分歧较小且对外债务不多的公司。

③异议股东回购请求权。除了以转让股权、减资的方式退出之外,《公司法》第七十四条还规定了股东请求公司回购股权的退出方式。该条规定有下列情形之一的,对股东会该项决议投反对票的股东可以请求公司按照合理的价格收购其股权:第一,公司连续五年不向股东分配利润,而公司该五年连续盈利,并且符合本法规定的分配利润条件的;第二,公司合并、分立、转让主要财产的;第三,公司章程规定的营业期限届满或者章程规定的其他解散事由出现,股东会会议通过决议修改章程使公司存续的。同时该条规定自股东会会议决议通过之日起六十日内,股东与公司不能达成股权收购协议的,股东可以自股东会会议决议通过之日起九十日内向人民法院提起诉讼。由此可见,《公司法》在公司回购股权的问题上无论是前提条件还是程序规定上都极为严格。

《公司法》规定一般情况下公司不得自持其股权,因此公司在回购股东股权之后又将进行减资程序,这又增加了这种退出方式的复杂程度。

④解散公司。从《公司法》的规定分析,股东在公司解散的情形下等同于取得了退出公司的法律效果,即如在公司被依法解散的情形下,公司股东也可在依法履行相关清算程序后分配公司的剩余财产,从而达到退出公司的法律目的。目前解散公司的主要方式如下。

第一,根据公司章程规定或股东会议决议解散公司。

《公司法》第一百八十条规定,公司章程规定的营业期限届满或公司章程规定的其他解散事由出现或者股东会或股东大会决议解散,公司可以解散。

《公司法》第一百八十六条第二款规定:"公司财产在分别支付清算费

用、职工的工资、社会保险费用和法定补偿金，缴纳所欠税款，清偿公司债务后的剩余财产，有限责任公司按照股东的出资比例分配，股份有限公司按照股东持有的股份比例分配。"

可见，当公司在依据公司章程或者股东会议决议而解散的情况下，公司股东实际取得了退出公司的法律效果。

第二，特殊情况下股东可申请人民法院强制解散公司。

《公司法》第一百八十二条规定，公司经营管理发生严重困难，继续存续会使股东利益受到重大损失，通过其他途径不能解决的，持有公司全部股东表决权百分之十以上的股东，可以请求人民法院解散公司。

向人民法院提起强制解散公司之诉，此种方式是在穷尽所有退出手段之后的最后的救济手段，但是此种退出机制的前提条件限定得较为严苛，退出的时间周期较长，且这种手段将导致公司最后被注销，所以无论是从时间成本还是损害后果来看，这种方式都需慎重考虑。

从上述的股东的退出路径来看，我们认为，按照股权转让的方案进行退出机制的设计最为妥当。根据 2005 年颁布的《创业投资企业管理暂行办法》（以下简称"《创投暂行办法》"）第二十四条规定："创业投资企业可以通过股权上市转让、股权协议转让、被投资企业回购等途径，实现投资退出。"根据 2003 年颁布的《外商投资创业投资企业管理规定》（以下简称"《外资创投规定》"）第三十四条规定创投企业主要从出售或以其他方式处置其在所投资企业的股权时，可以依法选择适用的退出机制，包括"与所投资企业签订股权回购协议，由所投资企业在一定条件下依法回购其所持有的股权"，所投资企业向创投企业回购该创投企业所持股权的具体办法由审批机构会同登记机关另行制订。可见，《创投暂行办法》和《外资创投规定》在《公司法》规定的股权转让退出路径之上开辟了通过签订股权回购协议的新型退出方式。以股权转让作为股东退出的路径设定，是最快速、最经济的解决方式，在股东的退出机制中应当优先考虑。我们认为一个良好的退出机制设计必须明确退出的条件，即何种情况下才能退出，同时约定好退出时股权回购的主体，以及根据不同的退出情况设定不同的退出价格。

(2)退出机制的情形设计

退出机制的情形设计很好理解,就是触发股东退出机制的一些既定条件。退出情形的设计是整个退出机制实现的基础,不同的退出情形需要考虑不同的回购价格和回购方式,因此能否合法、合理、完整地约定退出情形,将直接影响到所设计的退出机制的功能性、操作性和安全性。

①法定退出情形。法定退出情形是指根据法律规定其应当退出的情形,如公司依法解散、股东死亡或其股权被法院强制执行等之后其将不再具有股东资格。

②约定退出情形。约定股东的退出情形,对退出情形的具体设定与进一步明确是退出机制设计的基础,在现实中每家公司的情况各不相同,因此所考虑约定的退出情形也不尽相同。我们在设置约定的退出情形时通常会从两个角度进行考虑,一个是股东的主动退出,另一个是股东的被动退出。

第一,股东的主动退出。股东的主动退出指股东主动要求退出创业项目,放弃其所持有的股权,包括股东主动要求对内或对外转让公司股权,要求公司回购其股权,要求公司对其所持有的股权进行定向减资。我们在实践时通常会考虑到股东的退出对创业项目会有一定的冲击,并且考虑到公司创业团队在创业前期的艰辛付出,一般我们对股东对外转让股权持谨慎支持的态度。为了提高创业项目的稳定性和成功率,我们通常会建议客户在退出机制中约定一定的禁止退出的年限。该年限约定的长短通常取决于公司的实际情况和需求,但需要注意的是,设置一定退出期限的目的并不是限制股东的人身自由,而仅是在不同期限的相应的回购价格上有所差别。

第二,股东的被动退出。股东的被动退出是指当出现股东之间所约定的某些退出情形时,就强制性地要求相应股东转让其股权,剥夺其股东身份。关于股东的强制退出,不同性质的股东所要考虑的情况不尽相同。比如说激励对象中的员工股东,由于这部分股东同时兼具劳动者和股东的双重身份,因此在强制退出的情形设计时就要考虑到该部分股东的劳动关系问题。关于这一具体内容我们将在第二编中进行具体说明,在这里我们仅针对在对通常的被动退出情形的设计时所要考虑的一些情况进行介绍。

一般而言,当出现股东强制退出的情形时,通常都是基于股东有过错或是重大过失的行为。譬如说,股东故意损害公司利益,因触犯法律、违反职业道德、泄露公司机密、失职或渎职等行为严重损害公司利益或声誉时,可以要求股东强制退出。除此之外,常见的强制退出情形有:股东因犯罪行为被追究刑事责任;具有《公司法》第一百四十七条、一百四十八条所规定的禁止行为拒不改正的(《公司法》第一百四十七条、一百四十八条规定了董事、监事、高级管理人员应当遵守法律、行政法规和公司章程,对公司负有忠实义务和勤勉义务,等等)。董事、监事、高级管理人员不得利用职权收受贿赂或者其他非法收入,不得侵占公司的财产。董事、高级管理人员不得挪用公司资金;将公司资金以其个人名义或者以其他个人名义开立账户存储;违反公司章程的规定,未经股东会、股东大会或者董事会同意,将公司资金借贷给他人或者以公司财产为他人提供担保;违反公司章程的规定或者未经股东会、股东大会同意,与本公司订立合同或者进行交易;未经股东会或者股东大会同意,利用职务便利为自己或者他人谋取属于公司的商业机会,自营或者为他人经营与所任职公司同类的业务;接受他人与公司交易的佣金并归为己有;擅自披露公司秘密;违反对公司忠实义务的其他行为。

考虑到在股权设计方案制订时难以对所有的退出情形进行一个完整的罗列,因此我们在退出情形的设计上通常会赋予股东会解释和补充强制退出情形的权利,约定股东会有权认定其他的强制退出情形。

在约定退出情形的方案设计中,我们基于特殊情况考虑,可以采取股东表决权一次性退出和分红权分期退出的方式,如部分股东因为工伤或退休根据相关协议约定不能继续持有公司的股权,但考虑到该部分股东特殊的退出原因及其为公司所做出的历史贡献,就可以采用这种退出方式。

由于股东的强制退出是一种较为严苛的责任条款,所以在认定股东是否达到退出情形上需要谨慎再谨慎。为此,我们通常都会约定当发生强制退出的情形时,是否退出需要经公司股东会代表三分之二以上表决权的股东通过(不含三分之二),并经三分之二以上股东表决通过(含三分之二)。

(3)关于退出价格的设定

关于退出价格的设定,我们认为其需要与股东的退出情形相互匹配。

①股东主动退出的情形下回购价格的确定。前文在退出情形的设定中说到,股东主动退出的最大限制条件是时间,因此在回购价格的设计上可以考虑根据时间来进行设置。如股东之间约定好五年之内不能退出,那么在价格的设置上可以约定五年内按原价进行回购,超过五年可以按照其他较高的价格进行回购,那么这里的较高价格该如何确定呢?我们通常会推荐客户按照公司的估值、公司的净资产或者按照一定的年利率等进行计算,并按照各个价格孰高的原则确定最终的回购价格。

如果一家公司约定好五年之内,股东不能退出,那么可不可以约定,如果股东在五年内主动退出的,按照低于原价,甚至是进行零元回购呢?我们认为这种约定在原则上是不可取的,因为根据平等原则、公平原则、诚实信用原则及禁止权利滥用原则的民法原则,我们在设计相应的股权回购价格时要考虑到一定的公平性和合理性。因此,如果设计极为不公的回购条款,一旦引发纠纷,可能会因为显失公平而被法院撤销相关的约定,从而导致适得其反的尴尬局面。

但是如果公司在成立后经营不善,并且一直处在亏损的状态,这种情况该怎么办?如果让股东按原价退出,从某种意义上来说退出的股东还能避免相应的经营风险。其实这个问题很容易解决。按照前述满足相应期限根据孰高的原则确定回购价格的逻辑,在这种情况下也可以根据公司净资产、原价、公司估值并按孰低的原则来确定相应的回购价格,并且如果股东因退出给公司造成实际损失的,也可约定要求其承担赔偿责任。

②股东被动退出的情形下回购的价格的确定。前文提到,股东被动退出的情形大多属于其有主观过错的情形,因此在这种情况下回购价格的确定一般具有一定的惩罚性,因此我们可以根据上文所介绍的方法,在这种情况下设置根据公司净资产、原价、公司估值孰低的原则来确定相应的回购价格,并且如果股东给公司造成实际损失,也可约定要求其承担赔偿责任。

(4)关于回购主体的设定

回购主体的选择上要考虑公司的实际情况和相关回购主体的支付能力,一般公司在选择上会确定以下几种回购主体。

①大股东或实际控制人回购。从公司控制权等角度考虑,一般由公司的股东或实际控制人进行回购,并由其同退出的股东签署相关法律文本,而回购的价款一般也由大股东进行承担。

②由各股东按其所持股比例进行回购。考虑到维持现有股权结构大股东有时也会出现购买力不足的情况,我们通常在相应条款中设计,可以由各股东按股权比例进行回购,如遇特殊情况,由股东会按重大事项表决程序通过。

③经过股东会程序同意的第三方主体进行回购。考虑到公司在实际发展中的需要,也可以经过股东会程序同意由第三方主体对退出股东的股权进行回购,以实现老股东退出和新股东进入的同步完成。

第二节 股权设计的两条思路

我们认为一份科学的股权设计方案,其设计思路和依据特别重要,我们在股权设计的实战中一直以大数据思维和资本生命思维为主要设计依据和设计思路。

1.大数据思维

马云说,现在是一个 IT 时代向 DT 时代转变的时代。股权设计之所以要根据大数据思维来进行不仅仅是因为这个概念时髦,更是因为数据的中立、可靠。得益于自 2014 年 1 月 1 日起施行的《最高人民法院关于人民法院在互联网公布裁判文书的规定》,我们在股权设计领域的大数据思维有了数据基础。

我们在股权设计项目中,经常会遇到这样的问题,客户提出了一个想法、一个思路,法律并没有严格的禁止性规定,但是细思起来确实存在一定的法律风险,面对这些客户提出的"灰色思路",我们的解决思维便是大数据思维,通过检索相关类似判例来判断法院对这类问题的裁判态度及思路,来确定在实际操作中该如何去解决。

除了能够通过判例了解到法院对于股权设计思路的判断外,通过对判例的研究我们也能寻找到股权设计中频发的风险点,从而主动帮助客户进行规避。以浙江地区为例,下图为截至 2017 年 2 月 19 日,浙江省范围内的股权转让纠纷。我们通过对数据的整理,对纠纷产生的原因进行了统计。通过详细查阅、分析已判决结案的 555 件股权转让纠纷案件,从当事人起诉、答辩的理由及法院的判决理由中深究纠纷发生的原因,归类如下。

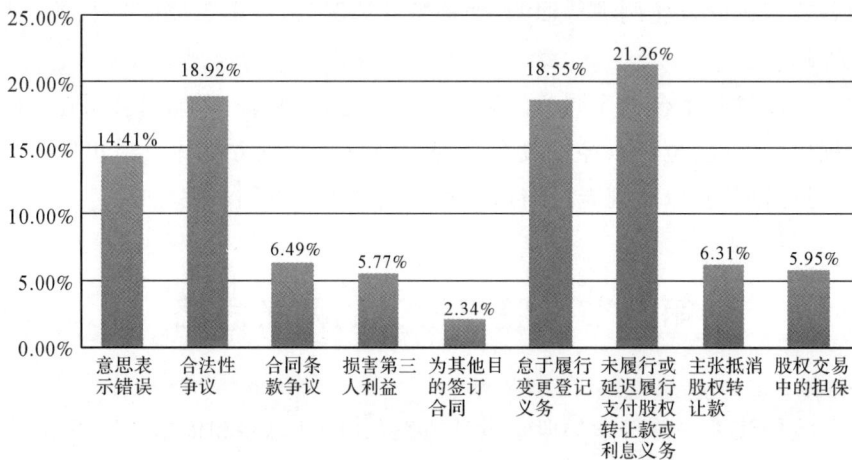

2016 年浙江地区股权转让纠纷各原因所占比例

因股权转让中有隐瞒公司情况、出资瑕疵、重大误解等意思表达错误而导致纠纷的占比 14.41%;因主张股权转让协议或合同中部分条款不合法而导致纠纷产生的占比 18.92%;因合同条款约定不明确导致发生纠纷的占比 6.49%;因可能损害配偶、公司和其他股东有限购买权等权益引发纠纷的占比 5.77%;为其他目的签订股权转让合同造成纠纷的占比 2.34%;怠于履行变更登记义务所引起纠纷的占比 18.55%;受让方未按照约定履行或延迟履行支付股权转让款或利息义务的占比 21.26%;受让方因主张和转让方存在债权抵消的而未支付股权转让款引起纠纷的占比 6.31%;因在股权转让中未履行担保义务所引起纠纷的占比 5.95%。上述数据从反面说明了股权设计应从哪些方面着手。

可见,引起股权转让纠纷的重要原因主要有三点。

第一,当事人的法律风险防范意识不够。这主要体现在当事人在股权转让交易中往往缺乏法律意识和法律风险防范意识,导致在股权转让的过程中出现股权转让方隐瞒公司情况、重大误解等意思错误、转让程序不合法,以及交易合法性、合同条款约定不明的情形,并由此产生大量的案件纠纷。

第二,当事人契约精神不强,怠于履行自己的义务。因为当事人缺少契约精神,或存在客观原因导致自己怠于履行变更登记义务,未履行或延迟履行支付股权转让款或利息义务,导致纠纷的产生。

第三,股权转让协议设计过于简单。由于实际的股权转让交易背景往往比较复杂,当事人之间存在大量的经济往来,但是双方的股权转让协议规定得往往比较简单,这导致了大量的当事人凭借自己有抵消股权转让款的债权,而对实际股权转让款的金额产生争议。

对于以上风险的防范,最恰当的方法就是在投资前聘请专业人士做充分的尽职调查和周密的方案设计,这样的好处有三点。

首先,通过尽职调查可以在交易前对对方的履约能力、负债情况、诚信状况等有更为深刻的了解,提前避免风险的产生。其次,可以保证在决议和交易环节中的合法性,发现并向客户提示风险,结合客户的商业目的准确地评估风险,提出有效且合理解决风险的方案。最后,能有效地对交易中的各个法律关系进行梳理,明确股权转让款的标的额及各个条款,避免纠纷的产生。

2. 资本生命的思维

《道德经》中有"三生万物"与"道法自然"之说。"道生一,一生二,二生三,三生万物。万物负阴而抱阳,冲气以为和。""道法自然"是《道德经》的核心,对这句话的理解有很多,但是无论以何种方式去理解,其本质都是说世间万物的产生与发展皆有其客观规律。"有物混成,先天地生。寂兮寥兮,独立不改,周行而不殆,可以为天下母。吾不知其名,字之曰道,强为之名曰大。大曰逝,逝曰远,远曰反。故道大,天大,地大,王亦大。域中有四大,而王居其一焉。人法地,地法天,天法道,道法自然。"这讲的正是世间万物的发展要遵从其发展的客观规律。而股权设计也一样需要遵从事物发展的客观规律。

所谓企业一般是指以盈利为目的,运用各种生产要素(土地、劳动力、资本、技术和企业家才能等),向市场提供商品或服务,实行自主经营、自负盈亏、独立核算的社会经济组织。因此资本是企业的主要生产要素,而盈利是企业的唯一目的。公司作为法人组织不但拥有法律拟制的人格权,更依据其主要生产要素资本,有着一个以资本为引导的生命历程。掌握公司从"生"到"死"的资本历程,根据公司发展的客观规律才能更好地进行股权设计。

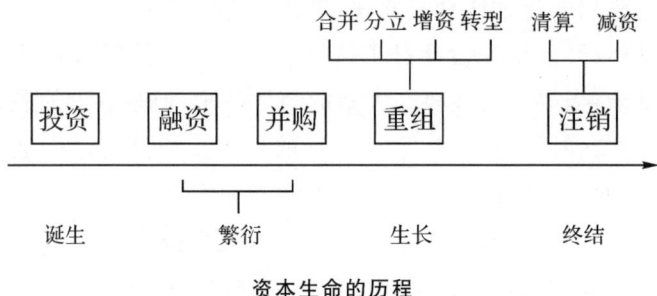

资本生命的历程

公司由投资注册而为"生",由其清算注销而为"终",期间可能会经历投资、融资、并购、重组、注销,由诞生到繁衍、成长,再到终结的生命历程。由于公司每个阶段所着眼的关键问题不同,所以我们在股权设计中要根据资本的生命历程,以及公司所处阶段的特点的不同来考虑方案的具体设计。举个例子,初创型的公司往往会关注创始人之间的协作关系,关注各个股东在资源上的投入,而公司到了繁衍期,则会将眼光放在投融资领域。股权设计方案中除了要考虑创始人之间的协作和分配关系,还应当考虑到投资人的参与和利益。而当公司进入上升期或是进入生长阶段,公司的价值日益凸显,此时应当着眼于将公司发展的利益同员工共享,让员工享受到公司发展的实惠,增加员工的忠诚度,该阶段的股权激励显得尤为重要。

但是,由于公司股权设计属于公司的顶层架构设计,从现有的经验和对大数据的分析来看,作为公司的顶层架构设计,股权的调整往往会牵一发而动全身,如频繁调整或不合时宜地调整往往会为公司带来法律风险,而与股权有关的纠纷相较于其他民商事案件而言,一般都为系列案件,我们在实战中就遇到了一个股权纠纷打了近十个官司的案例。为了避免不必要的诉累,同时考虑到公司发展的客观规律,我们通常站在 3—5 年的发展远景来进行股权设计,也就是说即使公司处于诞生或是繁衍阶段,我们也会建议客户考虑股权激励的相关问题,为股权激励留足空间。

律师和其他专业人员相比,所考虑的资本行动方案的维度存在一定的差异,律师在资本行动的方案中往往考虑的是可行性和安全性。可行性顾名思义是该方案的可操作性和实用性,通过大数据的分析方法,我们能掌握到股权设计的风险的一般性规律,通过对风险高发点的反复论证,出具的股权设计方案往往更具可行性。除了可行性之外,律师在股权设计方案中更应该考虑的是方案的安全性。一个方案的安全与否对于公司来说关系到是否会危及大股东尤其是控股股东的利益和控制权,而对于小股东、投资人或者是激励对象来说,他们更关注这份设计方案是否有法律保障。

第三节　股权设计的一个核心

【案例】

一步步失去了自己的团队
——创业者如何控制住对团队和公司的控制权

2015 年年初,以首席技术官韩军为首的 1 号店老臣相继离职,据称财务部门也早被架空。近日,关于 1 号店董事长、联合创始人于刚将要离职的消息再次甚嚣尘上,而于刚本人手机也处于无法接通状态。树欲静而风不止。尽管 1 号店对于刚离职传闻进行了辟谣,但沃尔玛对 1 号店的绝对控制似乎已成定局。早在 2010 年,平安大举入股 1 号店,创始团队控制权就已经旁落他人。此后 5 年间,于刚多次被传离职。如今,1 号店元老陆续出走,也被看成是于刚撤离的前兆。

梳理 1 号店股权变化大事记,可大致看到 1 号店创始团队失去控制权的全过程。在一声叹息的背后,我们也希望能给创业者一些启示。

【案例】

扎克伯格陷入官司也要不遗余力
——控制权到底有多重要

Facebook 公司一位的股东于 2016 年 4 月底申请提起集体诉讼,旨在阻止该公司发行 C 级股票,并宣称这一举措因巩固首席执行官马克·扎克伯格(Mark Elliot Zuckerberg)对股东的控制权而有失公平。Facebook 公司董事会批准的这项股票发行计划"毫无讨价还价余地",且将使得扎克伯格"获取全部实际价值"以提升对公司的控制权。

Facebook 公司计划推出一种新的公开发行股票种类,但强调称此类股票的持有方不具备投票权。Facebook 将其称为"C 类"股票,即有别于代表股东所持股份的 A 类与 B 类股票。这些新的 C 类股票将以新的代码通过证券交易所上市。诉讼资料指出,扎克伯格"希望保留这种权力,同时通过抛售大量所持股份获取数十亿美元收益"。资料解释称:"事实上,C 类股票的发行相当于为扎克伯格提供数十亿美元的股权增量,但他本人却无须承担任何实际支出。"

公司股权设计的本质是通过一连串的合同实现公司控制权和利益平衡的游戏。

1. 控制权与股权比例临界线

在谈到控制权问题之前,先要和大家分享几个数字 51%,67%,34%,30%,10%,5%,1%,…,n%(0<n≤100)。这里的每个数字都代表着一个和公司控制权有关的规则。

51%(相对控制权)、67%(绝对控制权)——很多创业者会特别关注 51% 这个数,认为当自己所持有的股权过半数时就掌握了对这家公司的控制权,实际上控制权的问题远比"过半数"要复杂得多。首先,关于有限责任公司股东会表决比例,《公司法》第四十二条规定:"股东会会议由股东按照出资比例行使表决权;但是,公司章程另有规定的除外。"第四十三条规定股东会的议事方式和表决程序,除本法有规定的外,由公司章程规定。股东会会议做出修改公司章程、增加或者减少注册资本的决议,以及公司合并、分立、解散或者变更公司形式的决议,必须经代表三分之二以上表决权的股东通过。其次,关于股份有限公司表决比例,《公司法》第一百零三条规定股东出席股东大会会议,所持每一股份有一表决权。但是,公司持有的本公司股份没有表决权。股东大会做出决议,必须经出席会议的股东所持表决权过半数通过。但是,股东大会做出修改公司章程、增加或者减少注册资本的决议,以及公司合并、分立、解散或者变更公司形式的决议,必须经出席会议的股东所持表决权的三分之二以上通过。

依据以上规定,首先,在有限责任公司关于表决的比例问题上,《公司法》给了一个很大的自治空间,这就意味着公司股东可以在法律授权的范围内自行根据实际需求设置相应的表决比例,同时参照股份有限公司的决议程序,对于一般事项掌握51％股份比例的股东具有决定权,但是修改公司章程、增加或者减少注册资本的决议,以及公司合并、分立、解散或者变更公司形式的决议必须经过67％以上股东的表决通过。因此,在章程无特别规定的情况下,无论是有限责任公司还是股份有限公司,股东持有51％的股权仅仅是掌握对一般事项的控制权,对于一些重大事项需要持有67％以上比例的表决权才能有绝对的控制权。

34％(重大事项一票否决权)——这个数值是绝对控制权的相反数值,对于一些难以获得相对或绝对控制权的股东来说,退一步拥有34％的股权就相当于在重大事项表决中具有一票否决权。

30％(上市公司的要约收购)——根据《上市公司收购管理办法》,当收购人拥有权益的股份达到该公司已发行股份的30％时,继续进行收购的,应当依法向该上市公司的股东发出全面要约或者部分要约。

10％(召集会议、解散公司)——《公司法》中多处赋予了单独或合计持有10％以上股权的股东相关权利。其中《公司法》第一百一十条规定,代表十分之一以上表决权的股东,可以提议召开董事会临时会议。《公司法》第四十条规定,董事会或者执行董事不能履行或者不履行召集股东会会议职责的,由监事会或者不设监事会的公司的监事召集和主持;监事会或者监事不召集和主持的,代表十分之一以上表决权的股东可以自行召集和主持。《公司法》第三十九条规定了代表十分之一以上表决权的股东提议召开临时会议的,应当召开临时会议。《公司法》第一百条规定了单独或者合计持有公司百分之十以上股份的股东请求时,应当在两个月内召开临时股东大会。《公司法》第一百零一条规定,董事会不能履行或者不履行召集股东大会会议职责的,监事会应当及时召集和主持;监事会不召集和主持的,连续九十日以上单独或者合计持有公司百分之十以上股份的股东可以自行召集和主持。

因此,从上述法条规定可知,《公司法》赋予了合计或单独持有 10% 以上表决权的股东召集和主持股东会的权利,而在有限公司中,该部分股东还可以召开董事会临时会议。

除了有召开相关会议的权利外,单独或合计持有 10% 以上表决权的股东还享有请求解散公司的诉权。《公司法》第一百八十二条规定,公司经营管理发生严重困难,继续存续会使股东利益受到重大损失,通过其他途径不能解决的,持有公司全部股东表决权百分之十以上的股东,可以请求人民法院解散公司。

5%(举牌收购)——投资人在证券市场的二级市场上收购的流通股份超过该股票已发行股本的 5% 或者是 5% 的整倍数时,根据有关法规的规定,必须马上通知该上市公司、证券交易所和证券监督管理机构,在证券监督管理机构指定的报刊上进行公告,并且履行有关法律规定的义务,且在半年内不能卖出。

1%(股东代表诉讼)——《公司法》第一百五十一条规定,董事、高级管理人员有本法第一百四十九条规定的情形的,有限责任公司的股东、股份有限公司连续一百八十日以上单独或者合计持有公司百分之一以上股份的股东,可以书面请求监事会或者不设监事会的有限责任公司的监事向人民法院提起诉讼;监事有本法第一百四十九条规定的情形的,前述股东可以书面请求董事会或者不设董事会的有限责任公司的执行董事向人民法院提起诉讼。

该诉讼也叫作股东代表诉讼,又称派生诉讼、股东代位诉讼,是指当公司的合法权益受到不法侵害而公司却怠于起诉时,公司的股东即以自己的名义起诉,而所获赔偿归于公司的一种诉讼形态。

n%(0<n≤100%)(知情权)——《公司法》第三十三条规定,有限责任公司股东有权查阅和复制公司章程、股东会会议记录、董事会会议决议、监事会会议决议和财务会计报告。股东可以要求查阅公司会计账簿。股东要求查阅公司会计账簿的,应当向公司提出书面请求,说明目的。公司有合理根据认为股东查阅会计账簿有不正当目的,可能损害公司合法

利益的,可以拒绝提供查阅,并应当自股东提出书面请求之日起十五日内书面答复股东并说明理由。公司拒绝提供查阅的,股东可以请求人民法院要求公司提供查阅。《公司法》第九十七条规定,股份有限公司股东有权查阅公司章程、股东名册、公司债券存根、股东大会会议记录、董事会会议决议、监事会会议决议、财务会计报告,对公司的经营提出建议或者质询。

依据以上的条款,只要是该公司股东,无论其持有多少股权都享有对该公司的知情权,知情权在股权设计中不容忽视,因为公司知情权纠纷往往是股权纠纷的前奏曲,这也是为什么知情权纠纷在司法实践中有极高的受理数量。

通俗地讲,股东知情权就是股东的查账权。股东知情权对于大股东尤其是控股股东来说往往具有核弹一般的威力,因为通过查询公司账目所带来的系列知情权纠纷就如同核裂变一般会愈演愈烈,本书第三章第四节中所述的"真功夫"案例就是一个典型的知情权纠纷案例。

由于股东知情权对公司的影响重大,且该权利属于法定的知情权,所以在股权设计方案中,如站在大股东或控股股东的角度考虑,就需要对股东行使知情权进行相应的限制,如设定查账的具体时间、地点、方式范围等。

综上可知,股权设计中,应当充分考虑以上要点,以避免不合理的股权比例分配导致公司控制权的丧失。

2. 控制权的实现路径

我们认为股权设计的本质和核心就在于把握和平衡公司的控制权,公司控制权的实现路径往往有多个维度,包括公司股东会层面的控制权、董事会层面的控制权、高管任命上的控制权,以及如公章、营业执照等证照管理上所体现出来的控制权。

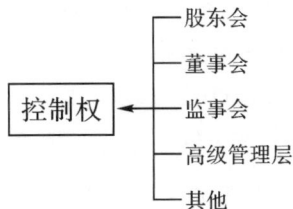

控制权 —— 股东会 / 董事会 / 监事会 / 高级管理层 / 其他

控制权的实现路径

(1)股东会的控制

股东会是公司的最高权力机构,关于股东会的控制主要是通过所占表决比例的数量来实现的,具体有关比例数量的问题前文已进行了说明。《公司法》对股东会的职权有明确的规定,因此能否控制股东会就决定了能否控制公司的经营方针和投资计划,能否控制公司董事、监事的任免(非职工董事、监事),能否控制公司的财务预算与决算,能否决定公司的利润分配方案,能否决定增减注册资本,及合并、分立、解散公司,修改公司章程等核心事项。

(2)董事会的控制

董事会是公司的最高执行机构,负责日常的较大事项的经营决策,而且其还掌控了高级管理层的人事任免权,所以说控制了董事会就意味着控制了公司的日常经营。董事会在表决上采用一人一票的形式,因此关于董事会的控制主要是通过控制董事会席位的方式加以实现的。初创型企业因为对创业初期的决策效率要求较高,所以我们一般不建议设置董事会,取而代之的是根据《公司法》的规定设置一名执行董事并由实际控制人担任。

(3)监事会的控制

对监事会进行控制的路径与董事会相同,但是很多创业者其实会忽视对监事会的控制,但事实上监事会有时也会对公司的控制权产生一些重要的影响。

【案例】

银广夏监事会的启迪

自 2001 年爆出会计丑闻以来,广夏(银川)实业股份有限公司(以下简称"银广夏")始终在重组与退市的边缘徘徊。浙江长金实业有限公司(以下简称"长金实业")于 2008 年 4 月进入银广夏的重组名单,同时长金实业控制人朱某进入银广夏董事会。4 月 30 日,银广夏与长金实业、农业银行、广夏贺兰山葡萄酿酒有限公司(银广夏重要的子公司,以下简称酿酒公司)签署《广夏(银川)实业股份有限公司转债协议》(以下简称《转债协议》)。协议签署前酿酒公司欠农业银行1.78亿元债务,并打算用资本公积金向农业银行定向转增股票抵债。但是根据《转债协议》,这笔债务将改由长金实业偿还,相应地,银广夏需用资本公积金向长金实业定向转增股票2494.47万股,同时协议还规定,银广夏对上述转移至长金实业名下的1.78亿元债务继续承担担保责任。

2009年1月16日,银广夏将定向转增的股份过户至长金实业名下,并通知农业银行和长金实业及时办理股份质押手续。但长金实业并未向农业银行支付剩余款项,而是将2494.47万股股票质押给第三方吴海龙(长金实业债权人),导致银广夏股权无法抵押给农行,银广夏仍存在对该笔债务继续承担担保责任的风险。

2009年8月25日,银广夏以通讯表决方式召开第六次监事会,会上首次对2008年4月签订的《转债协议》提出质疑,并在2009年11月14日发布的公告中点名批评第二大股东长金实业违反《转债协议》的行为。监事会认为,银广夏应立即就长金实业的违约行为及其可能对公司构成的风险发布明确的风险提示公告,在长金实业无法立即履行的情况下,应当要求其立即向中国农业银行提供充分的资产担保;如果长金实业不能提供上述担保,则应立即就其违约行为对长金实业提起诉讼并对其资产进行保全。

2009年12月7日,银广夏以通讯形式召开监事会第八次会议,认为朱某有意隐瞒故意违约,主动向他人质押股票,建议董事局立即召开会议,重新选举董事局主席。监事会还认为,公司董事局未能及时主动发现朱某及长金实业故意违反合同、质押股票,已经给公司造成严重的不利后果,要求公司董事切实履行其义务。2009年12月8日,银广夏重新召开董事局第十五次会议,在董事长朱某、酿酒公司实际控制人中联实业副总经理张某回避表决的情况下,表决通过了《关于〈担保风险防控预案〉的议案》。

2009年12月14日,监事会召开了第九次会议,认为长金实业涉嫌合同诈骗,董事局应立即向有关司法机关报案,请求司法机关查明事实真相,并查封冻结长金实业所持公司股票。

监事会在第八次、第九次会议上要求罢免朱某的董事局主席职务未果后,果敢地将涉嫌合同诈骗的董事长朱某诉诸法庭,促使人们开始审视监事会在公司治理中的功能。

从上述案例可以看出,监事会可以动摇第一大股东的地位。《公司法》不但规定了监事会的基本职权,同时和规定董事会的职权一样,还规定了公司章程可以增设监事会的其他职权。这使得监事会在监督公司经营维护股东利益上有着不可忽视的作用。

(4)高级管理层的控制

本文所述的高级管理层包括公司的经理、财务负责人员、人力资源管理人员等。这些人员负责公司的具体运作和运营,虽然这些人员并不全都参与公司的股东会、董事会和监事会,但实际上能否控制这些人员对于公司的控制权也有一定的影响。如前文所述,投资人在投资协议中会考虑委派相应的财务管理人员,以实现自己对公司财务状况的知情和了解。

(5)其他

除了上述的三会一层外,对于公司控制权的实现还有一些其他的途径。

①公司证照及印章。在实践中我们发现,很多创业者都会将证照、印章的保管视为其控制权实现的标志之一。其实这个观点并无不合理之处,掌握公章和营业执照意味着可以直接以公司法人的身份做出相应的应对。但公司证照和印章的保管,并不是实现控制权的最佳途径。公司证照和印章是公司的财产,如果在保管印章、证照问题上产生纠纷,股东会和董事会有权罢免或解除相关证照、印章保管人员的相关职务,并基于《中华人民共和国物权法》和《民法通则》的相关规定以公司的名义提出诉讼要求相关人员返还公司证照和印章,因此这种控制权的实现方式并不稳固。

②法定代表人。很多创业者会将法定代表人与实际控制人画等号,认为谁是公司的法定代表人,谁就是公司的实际负责人和实际控制人。这个观点在一定程度上是能够成立的,因为法定代表人其职务行为等同于公司行为,其个人签字的效力有时等同于公司加盖公章的效力。因此,

对于法定代表人的控制事实上也是实现公司控制权的路径之一。但是需要注意的是,根据《公司法》的规定,法定代表人由董事长/执行董事或经理担任,董事长和经理来自董事会的选举和任免,而执行董事或董事的任免权又掌握在股东会的手中,因此实际上如果能控制董事会和股东会,那么法定代表人对实现公司的控制权其实就显得并不重要了。因为如果能控制股东会和董事会,那么法定代表人的选聘也仅仅是从风险防范的角度考虑而非控制权角度。所以说如果单纯靠担任法定代表人、保管公司印章及证照是难以实现对公司控制的,但也不失为一种巩固控制权的途径和防范风险的方式。

3. 关联关系控制

根据《公司法》关于关联关系的规定,关联关系是指公司控股股东、实际控制人、董事、监事、高级管理人员与其直接或者间接控制的企业之间的关系,以及可能导致公司利益转移的其他关系。

①特殊身份关系控制。《公司法》对实际控制人有具体的规定。根据《公司法》,实际控制人是指虽不是公司的股东,但通过投资关系、协议或者其他安排,能够实际支配公司行为的人。这种控制方式很容易理解,举个简单的例子,如 A 公司由王乙 100％控股的一家投资公司,该 A 公司又对外直接持有近 30 家公司的股权,其中有多家持股比例达到 90％以上。对于这些企业而言,王乙毋庸置疑是其实际控制人。王乙的父亲王甲虽然和这些公司并无直接关系,但是如果王甲对王乙或 A 公司有相应的控制措施,那么这就属于以特殊身份关系对相关企业进行控制。

②合同关系控制。合同关系的控制是指通过影响企业生产、经营的重大合同的控制从而实现对公司的控制权。比较典型的就是淘宝对其平台商家的控制。众多依赖淘宝生态链为生的企业,其主要业务都在淘宝平台上发生,因此,淘宝规则(双方的服务合同)的变动对其会有重大的影响。而淘宝通过其淘宝规则对其他公司进行管理的形式也是一种控制权的实际表现之一。

③稀有资源的控制。对于一些依赖特殊资源的企业,特殊资源的控制方也可以通过对这些资源的控制实现对企业的控制权。

第五章 股权布局动态规划

在股权设计的实践中经常有客户提出对股权进行动态调整的需求，即希望根据股东或者激励对象的相关资源的到位情况或实际表现，建立起一个对股东的股权进行增加或减少的动态调整机制。正如一句俗话所言"吃进去容易，吐出来难"，因为股权的动态调整的实现需要各方的配合，所以在实际操作中难度较大，如果设计和实际操作不合理将会为公司和股东带来纠纷和矛盾。

第一节 股权的动态调整的原因

股权方案设计是一种规则的制订，在方案制定时无论考虑未来多少年的发展情况，总有一定的滞后性。不管是创始人之间的股权设计还是股权激励，或是投融资股权设计中，都难以一劳永逸地做到股权比例与各自的价值和贡献一致，所以在制订方案时要考虑到股权的动态调整，兼顾公平和效率。国务院国有资产监督管理委员会、中华人民共和国财政部、中国证券监督管理委员会于 2016 年 8 月联合颁布的国资发改革〔2016〕133 号《关于国有控股混合所有制企业开展员工持股试点的意见》中也明确了员工持股方案，对持股员工条件、持股比例、入股价格、出资方式、持股方式、股权分红、股权管理、股权流转及员工岗位变动调整股权等操作细节做出了具体规定，并将动态调整作为国有企业改革员工持股的原则之一。该意见规定要坚持股权的动态调整，建立健全股权内部流转和退出机制，避免持股固化僵化，由此可见动态调整的重要性。

具体而言，进行股权的动态调整主要有以下几个原因。

第一，解决不确定性的问题。如上文所述，在以资源作为合作条件时,在完成股权的分配后未来的资源到位情况会存在一定的不确定性,因此,为了促进股权的公平、合理分配,需要提前设计股权的动态调整机制以解决未来的不确定性的问题。

第二,对未来价值的评判。特别是在股权激励中,股权给予的数量很大程度上取决于激励对象的未来的价值,因此,在这种情况下就需要对股权做出一定的动态调整,以实现未来价值与现实价值的相互匹配。

当然进行股权的动态调整还存在很多其他方面的原因,这里就不再赘述。

第二节　股权的动态调整的类别

1. 增加目标股东的股权实现股权的动态调整

以增量的形式来实现股权的动态调整。因不涉及现有股东的"既得利益",所以较减量的调整形式而言更易于被其他股东所接受。根据增量股权的来源,这种调整方式又可以细分为以股权转让的形式实现对目标股东股权的增加和以定向增资的方式实现对目标股东股权的增加。

(1)以股权转让的形式实现对目标股东股权的增加

以股权转让的形式实现对目标股东股权的增加指的是大股东将自己所预留的股权附条件地赠予或转让给达成相应目标的股东或激励对象。根据《公司法》的规定,在股东之间无特殊约定的情况下,股东内部转让股权无须经过其他股东的同意。因此,这种方式的调整形式可操作性较强,程序上也更为灵活简便,但是由于调整股权的来源为大股东所持有的股权,如此前未做相应的预留,将会影响大股东控制权的实现。

(2)以定向增资的方式实现对目标股东股权的增加

类似于股权的附条件赠予或转让,股权的定量增加也是以增量的方式对股权进行动态调整,但是其实现的途径并非是存量的转让而是以增资扩股的形式实现。除了限制部分未达成目标的股东或激励对象行使对新增注册资本的认购权外,我们更为推荐以下这种定向增资方式:如果公司在经营过程中有相应的可分配利润,而且股东或激励对象在达成相应的目标之后公司的利润有望得到提升,那么可以合理地将公司利润在此后几个年度因相关股东或激励对象达成预期而实现的增长超额或全部(100%)分配给这些人员,分配给这些人员的利润由其用于转增公司的注册资本。这样没有达到相关考核标准的股东或激励对象所占的股权比例也会因为注册资本本金的增加而相应稀释,从而实现股权的动态调整。

值得一提的是,虽然以定向增资的方式来进行动态调整对于大股东的控制权影响较小,但根据《公司法》的规定,公司的增资需要经过股东会三分之二以上表决权股东同意,因此,这种动态调整的实现方式在程序性上较为复杂,且因需要经过股东会多数股东的同意,所以在实际操作过程中,所受的变数影响也较大。

2. 减少目标股东的股权实现股权的动态调整

(1)以股东回购的方式实现对目标股东股权的减少

与以上的方式都不同,以减量的方式实现股权的动态调整,即由大股东按照一定的价格(价格的确定详见本书第四章第一节有关退出机制的部分)回购未达成目标的股东或激励对象所持有的股权。这种方式较上述的增量方式而言在实现动态调整上更为直接。但是直接回购意味着已经拿到手中的股权又得还回去,一般的股东或激励对象对于这种调整形式都难以接受,所以往往在实现上有一定的难度,并且容易引发纠纷,需要在前期就进行股权设计,约定具体的回购条件及程序。

(2)以减资的方式实现对目标股东股权的减少

定向减资的方式在前文有关退出机制的章节中已进行了详细的描述,此处不再赘述,这种方式也是实现动态调整的方式之一。

(3)以公司回购的方式实现对目标股东股权的减少

有关公司回购股权的方式在前文有关退出机制的章节中已进行了详细的描述,此处不再赘述,这种方式也是实现动态调整的方式之一。

第三节　股权的动态调整的路径依赖

我们认为实现股权动态调整依赖于对前提条件的细化和股东之间对动态调整的协商。

1. 细化、量化

第一，实体上的细化。正如前文在进入机制中的相关描述，相关实体资源的投入标准及对激励对象的考核机制的细化、量化程度将是股权动态调整的基础。股权动态调整的依据就来源于此。因此，如果需要对股权布局进行动态调整，我们建议要对相关标准尽可能地进行细化和量化，并建立起相应的考核机制；关于考核机制公司可根据每年考核指标确定评分系数，并根据评分系数确定分配比例；具体考核指标及评分标准，可以由公司另行制定相应的制度。

第二，程序上的细化。除了在实体上要对相关资源的投入程度进行细化和量化外，对股权动态调整的程序也要进行提前的细化安排，在具体的程序规则制订上我们建议要注意以下几点。

首先，我们一般建议要先明确调整的总协调人，由总协调人负责拟定股权调整标准；而在总协调人的选任上，我们建议选择对公司人员有充分的了解、对全局有一定把控的股东；且该股东与前文所述"罗伯特议事规则"中的主持人类似，不参与后期股权动态的调整，与各方没有利益冲突关系，相对较为公平与客观。

其次，相关的调整标准要经过股东会的审议批准，这是因为股权的动态调整涉及对股东利益的重大影响，所以，相关标准要经过全体股东的讨论，并且要经过股东会的审议和批准。

再次，涉及被调整的相关股东，应该根据工作岗位职责及股权调整标准，提交用于自评的《工作报告》作为考核的依据，同时，总协调人根据《工作报告》所反映的工作情况主持进行互评环节，并对最终的调整范围进行确定。

最后，我们会建议股东会对各涉及调整股东的分配条件及分配比例审查确认,条件满足后,完成登记等相关程序。

　　第三,调整机制的路径设计示范。"成熟条款"常见于投资协议中,其中"成熟"一词来源于英文的"vesting",在常用的投资协议中除了翻译为"成熟"外,也被翻译为"兑现"或者"释放"。其在投资协议中的一般表现形式为,创始股东和投资人之间进行约定,创始人在投资人进入之后,其所持的股权在所约定的成熟期内逐步"成熟",在成熟期内可享受分红权和表决权。但是如果要进行转让,只能就已成熟的条款进行转让,未成熟的部分只能以极低的价格转让给投资人。这种形式从外观上来看类似于股权激励中的限制性股权,但究其本质,实际上是一种通过在现有权利上增设权利负担的形式来实现在不变的存量中进行动态调整的形式。

(1)按工作时间设置成熟条件

　　在分期成熟的模型下,可以按照公司的实际需求来确定股权成熟的条件,最直观也是最常见的设置形式为时间,即可在一定时间内平均设置成熟速度。如约定的成熟期为 4 年,每年成熟 25％;也可以在一定时间内加速或减速实现股权成熟,如约定成熟期为 4 年,第一年成熟 10％,第二年成熟 20％,第三年成熟 30％,第四年成熟 40％等,减速反之。

(2)按项目进度设置成熟条件

　　因为项目的进度和一些资源的投入有直接的关系。考虑到一些处于初创阶段的企业或是按照项目制经营的公司,项目的进度是实际控制人或投资人首要关心的内容,因此可以按照项目的进度来对成熟条件进行约定。如针对公司的技术开发人员可设置这样的成熟条件,当其完成产品的设计工作可成熟 10％的股权,完成产品的研发并制作出样品可成熟 20％的股权,当产品上市后可成熟 30％的股权,最后产品在质保期内无召回或验证缺陷问题的可成熟最后的 40％股权。

(3)按融资进度设置成熟条件

　　如果对公司融资有较高目标的也可按照融资的进度来设置相应的成熟条件,融资的进度可以按照融资的轮数来进行设置。如当公司完成 A 轮融资时可成熟 40％,当完成 B 轮融资时可成熟 60％;当然如果对融资轮数目标不确定的,也可以按照融资的数量来设置相应的成熟条件。如当融资 500 万时可成熟 15％,当融资达到 1000 万时可成熟 20％,当融资达到 5000 万时成熟 30％,当融资达到 1 亿时可成熟剩余的 35％。

(4)按项目业绩设置成熟条件

按照项目业绩设置成熟条件,是最直观的调整形式,而这种条件的形式在设计上也比较简单,只要约定相应的业绩目标和成熟比例即可。

2. 协商

除了细化和量化,股权动态调整的另一个要义在于协商和沟通。股权动态调整是为了公司实现更好的发展,而非令公司和股东陷入不必要的纠纷之中。纠纷的避免很大程度上取决于各方股东对调整机制的接受程度,而接受程度的高低则来自调整机制的制定和有无经过充分的协商。

首先,在是否要进行动态调整及以何种方式进行调整这一问题上,就需要各方达成合意和共识,切忌由大股东来单方面决定是否进行股权的动态调整并制订相应的调整规则。

其次,在制订调整标准和考核机制的过程中要充分发挥民主,各方股东要对细化和量化的衡量标准进行充分的协商,在标准的制订中完整听取和采纳各方股东的意见,使得相关规定在制订伊始就尽可能地消除各方的不满情绪。

再次,对于调整的比例制订也要进行协商,避免制订出过于偏激的调整方案;在考核过程中也要充分地协商,听取相关股东和激励对象关于没有达成目标的原因和看法,考虑是否合情合理,是否需要进行调整,在怎样的范围内进行调整,这些都要进行协商。

最后,在调整的过程中也要进行充分的协商,对于回购或授予的价格确定要经过双方充分的沟通,避免因此产生相应的纠纷。

3. 动态调整的实施要点

股权的动态调整不但实施难度大,并且在实施过程中如果不注意相关要点极易引起纠纷,所以在进行股权的动态调整中,我们要格外注意以下要点。

第一,切忌频繁地进行动态调整。前文提到股权设计为公司的顶层架构设计,牵一发而动全身,所以频繁地进行股权的动态调整不仅不利于公司发展的稳定,还容易给公司增加不必要的内耗,更为关键的是频繁的股权变动容易增加股东的不安全感,不利于利益的捆绑和企业文化的建立。

第二,股权动态调整的主持人没有利益的冲突。在前文议事规则的设计中,我们为大家介绍了"罗伯特议事规则",其中就提到会议的主持人要尽量避免利益的冲突,这个观点在股权的动态调整中也同样适用。实际控制人和大股东可以负责股权动态调整的规则制订,但是在具体的实施过程中要尽量由不涉及调整的股东或中立的第三方进行主持和评定。

第三,调整的比例上要尽可能地不涉及对公司控制权的影响,相关控制权在股权比例上的临界点问题,本书已在前文中进行了详细阐述。

第六章　持股平台设计与多级股权架构

我们遇到过这样一个客户,因为其主营业务为渠道销售,因此打算将全省范围内 60 多个地区渠道经销商都作为股东持有公司股权,但是《公司法》又明确规定了有限责任公司的股东人数不得超过 50 人,即便是股东人数可以超过 50 人,如 60 多个股东即便是每人给到 1% 的股权都意味着自己对这家公司的控制权将大大削弱,人数众多,加之这些股东的不稳定性也会为公司的经营带来麻烦和风险。这个客户的疑惑其实也是很多创业者所遇到的共性问题,想释放一些股权给其他人,又担心影响到自己的控制权和公司的安全,对于这些问题我们通常会建议设计持股平台,建立多级股权架构体系。

《非上市公众公司监管指引第 4 号——股东人数超过 200 人的未上市股份有限公司申请行政许可有关问题的审核指引》(中国证券监督管理委员会公告〔2013〕54 号)中称,持股平台是指单纯以持股为目的的合伙企业、公司等持股主体。持股平台作为公司的股东,从公司分取收益之后,再向激励对象进行二次分配。持股平台运用得当会带来一系列的优势,本章将为大家介绍多级股权架构设计的优点,同时向大家对比介绍一些常见的持股平台。

第一节　持股平台在股权设计中的优势与弊端

1. 持股平台的优势

【案例】

持股平台——张玉良的"秘密武器"

用一家注册资本为 10 万元的企业来控制一家 188.8 亿资产的地产龙头公司,这一想法看似天方夜谭,但是张玉良通过一系列合适的有限合伙持股平台的安排,就实现了对拥有约 190 亿元庞大资产的绿地集团的控制。

下图为重组前的绿地集团股权结构。

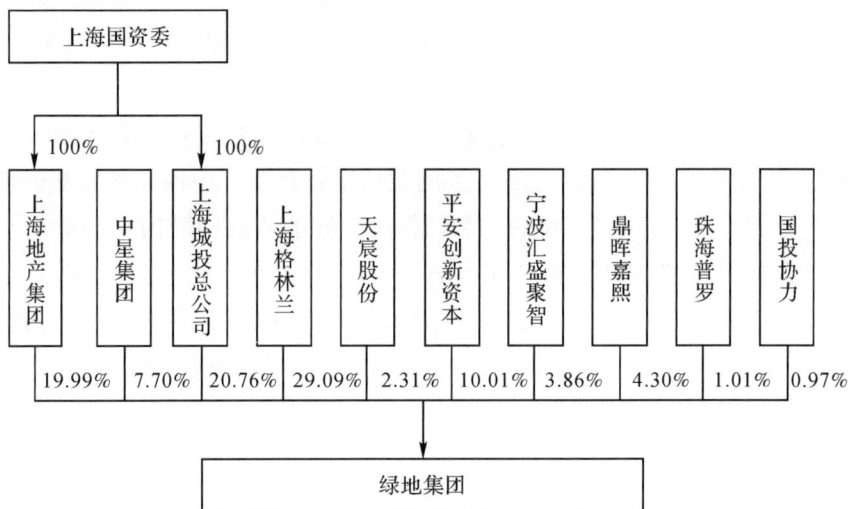

下图为重组后的新绿地集团的股权结构,上海格林兰作为员工持股平台,持有重组后新公司 28.83% 的股份。

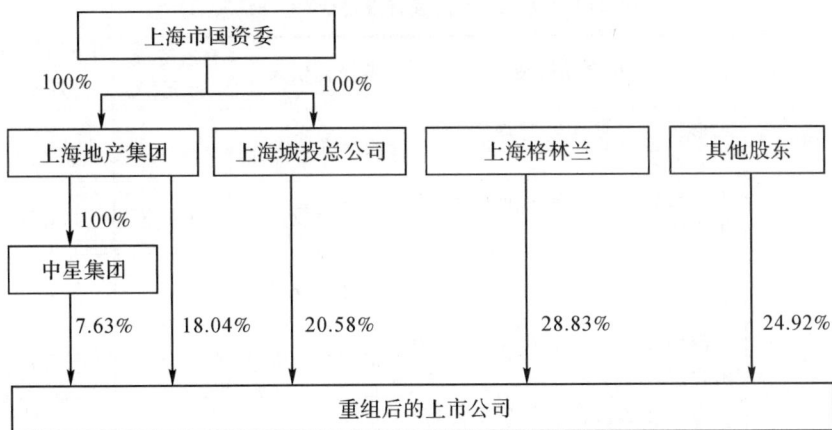

在整个重组架构的安排中，这个层叠复制的有限合伙安排极为重要，充分体现了管理层和员工的利益诉求，并规避了以往通过信托结构进行利益安排的种种弊端。

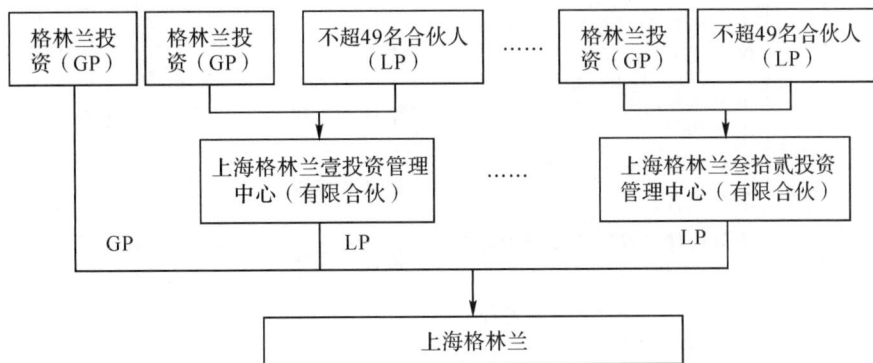

格林兰注册资本 10 万元，为绿地管理层直接控制。下表为从"壹有限合伙"到"叁拾贰有限合伙"等一系列小有限合伙安排的具体细节。在每一个小的有限合伙安排中，格林兰投资作为普通合伙人（GP），只象征性出资 1000 元即获得了管理权。这样，在一共 32 个小有限合伙安排中，格林兰投资累计出资额只有区区 3.2 万元。即格林兰投资以 3.2 万元控制了 3759.74 万元的员工持股权。这是关键安排的第一步。

"壹有限合伙"到"叁拾贰有限合伙"安排细节表

序号	小合伙企业	普通合伙人	GP 出资额（万元）	LP 出资源（万元）
1	上海格林兰壹投资管理中心（有限合伙人）	格林兰投资	0.1	519.85
2	上海格林兰贰投资管理中心（有限合伙人）	格林兰投资	0.1	114.20
3	上海格林兰叁投资管理中心（有限合伙人）	格林兰投资	0.1	103.35
4	上海格林兰肆投资管理中心（有限合伙人）	格林兰投资	0.1	135.76
5	上海格林兰伍投资管理中心（有限合伙人）	格林兰投资	0.1	39.73
6	上海格林兰陆投资管理中心（有限合伙人）	格林兰投资	0.1	221.68
7	上海格林兰柒投资管理中心（有限合伙人）	格林兰投资	0.1	121.52
8	上海格林兰捌投资管理中心（有限合伙人）	格林兰投资	0.1	15.75
9	上海格林兰玖投资管理中心（有限合伙人）	格林兰投资	0.1	184.29
10	上海格林兰拾投资管理中心（有限合伙人）	格林兰投资	0.1	25.05
11	上海格林兰壹拾壹投资管理中心（有限合伙人）	格林兰投资	0.1	37.51
12	上海格林兰壹拾贰投资管理中心（有限合伙人）	格林兰投资	0.1	31.41
13	上海格林兰壹拾叁投资管理中心（有限合伙人）	格林兰投资	0.1	37.94
14	上海格林兰壹拾肆投资管理中心（有限合伙人）	格林兰投资	0.1	55.69
15	上海格林兰壹拾伍投资管理中心（有限合伙人）	格林兰投资	0.1	14.76
16	上海格林兰壹拾陆投资管理中心（有限合伙人）	格林兰投资	0.1	54.18
17	上海格林兰壹拾柒投资管理中心（有限合伙人）	格林兰投资	0.1	51.09
18	上海格林兰壹拾捌投资管理中心（有限合伙人）	格林兰投资	0.1	42.22

序　号	小合伙企业	普通合伙人	GP 出资额（万元）	LP 出资源（万元）
19	上海格林兰壹拾玖投资管理中心（有限合伙人）	格林兰投资	0.1	61.64
20	上海格林兰贰拾投资管理中心（有限合伙人）	格林兰投资	0.1	112.91
21	上海格林兰贰拾壹投资管理中心（有限合伙人）	格林兰投资	0.1	27.46
22	上海格林兰贰拾贰投资管理中心（有限合伙人）	格林兰投资	0.1	87.13
23	上海格林兰贰拾叁投资管理中心（有限合伙人）	格林兰投资	0.1	52.89
24	上海格林兰贰拾肆投资管理中心（有限合伙人）	格林兰投资	0.1	81.51
25	上海格林兰贰拾伍投资管理中心（有限合伙人）	格林兰投资	0.1	96.55
26	上海格林兰贰拾陆投资管理中心（有限合伙人）	格林兰投资	0.1	162.55
27	上海格林兰贰拾柒投资管理中心（有限合伙人）	格林兰投资	0.1	288.76
28	上海格林兰贰拾捌投资管理中心（有限合伙人）	格林兰投资	0.1	125.02
29	上海格林兰贰拾玖投资管理中心（有限合伙人）	格林兰投资	0.1	324.66
30	上海格林兰叁拾投资管理中心（有限合伙人）	格林兰投资	0.1	238.58
31	上海格林兰叁拾壹投资管理中心（有限合伙人）	格林兰投资	0.1	72.51
32	上海格林兰叁拾贰投资管理中心（有限合伙人）	格林兰投资	0.1	221.59
合　计		/	3.2	3759.74

在此基础上，以32个小有限合伙安排为有限合伙人（LP），格林兰投资作为普通合伙人（GP），出资6.8万元（注册资本10万元，其余的3.2万元已经作为对32个小有限合伙安排的出资），成立了大的有限合伙安排"上海格林兰"。这是关键安排的第二步：张玉良通过注册资本仅有10万元的格林兰投资，控制了3766.55万元的内部人持股权。

根据重组预案，"本次交易中，拟注入资产的预估值为655亿元"，上海格林兰所持新公司 28.83％的股权,对应的资产价值则为 188.8365 亿元!

从绿地集团的案例中,我们不难看出持股平台是公司进行股权设计的一个重要工具,多层级股权结构的搭建对于公司的股权结构的设计与公司治理结构的完善有着不可替代的作用,其作用具体包括如下几点。

(1)有效扩充股东人数

正如前述绿地集团的案例,建立持股平台最直观的作用就是扩充了股东人数,有限责任公司的股东上限为 50 人,对于一些有"全员持股"需求的公司,这样的股东人数上限显然是不够的,因此建立持股平台便是最直接的扩充股东人数的方式。

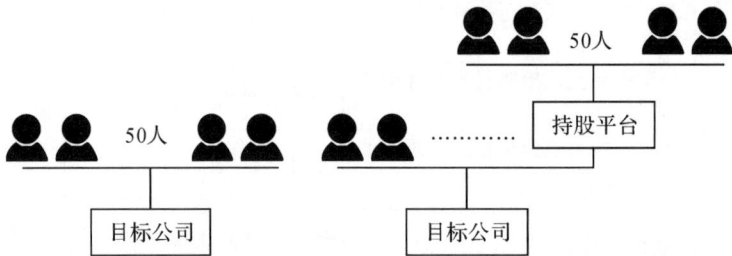

持股平台的建立

但是,在这里需要特别注意的是,在公司申请上市时,按照《非上市公众公司监管指引第 4 号》的规定,股份公司股权结构中存在工会代持、职工持股会代持、委托持股或信托持股等股份代持关系,或者存在通过持股平台间接持股的安排以致实际股东超过 200 人的,在依据本指引申请行政许可时,应当已经将代持股份还原至实际股东,将间接持股转为直接持股,并依法履行相应的法律程序。所以,在间接持股模式下,需要累加计算公司的实际股东人数。

(2)风险隔离

【案例】

于某和某电子商务公司股东知情权纠纷

在于某与北京某电子商务公司(以下简称"北京公司")股东知情权纠

纷一案中,于某是北京公司的员工,汤某是北京公司的创始人,天津某公司(以下简称"天津公司")是北京公司的股东。汤某持有天津公司股权,为了对于某进行股权激励,于某、汤某、北京公司签订《激励股权认购协议》,约定汤某将其持有的天津公司1.1%的股权转让给于某,后股权转让完成,于某登记为天津公司的股东。后于某认为其根据《激励股权认购协议》的约定享有北京公司的激励股权,是北京公司的股东,要求对北京公司行使股东查阅权。

但是,一、二审法院均认为,于某未登记在北京公司的股东名册中,不是该公司的显名股东,而查阅权是赋予公司显名股东的。实际出资人通过显名股东行使股东权利和承担股东义务,于某虽是实际出资人,但处于隐名状态,外人无从得知,故实际出资人并不具备股东知情权诉讼的原告主体资格。一审法院驳回了于某的起诉,二审法院驳回于某的上诉,维持原裁定。

通过持股平台的多级股权架构设计,其最直观的作用就是隔离了相关风险,前文中提到只要直接持有目标公司的股权哪怕只有0.0……1%的股权,就享有该公司的股东知情权,而股东通过知情权的行使,通过对公司账目的查询也往往会带来一系列纠纷,使矛盾愈演愈烈。所以通过持股平台的设计,能有效隔离股东的知情权,使股东的知情权仅局限于其所在的平台公司内,而不涉及目标业务公司。

除了知情权的隔离,通过持股平台的设置也能对相关人员的股东权利,如股东对股权转让和增资的优先购买权和认购权、股东代表诉讼、股权回购请求权等,或一些合伙人权利,在持股平台之中实现限定,有效隔离企业的经营风险。

(3)通过多级股权架构降低控股成本

合理的持股平台与多级股权架构的设计具有"四两拨千斤"的奇效,即以较小的股权掌握公司的实际控制权或最大限度地提高股权激励的效率,且在减少股权变动对公司的影响的同时,隔离相关风险。

在前文我们说过,实际控制人要"绝对"控制一家目标公司需要持股67%以上,而想要"相对"控制一家公司也要控股该公司51%以上股权,所以如果不设计多层级的股权架构,实现控制权的成本相应较高,而通过持股平台的多级股权架构能有效地降低控制权的实现成本。

如上图,如果不设立多层级的股权架构,实际控制人为了实现对目标公司的相对控股,必须持有公司51%的股权,即出资510万元,且如果后期需要吸引投资人或其他股东或有意进行股权激励,无论是以增资还是实施股权转让的形式,其控制权都将受到威胁。

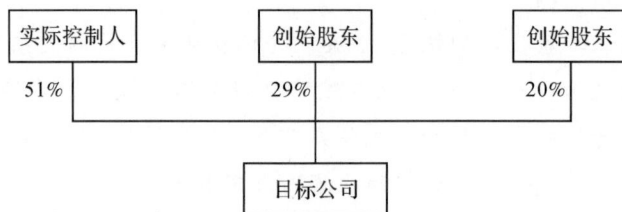

```
┌──────────┐    ┌──────────┐    ┌──────────┐
│ 实际控制人 │    │  创始股东  │    │  创始股东  │
└──────────┘    └──────────┘    └──────────┘
   51%             29%             20%
        └──────────────┼──────────────┘
                ┌──────────┐
                │  目标公司  │
                └──────────┘
```

目标公司的注册资本为 1000 万元人民币

但是通过有限公司持股平台的多层级设计,该实际控制人掌控了持股平台的相对控制权,以直接持股或间接持股的方式共持公司的33.36%的股权,从而实现对该公司的相对控制,即只需出资333.6万元,同时还可预留出部分股权用于股权激励和吸引投资人及新股东。

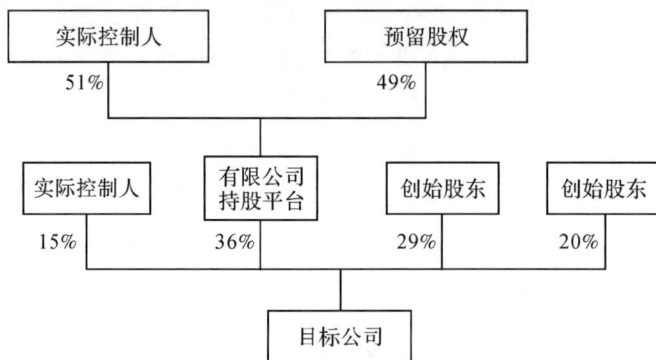

```
┌──────────┐              ┌──────────┐
│ 实际控制人 │              │  预留股权  │
└──────────┘              └──────────┘
   51%                       49%
        └──────────────┬──────────────┘
┌──────────┐ ┌──────────┐ ┌──────────┐ ┌──────────┐
│ 实际控制人 │ │有限公司   │ │  创始股东  │ │  创始股东  │
│          │ │持股平台   │ │          │ │          │
└──────────┘ └──────────┘ └──────────┘ └──────────┘
   15%          36%          29%          20%
      └──────────────┼────────────────────┘
                ┌──────────┐
                │  目标公司  │
                └──────────┘
```

目标公司的注册资本为 1000 万元人民币

更进一步,如果采用有限合伙企业持股平台的多层级股权设计,由于有限合伙企业控制权方式的实现有别于有限责任公司,所以该实际控制人可以仅持有18.6%,即只需出资186万元,甚至是更少的股权比例及出资,来实现对该公司的相对控制。

```
┌─────────────────────┐   ┌─────────────────────┐
│ 实际控制人（普通合伙人）│   │ 预留股权（有限合伙人）│
│         1%          │   │        99%          │
└─────────────────────┘   └─────────────────────┘
         │                          │
┌──────────┐  ┌──────────┐  ┌──────────┐  ┌──────────┐
│ 实际控制人 │  │ 有限公司  │  │ 创始股东  │  │ 创始股东  │
│          │  │ 持股平台  │  │          │  │          │
│   15%    │  │   36%    │  │   29%    │  │   20%    │
└──────────┘  └──────────┘  └──────────┘  └──────────┘
                     │
               ┌──────────┐
               │ 目标公司  │
               └──────────┘
```

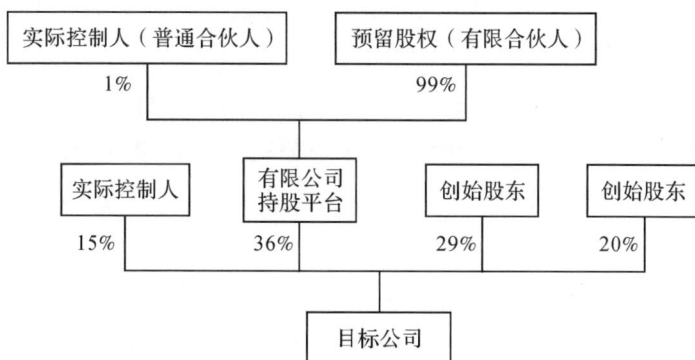

目标公司的注册资本为 1000 万元人民币

(4)减少股东变动对公司的影响

考虑到工商登记变更程序的繁复,特别是股东人数众多时,变更签字等事项不但会增加公司的工作量,也提高了相关变更的不可控性,因此,为了避免频繁的股权变动影响到公司的日常经营,可以考虑将经常变动的股东放在持股平台内,以减少股东变动对公司的影响。

(5)减少股权分散导致企业决策难的问题

在实践当中,我们遇到这样一个客户,由于该客户所进行的项目是在商会的牵头下由多方组成的,参与项目的股东人数众多,且股权结构平均又分散,虽然在名义上这家公司由商会会长作为实际控制人,但是日常经营是由其他股东负责。股权的分散和零碎导致的最直接的结果就是决策效率低下,往往好几天都定不下来一件事情。此外,因为在股权比例上看不出实际控制人,所以在股权融资时影响到了投资人的投资意愿。基于这种情况,我们的建议是把零散的小股东装进持股平台,以有限合伙企业的形式对公司进行间接持股,并且由商会会长出任普通合伙人,这样一来就直接在股东会层面上解决了无实际控制人的问题。同时,为了避免"一言堂"的出现,我们在议事规则上为该企业设置了相应的决策委员会,以提升决策的效率和民主性。

(6)其他优势

在特定领域,存在不允许自然人成为公司股东的情况,如《保险公司股权管理办法》第十二条就规定:向保险公司投资入股,应当为符合本办法规定条件的中华人民共和国境内企业法人、境外金融机构,但通过证券交易所购买上市保险公司股票的除外。

因为自然人不能直接成为保险公司的股东,保险公司只能通过间接持股的方式实施股权激励计划。在平安保险集团公司与其员工的股东资格确认纠纷系列案件中,平安保险集团及子公司的员工要求确认为平安集团的股东,最后都以失败告终。法院认为由于自然人不能成为保险公司的股东,所以,平安集团通过持股公司由员工持股,共享企业发展的成果。在法律关系的认定上,持股员工与平安工会之间是信托关系,平安工会是新豪时公司的法律意义上的股东,而新豪时公司是持股公司,持有平安集团的股份,所以,员工是间接持股,非直接持股。

2.持股平台的弊端

有利就有弊,持股平台的设立虽然有上述的大量优点,但也有一定的弊端,其主要弊端体现如下。

(1)持股平台的设立将增加税收成本

税收成本的增加主要体现在将有限责任公司作为持股平台,有限公司持股平台是法人机构,在进行股权转让和分红时应缴纳所得税。同时,公司在向自然人股东分红时,自然人还需缴纳个人所得税,简单地说,通过有限公司持股,需双重缴税。

(2)持股平台的设立将增加管理成本

持股平台需要进行维护和管理,特别是财务上的管理,因此持股平台的设立必将增加公司的管理成本。

第二节　持股平台的选择

持股平台的形式有很多,但常见的持股平台的形式主要是合伙企业和公司。由于最常见和可操作性最强的持股平台为合伙企业及有限责任公司,故以下将针对这两种持股平台形式进行简单的介绍。

1. 有限公司持股平台

有限公司持股平台即通过设立有限责任公司来作为公司的持股平台。相较于合伙企业,我国对公司相关的法规及政策更为规范,因此有限公司作为持股平台较为稳定,其结构也较为完善,并且根据前文所介绍的独立法人和有限责任制度,有限公司持股平台上的间接持股人的法律风险也相较于有限合伙持股平台更低一些,但是其主要的弊端在于管理成本较高,税负也较高。

2. 有限合伙持股平台

有限合伙企业由普通合伙人和有限合伙人组成,普通合伙人对合伙企业债务承担无限连带责任,有限合伙人以其认缴的出资额为限对合伙企业债务承担责任。《中华人民共和国合伙企业法》(以下简称"《企业法》")规定了有限合伙企业由普通合伙人执行合伙事务,有限合伙人不执行合伙事务,不得对外代表有限合伙企业。因此,只要是唯一的普通合伙人,即使只持有极小的合伙财产份额,也可以掌握该合伙企业的控制权。如果选择了合伙形式,公司创始股东为了实现对持股平台表决权的控制,可以担任合伙企业的普通合伙人。但是由于普通合伙人需要承担无限连带责任,所以规避操作是由创始股东设立一个有限公司且作为其普通合伙人。而且,合伙企业由于不需缴纳企业所得税,采用"先分后税"的缴税方式,所以在利润分配、节税等方面还具有天然的优势。

3. 不同持股平台的对比

常见的持股平台对比

组织形式	公司制	有限合伙制	信托制
出资形式	货币、实务、知识产权	货币(LP)、不限形式(GP)	货币
注册资本额或认缴出资额及缴纳期限	认缴制	承诺出资制,无最低要求,按照约定的期限逐步到位	资金一次到位
投资门槛	无特别要求	无强制要求	单个投资者通常最低投资不少于100万元
债务承担方式	出资者在出资范围内承担有限责任	普通合伙人(GP)承担无限责任,有限合伙人(LP)以认缴出资额为限承担有限责任	投资者以信托资产承担责任
投资人数	有限责任公司不超过50人;股份有限公司不超过200人	2至50人	自然人投资者不超过50人;合格机构投资者数量不受限制
管理人员	股东决定	普通合伙人	由信托公司进行管理
管理模式	一般同股同权可以委托管理	普通合伙人负责决策与执行,有限合伙人不参与经营	受托人决定可以委托投资顾问提供咨询意见
利润分配	一般按出资比例	根据有限合伙协议约定	按信托合同
税务承担	双重征税	合伙企业不征税,合伙人分别缴纳企业所得税或个人所得税	信托受益人不征税,受益人取得信托收益时,缴纳企业所得税或个人所得税

4. 蚂蚁金服——持股平台的经典设计案例

在利用有限合伙企业这种持股平台的优势进行股权设计的实际案例中,蚂蚁金服堪称经典。蚂蚁金服通过多级股权架构及有限合伙企业特殊的议事规则,使马某最大限度地撬动了多级股权架构实现控制权的杠杆,实现了对蚂蚁金服及其旗下公司的绝对控制权,网上甚至有人测算马某仅仅花了3010万元就控制了这家估值3900亿的巨无霸公司,下面我们一起看看马某是如何巧妙地进行股权设计的。

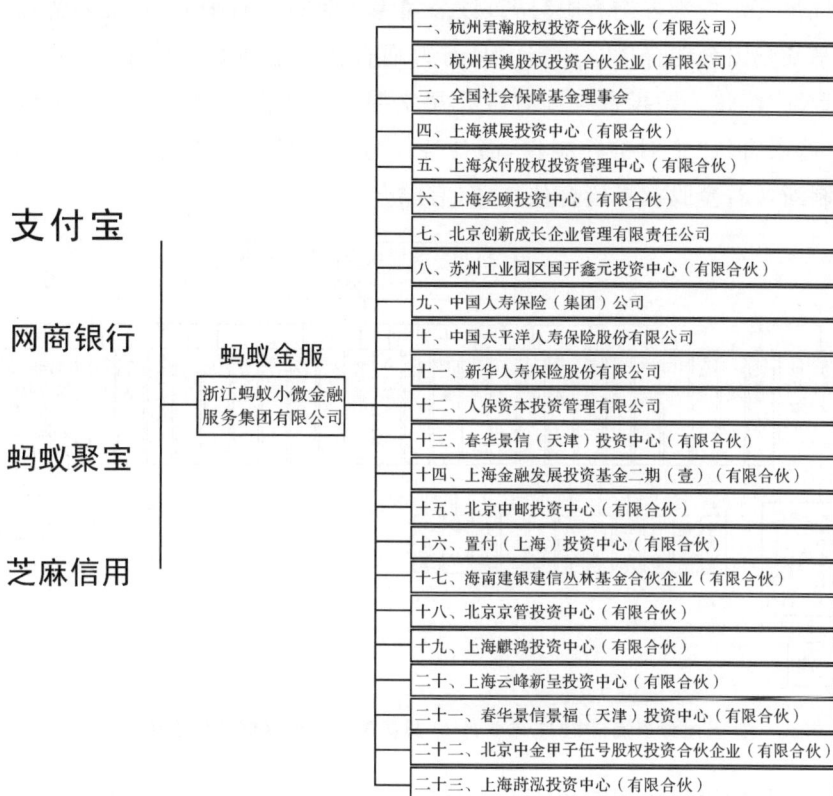

支付宝			蚂蚁金服	一、杭州君瀚股权投资合伙企业（有限公司）

一、杭州君瀚股权投资合伙企业（有限公司）
二、杭州君澳股权投资合伙企业（有限公司）
三、全国社会保障基金理事会
四、上海祺展投资中心（有限合伙）
五、上海众付股权投资管理中心（有限合伙）
六、上海经颐投资中心（有限合伙）
七、北京创新成长企业管理有限责任公司
八、苏州工业园区国开鑫元投资中心（有限合伙）
九、中国人寿保险（集团）公司
十、中国太平洋人寿保险股份有限公司
十一、新华人寿保险股份有限公司
十二、人保资本投资管理有限公司
十三、春华景信（天津）投资中心（有限合伙）
十四、上海金融发展投资基金二期（壹）（有限合伙）
十五、北京中邮投资中心（有限合伙）
十六、置付（上海）投资中心（有限合伙）
十七、海南建银建信丛林基金合伙企业（有限合伙）
十八、北京京管投资中心（有限合伙）
十九、上海麒鸿投资中心（有限合伙）
二十、上海云峰新呈投资中心（有限合伙）
二十一、春华景信景福（天津）投资中心（有限合伙）
二十二、北京中金甲子伍号股权投资合伙企业（有限合伙）
二十三、上海蒔泓投资中心（有限合伙）

支付宝

网商银行　蚂蚁金服

浙江蚂蚁小微金融
服务集团有限公司

蚂蚁聚宝

芝麻信用

上述数据摘自2017年3月14日国家企业信用信息公示系统

包含支付宝在内的我们所熟悉的网商银行、蚂蚁聚宝、芝麻信用等品牌都属于蚂蚁金服旗下品牌,蚂蚁金服主要由浙江蚂蚁小微金融服务集团有限公司及控股公司负责开发和运营。如此规模的浙江蚂蚁小微金融服务集团有限公司主要由23个股东组成,其中根据我们通过启信宝查询到的浙江君澳股权投资合伙企业(有限合伙)及杭州君瀚股权投资合伙企业(有限合伙)占了该公司约76％的股权,属于持股三分之二以上的绝对控股。

　　其中我们先来看浙江君澳股权投资合伙企业(有限合伙),该企业为有限合伙企业,从其合伙人的组成人员上来看,该合伙企业应该是一个由员工组成的持股平台;从合伙人种类构成上来看,普通合伙人只有一个,即杭州云铂投资咨询有限公司,该公司为一家一人有限公司,唯一的股东为马某。因为在合伙企业当中只有普通合伙人能执行合伙事务,所以毋庸置疑,杭州云铂投资咨询有限公司掌握了对浙江君澳股权投资合伙企业(有限合伙)绝对的控制权,而马某作为该公司唯一的股东自然也实际控制浙江君澳股权投资合伙企业(有限合伙)。

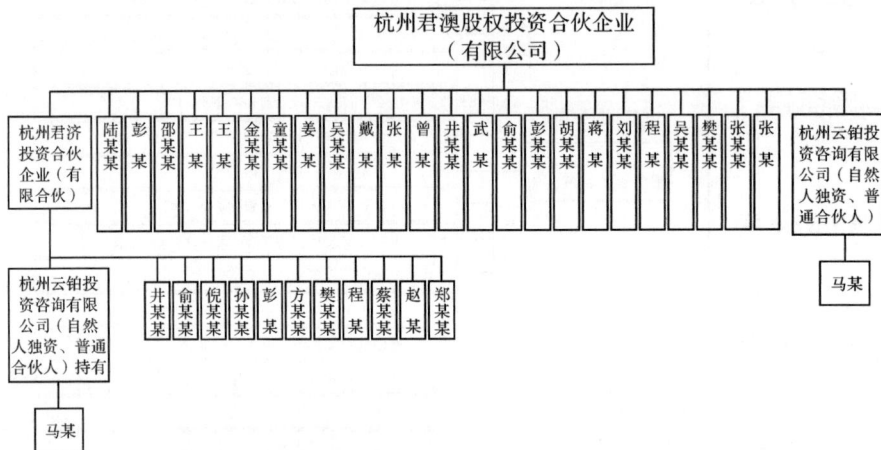

上述数据摘自 2017 年 3 月 14 日国家企业信用信息公示系统

　　这样的设计主要有以下几点优势:第一,实现控制权的成本较低。前文已介绍了不同于有限责任公司以所占股权比例的数量作为控制权的实现路径,在合伙企业当中实现控制权的方式主要是对合伙事务的执行,所以作为唯一的普通合伙人——杭州云铂投资咨询有限公司,哪怕只占了该合伙企业不到 0.5% 的合伙财产份额比例,也能实现对该企业的控制权。第二,控制人自身风险的有效隔离。普通合伙人之所以在法理上能够以较小的合伙财产持有比例实现对合伙企业的控制,关键就在于普通合伙人对于合伙企业的全部债权承担无限连带责任。基于普通合伙人无限连带责任的承担方式,马某并未直接以自然人身份进入合伙企业成为普通合伙人。而是成立了一家一人有限公司,以该一人有限公司作为普通合伙人,这样的好处就在于公司法人的人格拟制和股东的有限责任,即便杭州云铂投资咨询有限公司作为普通合伙人要以其全部财产为合伙企业承担无限连带责任,但对于该马某来说其承担责任的范围也仅仅限于出资,即在对杭州云铂投资咨询有限公司的认缴注册资本金的范围内。国家企业信用信息公示系统显示,截至2017年2月,杭州云铂投资咨询有限公司的注册资本金为1010万元人民币,但是该公司在2014年4月28日以前其注册资本金一直为10万元人民币,我们无法揣测马某对杭州云铂投资咨询有限公司增资的目的,但是在实践当中,我们一般都会建议客户,如果要成立一家仅仅用于作为普通合伙人的有限公司,注册成本都不宜过高,也不建议成立一人有限公司以避免因个人财产和公司财产的混同而导致个人承担无限责任。第三,将激励对象放在持股平台内,能有效隔离目标公司的风险,这点我们在前文中进行过详细的描述,在此将不再赘述。

同样是有限合伙企业,但在架构设计上,杭州君瀚股权投资合伙企业(有限合伙)和浙江君澳股权投资合伙企业(有限合伙)有着些许的差异。

从下图可以看出,杭州君瀚股权投资合伙企业(有限合伙)作为一级持股平台,其上又增加了一级持股平台杭州君洁股权投资合伙企业(有限合伙),在杭州君瀚股权投资合伙企业(有限合伙)层面马某和谢某某作为阿里巴巴的关键人物,直接持有该持股平台的合伙财产份额,而相较于这两人,其他的一些重要员工则是通过杭州君洁股权投资合伙企业(有限合伙)再间接持有相关利益,这样的设计看似多此一举,实则大有智慧。因为相较于浙江君澳股权投资合伙企业(有限合伙),杭州君瀚股权投资合伙企业(有限合伙)除了投资浙江蚂蚁小微金融服务集团有限公司以外,还是上海君湖投资管理合伙企业(有限合伙)的有限合伙人。这也意味着与浙江君澳股权投资合伙企业(有限合伙)单纯作为浙江蚂蚁小微金融服务集团有限公司的持股平台的目的不同——虽然暂时未能查询到上海君湖投资管理合伙企业(有限合伙)的相关投资动向——其设立的背后隐藏着马某下一步重要的资本市场布局意图。因此为了进一步隔离风险,在杭州君瀚股权投资合伙企业(有限合伙)之上再架设一层持股平台是极为有必要的。

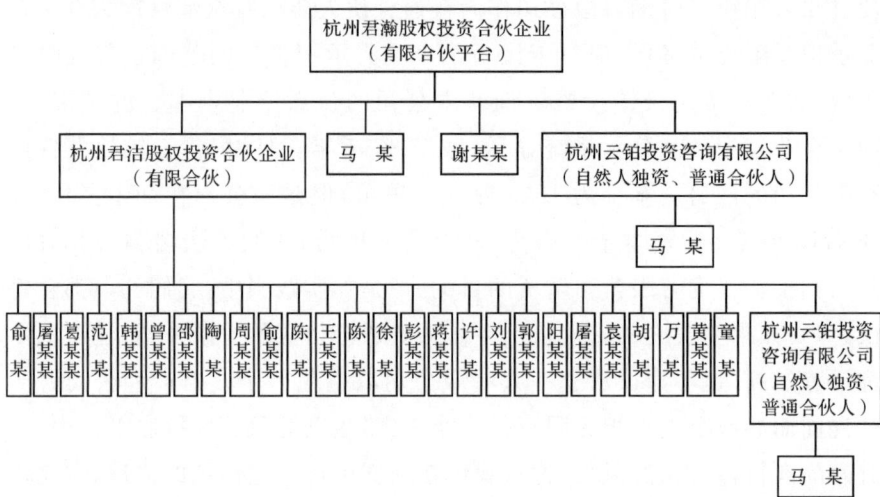

上述数据摘自 2017 年 3 月 14 日国家企业信用信息公示系统

总体而言,蚂蚁金服通过多级的股权架构及有限合伙企业特殊的议事规则,最大限度地撬动了多级股权架构实现控制权的杠杆,且将流动性较强的股东放置在持股平台中,避免因为股东的流动导致对公司稳定性造成影响,而将马某控制的杭州云铂投资咨询有限公司作为其有限合伙持股平台的唯一普通合伙人,马某仅需以向该一人有限公司所认缴的注册资本金为限承担有限责任,最大限度地降低了普通合伙人带来的无限连带责任,堪称多层级股权架构设计的经典。这样的结构仍然有需要完善的地方,这里暂不展开论述。

【知识介绍】

"安全港"规则(Safe Harbor Provisions)

一些仅允许在法律所列举的有限合伙人可以实施的与合伙事务相关的行为,被人们形象地称为"安全港"规则。《企业法》第六十八条规定:"有限合伙人不执行合伙事务,不得对外代表合伙企业。有限合伙人的下列行为,不视为执行合伙事务:

(一)参与决定普通合伙人入伙、退伙;

(二)对企业的经营管理提出建议;

(三)参与选择承办有限合伙企业审计业务的会计师事务所;

（四）获取经审计的有限合伙企业财务会计报告；

（五）对涉及自身利益的情况，查阅有限合伙企业财务会计账簿等财务资料；

（六）在有限合伙企业中的利益受到侵害时，向有责任的合伙人主张权利或者提起诉讼；

（七）执行事务合伙人怠于行使权利时，督促其行使权利或者为了本企业的利益以自己的名义提起诉讼；

（八）依法为本企业提供担保。

对于有限合伙人违反该条规定，而在如何承担责任的问题上，《企业法》第七十六条规定"第三人有理由相信有限合伙人为普通合伙人并与其交易的，该有限合伙人对该笔交易承担与普通合伙人同样的责任"。有限合伙人未经授权以有限合伙企业名义与他人进行交易，给有限合伙企业或者其他合伙人造成损失的，该有限合伙人应当承担赔偿责任。

第七章　股权设计的载体

前文说到,公司股权设计的本质是通过一连串的合同实现公司控制权和利益平衡的游戏,那么股权设计的载体———一连串的合同——我们该如何选择呢?目前主流的股权设计合同主要是通过公司章程的设计和股东协议的设计来实现的,两者虽然在制订目的上都是约定股东的权利和义务,但是在性质上却有差异。

第一节　股东协议

股东协议,顾名思义,即股东之间就某些事项达成一致而做出约定所订立的协议。由于其实质上属于一个无名合同,所以在其权利义务约定上具有一定的自主性和灵活性,而这正是股东协议的一个巨大优势。股东协议是现在比较流行的股权设计载体,其本身性质类似于出资人之间的合作合同性质,不需要向工商行政管理部门进行备案,所以在制订的时间和程序上较为灵活,只需订立合同的全体当事人一致同意即可,可以是在公司成立之前也可以是在公司成立之后。而其在内容的设置上也较为灵活,只要全体股东签字认可,可以适当突破《公司法》的限制,将诸如劳务补偿、预留股权等条款内容在其中加以设置。正因为其具有一定的灵活性,使得股东协议在有效解决复杂的公司治理问题的同时,也节省了公司日常治理实践的时间成本。

1.股东协议的应用场景

首先,如果一家公司具有股东人数众多、股权结构复杂及公司的营业范围广泛而不确定等特征,那么股东协议的灵活性和自主性就能得以有效地发挥。以出资方式为例,《公司法》规定,股东可以以货币、实物、知识产权、土地使用权等多种方式出资,而每一位股东的出资方式并不受限制。

其次,随着公司的发展,公司的股权结构会不断发生变化,譬如老股东的退出、新股东的加盟,再如出资额的增减、出资方式的变更、出资资产的价值评估等,都是这种复杂性的不断演绎。治理不断走向复杂,但这还远未到极致,我们还必须考虑到公司面临的市场竞争、来自消费者的影响,以及宏观政策调控等。问题的关键不在于存在众多的影响因素,而是这些因素的影响具有高度不确定性,比如环保政策对企业能源消耗的影响,再如某一品牌的产品质量事件引发全行业品类的信任危机,这些不确定性在当前社会转型时期极易被触动诱发。联系到股东利益上,解决这些问题仅依靠《公司法》、公司章程,无疑又会显得有些力不从心。可以说,《公司法》及公司章程等都只能关注常态,而股东的个性化需求、应急管理,以及一些未雨绸缪的事宜,则应当交由股东协议负责。

再次,在公司进行投融资环节中,相关对赌条款的安排也大都体现于股东协议当中。根据前文所述,一般在投融资环节中根据相关的判例判定,投资人与公司进行的有关业绩补偿、股权回购的条款是否无效,因此投资人为保障利益通常在签订相关投资协议的同时,需要和原股东签订股东协议以明确相关对赌条款,保证其投资利益。

2. 股东协议与公司治理

众所周知,有限责任公司更为注重人合性而非资合性,因此,大小股东之间的利益博弈更紧密地联系着企业的命运。上市公司的中小股东能保持"理性冷漠"的一个重要原因是其可以"用脚投票",而有限责任公司的退出机制在立法层面则困难得多。所以,尽管有股东派生诉讼等手段可以保证中小股东利益,但并不能解决在出现公司僵局、大股东主导控制却不违法等情况下中小股东的利益诉求问题,譬如优先购买权及利润分配问题等。而基于这些事项的复杂性及可能的机密特性,章程并不能发挥多大作用,可以依靠的便是股东协议了。

从交易成本看,股东协议与《公司法》、公司章程等都具有节省交易成本的作用。不过,《公司法》与公司章程可以有效节省企业事前的交易成本,而对事中及事后出现的一些问题却作用有限或者无法着力,股东协议由于具备高度的灵活机动性和股东的同心协力效力,不论是信息搜寻、谈判决策,还是监督协议的执行,都能保持良好效率,这是其独到之处。

人们在谈及股东治理问题时,多将注意力聚焦于限制大股东、保护中小股东利益方面,但中小股东,尤其是上市公司的中小股东,其本身参与公司治理的积极性是存在疑问的。中小股东更关注短期的投资收益,相比之下,部分大股东却更关心企业的长期价值。以利润分配协议为例,中小股东与大股东之间可能会达成在任何经营情况下均要求分配红利的协议,但当公司处于亏损之时,这种协议就会损害大股东、企业的整体利益。

基于其灵活自治的特点,股东协议还可以重新调整公司的表决权制度(如表决权与股权不相关联、特定事项特定表决等)、董事选任制度(如董事提名权、薪酬制度等)、管理层的选任与监督事项(包括自身参与经营管理或担任监事等)。如此,股东协议便可以将股东的意志切实贯彻执行到股东会、董事会、监事会、管理层等各个主体身上,使这些主体能围绕股东的价值追求而实现步调一致。当然,这并不是说股东协议能够解决一切问题,毕竟,股东协议所涉事项的范围及达成协议的可能性都是有限的。

一直以来,人们并未给予股东协议应有关注,究其原因,可能主要在于人们普遍将股东协议作为一种市场交易或民商事活动中的契约自由来看待,而无意间忽略了其实际上还是一种重要的公司治理工具。现有立法多从合同视角调整股东协议,而诸如《公司法》《中华人民共和国证券法》(以下简称"《证券法》")等对此并无关注,这种状况应当改变。

第二节　公司章程

公司章程是实现股权设计的另一载体,因为《公司法》对公司章程的内容及其法律效力、变更方式都有明确的规定,所以在制订章程的时间和程序上并没有股东协议那么灵活。而且公司章程需要去工商行政管理部门进行备案,虽然《公司法》多处规定了公司章程在某些问题上可以另行约定内容,如有限责任公司的分红比例、表决比例、董事会与监事会的职权等,但很多公司甚至都没有认真地设计过自己的公司章程。

实际上,公司章程作为股权设计的载体之一,其在实现股东控制权上有一些无可比拟的优势,如修改变更的方式。《公司法》规定三分之二以上表决权同意的即可修改公司章程,这与股东协议的变更方式不同。因为根据该种修改方式,大股东可以较好地实现自己的控制权不受小股东的干预,而如果像股东协议那样需要经过全体股东一致同意方可进行变更的话,将会导致在修改股东协议的问题上,大小股东拥有同样的权利,不利于大股东控制权的实现。

1. 公司章程的自治空间

《公司法》给了股东足够的自治空间,表现为尊重股东通过公司章程贯彻自治原则。《公司法》及其司法解释共计有八大类三十五处直接授权公司章程做出约定的条款,具体如下。

(1)公司登记中的自治范围

《公司法》第十二条:公司的经营范围由公司章程规定,并依法登记。

《公司法》第十三条:公司法定代表人依照公司章程的规定,由董事长、执行董事或者经理担任,并依法登记。

(2)公司对外担保的自治范围

①有限责任公司对外担保的自治范围。

《公司法》第十六条:公司向其他企业投资或者为他人提供担保,依照公司章程的规定,由董事会或者股东会、股东大会决议;公司章程对投资或者担保的总额及单项投资或者担保的数额有限额规定的,不得超过规定的限额。

②股份有限公司对外担保的自治范围。

《公司法》第一百〇四条:本法和公司章程规定公司转让、受让重大资产或者对外提供担保等事项必须经股东大会做出决议的,董事会应当及时召集股东大会会议,由股东大会就上述事项进行表决。

(3)股东出资缴纳义务的自治范围

①有限责任公司股东出资缴纳义务的自治范围。

《公司法》第二十八条:股东应当按期足额缴纳公司章程中规定的各自所认缴的出资额。

②股份有限公司股东出资缴纳义务的自治范围

《公司法》第八十三条:以发起设立方式设立股份有限公司的,发起人应当书面认足公司章程规定其认购的股份,并按照公司章程规定缴纳出资。

《公司法》第九十三条:股份有限公司成立后,发起人未按照公司章程的规定缴足出资的,应当补缴;其他发起人承担连带责任。

(4)公司分红及优先认购权的自治范围

①有限责任公司分红及优先认购权的自治范围。

《公司法》第三十四条:股东按照实缴的出资比例分取红利;公司新增资本时,股东有权优先按照实缴的出资比例认缴出资。但是,全体股东约定不按照出资比例分取红利或者不按照出资比例优先认缴出资的除外。

②股份有限公司分红及优先认购权的自治范围。

《公司法》第一百六十六条:公司弥补亏损和提取公积金后所余税后利润,有限责任公司依照本法第三十四条的规定分配;股份有限公司按照股东持有的股份比例分配,但股份有限公司章程规定不按持股比例分配的除外。

③公司分红及优先认购权的自治范围的合理限制。

《公司法》《最高人民法院关于适用〈中华人民共和国公司法〉若干问题的规定(三)》第十六条规定:股东未履行或者未全面履行出资义务或者抽逃出资,公司根据公司章程或者股东会决议对其利润分配请求权、新股优先认购权、剩余财产分配请求权等股东权利做出相应的合理限制,该股东请求认定该限制无效的,人民法院不予支持。

(5)股东表决权的自治范围

①有限责任公司股东表决权的自治范围。

《公司法》第四十二条:股东会会议由股东按照出资比例行使表决权;但是,公司章程另有规定的除外。

②股份有限公司股东表决权的自治范围。

《公司法》第一百〇五条:股东大会选举董事、监事,可以依照公司章程的规定或者股东大会的决议,实行累积投票制。

(6)股东会的自治范围

《公司法》第三十七条:股东会行使下列职权:……(十一)公司章程规定的其他职权。

《公司法》第三十九条:股东会会议分为定期会议和临时会议。定期会议应当依照公司章程的规定按时召开。

《公司法》第四十一条:召开股东会会议,应当于会议召开十五日前通知全体股东;但是,公司章程另有规定或者全体股东另有约定的除外。

《公司法》第四十三条:股东会的议事方式和表决程序,除本法有规定的外,由公司章程规定。

《公司法》第一百条:股东大会应当每年召开一次年会。有下列情形之一的,应当在两个月内召开临时股东大会:……(六)公司章程规定的其他情形。

(7)董事会/执行董事的自治范围

《公司法》第四十四条:董事会设董事长一人,可以设副董事长。董事长、副董事长的产生办法由公司章程规定。

《公司法》第四十五条:董事任期由公司章程规定,但每届任期不得超过三年。

《公司法》第四十六条:董事会对股东会负责,行使下列职权:……(十一)公司章程规定的其他职权。

《公司法》第四十八条:董事会的议事方式和表决程序,除本法有规定的外,由公司章程规定。

《公司法》第五十条:股东人数较少或者规模较小的有限责任公司,可以设一名执行董事,不设董事会。执行董事可以兼任公司经理。执行董事的职权由公司章程规定。

(8)监事会/监事的自治范围

《公司法》第五十一条：监事会应当包括股东代表和适当比例的公司职工代表，其中职工代表的比例不得低于三分之一，具体比例由公司章程规定。

《公司法》第五十三条：监事会、不设监事会的公司的监事行使下列职权：……(七)公司章程规定的其他职权。

《公司法》第五十五条：监事会的议事方式和表决程序，除本法有规定的外，由公司章程规定。

《公司法》第七十条：国有独资公司监事会成员不得少于五人，其中职工代表的比例不得低于三分之一，具体比例由公司章程规定。

《公司法》第一百一十九条：监事会的议事方式和表决程序，除本法有规定的外，由公司章程规定。

(9)高级管理人员的自治范围

《公司法》第二百一十六条：高级管理人员，是指公司的经理、副经理、财务负责人，上市公司董事会秘书和公司章程规定的其他人员。

《公司法》第四十九条：公司章程对经理职权另有规定的，从其规定。

(7)股权变动的自治范围

①有限责任公司的自治范围。

《公司法》第七十一条：公司章程对股权转让另有规定的，从其规定。

《公司法》第七十五条：自然人股东死亡后，其合法继承人可以继承股东资格；但是，公司章程另有规定的除外。

②股份有限公司的自治范围。

《公司法》第一百四十一条：公司章程可以对公司董事、监事、高级管理人员转让其所持有的本公司股份做出其他限制性规定。

(8)其他的自治范围

《公司法》第一百六十五条：有限责任公司应当依照公司章程规定的期限将财务会计报告送交各股东。

《公司法》第一百六十九条：公司聘用、解聘承办公司审计业务的会计师事务所，依照公司章程的规定，由股东会、股东大会或者董事会决定。

《公司法》第一百八十条：公司因下列原因解散：（一）公司章程规定的营业期限届满或者公司章程规定的其他解散事由出现。……

2. 公司章程的工商备案处理

由上文可知，《公司法》赋予了股东在公司章程中在一定范围内进行自治的权利，但是在实践当中，通常工商行政管理部门并不会为公司股东自己草拟的章程进行备案，而要求公司使用工商行政管理部门的格式文本。公司在设立阶段的首份公司章程需要在公司登记之时生效，即在工商登记部门向公司签发营业执照之时。而后修改的公司章程在符合法定的修改条件之后即发生效力，《公司法》第十一条虽然只规定公司章程对公司、股东、公司高级管理人员具有约束力，但是公司外部的第三人对于备案的公司章程可以信赖其合法效力，该信赖利益应受到法律的保护。因此我们建议，如果自己设计了相应的章程内容，就要尽最大努力去工商行政管理部门完成备案登记。如果工商行政管理部门依旧不能备案的，有两种解决方式：第一种方式是向法院对工商行政管理部门提起行政诉讼，要求其就相关章程备案；第二种方式是在工商行政管理部门备案其格式章程文本后，立即召开股东会修改相应的公司章程。

第三节　两者选择

公司章程和股东协议同为公司股权设计的载体，我们在选择上应该同时对这两个载体进行考虑，并分配以不同的内容。

公司章程和股东协议的对比

	股东协议	公司章程
生效条件	全体股东同意并签字	首份章程在公司登记时生效；此后章程在符合法定或约定的修改条件即三分之二以上表决权股东同意后生效

	股东协议	公司章程
修改条件	全体股东同意并签字	符合法定或约定的修改条件即三分之二以上表决权股东同意后生效
内容	法律没有规定	公司法规定了部分内容
必要性	非必备要件	必须具备
公开性	不要求披露	要求披露
效力范围	一般不及于新股东	及于新股东

因为股东协议在可约定的内容上较公司章程更广,所以可以将一些事实性的内容和章程无法约定的内容在股东协议中予以约定,如各股东资源的提供、股权的预留和代持、股权的股东回购等。同时,股东协议其本质上应当属于一份当事人之间的合作合同,其在协议的变更、解除等问题上必须要订立合同的全体当事人一致同意。这种变更的形式从大股东控制权实现的角度来说并不有利,故在股东协议中不宜约定需要经常做变更调整的内容,以免影响控股股东实际控制权,但这些需要调整的内容可以在公司章程中进行约定。

基于股东协议与章程之间存在一定程度的共通之处,这也是立法对股东协议未予关注的一个原因。但在实践中,这会造成章程凌驾于股东协议之上并使后者无法发挥作用,因此需要章程与股东协议的相辅相成。

在股权设计中,关于两者的选择,应当根据具体的条款设计、功能要求和企业的实际需求,对两者进行灵活的运用,以满足企业的实际需求。

第二编　股权激励实务指引

第八章 股权激励概况

第一节 股权激励的前世今生

1.股权激励之前世——历史渊源

在中国,类似股权激励的制度最早能追溯到 18 世纪末 19 世纪初的山西晋商票号。每个晋商的票号都有东家,也就是现代意义上的股东。票号业务所经营的资金非常庞大,同时业务经营的区域范围也比较广,单靠东家一个人不可能面面兼顾,这时候就需要依赖一些值得信任并有经营业务能力的人来帮忙处理业务,这些人一般被称为掌柜,相当于现代意义上的职业经理人。

对东家来说,选择值得信任的掌柜和伙计非常重要。其一,票号运营中大量的资金均需掌柜经手,特别是涉及资金安全的问题;其二,票号的利润很大程度上要依靠掌柜和得力的伙计。但普遍情况是由票号东家从市场中雇佣掌柜和伙计,而掌柜和伙计除了正常的劳务薪金以外无其他劳动收入。在这样的历史背景下,同行之间的掌柜、伙计跳槽现象显得格外频繁,给各东家带来极大的生意亏损。因此,用人留人的问题始终困扰着各位东家。

在央视热播的电视剧《乔家大院》中,晋商乔致庸为了确保掌柜和伙计能够一心为东家经营业务,确保票号资金的安全和人才的稳定,创立了"顶身股"制度。票号的股份分为银股和身股两类。"出资者为银股,出力者为身股",简而言之,就是东家出钱、掌柜和伙计出力的经营管理制度。掌柜和其他重要伙计虽无资本,却能依靠自身的劳力即人力资本作为股份参与票号的分红。身股与银股虽投资形式不同,但享有同等的分红权利;银股股东对票号的债务及亏损承担无限连带责任,但身股股东不承担票号的债务及亏损责任,是纯粹的收益股,也被称为"分红股"。同时,顶身股者一旦离职或亡故便丧失该股东地位,该身股不得继承与转让。顶身股的掌柜、伙计的名字被计入"万金账",即现代意义上的股东名册,同时依据其业绩能力与对票号所做出的贡献,晋升顶身股"数厘"(股份额)。

从此,掌柜与伙计的收入除了固定薪金收入外,还增加了来自身股的分红额。通过"顶身股"制度把掌柜、伙计的利益与票号东家的利益紧紧地捆绑在一起,这种有效的激励和约束机制,也推动着晋商票号稳定持续地发展,称雄商界数百年,造就了中国历史上的商业奇迹。

关于晋商的顶身股制度,可以从电视剧中追溯到现实之商场。晋商票号的"顶身股"反映出"人力资本入股"和"股权激励"理念的萌芽,作为现代股权激励的前世,为中国企业的发展进程奠定了良好的基础。

2. 股权激励之发展

(1)试点酝酿期(1992—2005年)

1990年左右,为解决国有企业股份制改革,我国开始引入员工持股制度,但在地方的实践中出现强制员工入股等大量不规范的实务操作现象。1998年11月,中国证券监督管理委员会(以下简称"证监会")发布《关于停止发行公司职工股的通知》,叫停了员工持股。但在此期间不乏实施股权激励并健康运作的成功企业,如万科集团,它于1993年实施股权激励,成为中国第一家实施股权激励的上市公司。

1992年5月,《股份制企业试点办法》发布,允许建立"定向募集"的"内部职工股"试点。但在1993年针对在实务中出现的不规范做法的试点问题,国务院办公厅又立即发布紧急通知叫停试点工作。

而于2005年修订的《公司法》对股权转让的细化优化规定和章程可对股权转让另行约定的表述,如第一百四十三条对公司将股份奖励给本公司职工的表述,第一百四十二条对公司董事、监事、高级管理人员转让其所持有的本公司股份均赋予公司章程可做出限制性规定的表述,为股权激励的实施填补了法律空白并奠定了法律规范的基础,营造了新的法律发展环境,推动该制度更稳步地落实发展。

(2)正式启动期(2006—2007 年)

2005 年 2 月,证监会发布《上市公司股权激励管理办法(试行)》;2006 年 9 月,国务院国有资产监督管理委员会(以下简称"国资委")、财政部发布《国有控股上市公司(境内)实施股权激励试行办法》;2006 年 2 月,财政部发布《企业会计准则第 11 号——股份支付》,进一步从法律角度完善了股权激励的具体操作流程,完善了行使期权的利益兑现机制。这三个文件的出台,标志着中国的股权激励制度正式启动,并进入了一个全新的发展时期,具有重大的里程碑意义。

(3)规范发展期(2007 年至今)

自 2007 年起,股权激励相关配套政策陆续出台,完善和细化了股权激励的具体操作流程。2008 年 3 月—9 月,证监会陆续发布《股权激励有关事项备忘录》(1—3 号);2008 年 10 月,国资委、财政部出台《关于规范国有控股上市公司实施股权激励制度有关问题的通知》,以从严规范股权激励的操作。自 2009 年起,财政部、国家税务总局陆续发布《关于股票增值权所得和限制性股票所得征收个人所得税有关问题的通知》《关于上市公司高管人员股票期权所得缴纳个人所得税有关问题的通知》等文件,以深化和规范中国资本市场的制度建设。自 2011 年起,民营企业成为股权激励实施的主力军,上市公司实施股权激励的数量更是呈现出了井喷式的增长,从激励模式到激励机制都实现了质的飞跃。

股权激励的中国路径折射出一种新型激励模式的艰难成长历程。中国的股权激励推广仍然有很长的路要走。在这激励大门已开启的背景下,相信越来越多的企业将通过股权激励吸引精英人才,聚集高质血液。

3. 股权激励在美国的发展与应用[①]

(1)萌芽期

20 世纪初,由于美国经济的迅速发展,许多公司的所有者一夜间发家致富。但同时也加剧了美国的贫富差距,对于普通的雇工而言,日益加重的剥削使其对资本家产生了仇恨心理,工人罢工现象频频发生。为了解决这一社会问题,一些秉持新思想的企业家主张分配股份给雇工,以缓解紧张的劳资关系。当时出现了许多早期的员工股权激励计划,如"保洁计划"(Proctor and Gamble Plan)、"西尔斯计划"(Sears Plan)等。这些激励计划虽不完全等同于如今的股权激励模式,但在一定程度上确实改善了当时的劳资关系,大大提高了雇工的工作积极性。

其中,著名的美国联合包裹服务公司(UPS)在 1927 年推行了员工认股计划,取得了令人称赞的业绩。公司每年都会从上一年年终利润中拿出一部分分给员工,员工通过所持有的公司股份,兼具公司所有者与劳动职工的双重身份,同时获得薪金和高倍的股份收益。该认股计划使美国联合包裹服务公司成为员工持股三分之二的股权机构,推动着其一步一步称霸邮件包裹物流业的国际商业舞台。

(2)正式推出期

1952 年,美国的菲泽尔(Pfizer)公司,为了避免公司部门高管的薪金被征收高额的所得税,在雇员中推出了首个股票期权计划,拉开了西方成熟市场推行股权激励的序幕。在当时,美国许多的家族企业纷纷面临交接问题,比如美国福特汽车公司,在创始人亨利·福特去世以后,由他年仅 28 岁的孙子接手这个庞大的企业帝国。但由于小福特年纪尚小,且对企业统筹规划及经营管理较为生疏,于是福特公司当时给了十位职业经理人一部分股权,也就是"蓝血十杰",从而使其与福特公司的利益紧紧捆绑在一起。这十个人以其优秀的管理能力与专业的职业素养,为福特帝

---

① 部分内容引用自王文书:《企业股权激励实务操作指引》,中国民主法制出版社 2011 年版。

国开辟了一个崭新的时代。

到 1956 年,美国律师兼投资银行家路易斯·凯尔索(Louis Kelso)正式提出"双因素经济理论"(Two-Factor Economy),为员工持股的迅速传播提供了理论支撑。凯尔索认为单纯通过给予雇工薪金的传统管理方式已不能切实提高雇工对公司的归属感与责任感,需要建立一个新的雇工激励机制。

1973 年,凯尔索通过说服时任美国参议院财经委员会主席的郎格基先生,促使国会于 1974 年通过了《职工退休收入保障法》,初步形成了 ESOP(Employee Stock Ownership Plans,员工持股计划)的法律框架,并将 ESOP 定义为"合格的雇员福利计划"(又称"员工持股计划")。该法的颁布实施,为 ESOP 的身份合法化及其后期在美国的规范化发展奠定了法律基础。随后职工购股计划、股票期权计划等股权激励模式纷纷出台。

(3)规范发展期

从 20 世纪 80 年代中后期开始,美国陆续颁布了一系列法案,如《退休股权法案》《税收改革法》《小企业就业保护法》《经济增长及税收减免调整法案》《美国就业机会创造法案》等法规,对股权激励制度的具体操作做出了进一步的规范与完善,不仅在税率上给予了优惠,而且从单纯激励雇工转变为将激励与福利相结合,使股权激励制度在美国得到广泛应用,作为新经济的助推器促进了美国公司的价值创造,推进了美国经济的迅猛增长。

如今,美国本土的 7000 多家上市企业中有高达 90% 的企业实行了股权激励制度,高科技企业中已基本全部实施股权激励制度。其中,作为员工持股特殊形式的"股票期权"伴随着美国硅谷的高科技企业的崛起而推广开来。现在,美国参与股票期权计划的公司已经发展到 15000 多个,股票期权计划拥有的资产约有 1000 亿美元,不仅在高科技企业领域中普遍实行大范围的员工股权期权计划,传统行业也普遍将大范围股票期权计划作为股权薪酬策略的一部分。

4. 股权激励在日本、一些欧洲国家的发展与应用

20 世纪 60 年代后期,在经济全球化的背景下,美国企业采用股权激励

的丰硕成绩传到了日本的传统企业圈中,越来越多的日本企业也开始推出 ESOP 等形式的股权激励措施,以培养和聚集公司高管及经营骨干。

随着股权激励在美国和日本的发展及其产生的积极影响,法国、英国、意大利、德国、澳大利亚等 50 多个国家开始纷纷效仿,在国际上掀起一场推行股权激励的风潮。

5. 国外股权激励的成效及对我国的启示

美国、日本等国家实施现代意义上的股权激励制度均早于我国,有关股权激励的各种配套措施与我国相比也都更为成熟,它们孕育出了现代意义上较为完备成熟的股权激励制度体系。

从股权激励法规制度方面来看,不管是美国、日本,还是英国等国家,这些国家有关股权激励的立法和各种配套性政策文件的出台都比我国早,且内容更为全面,同时还有辅助性的行业协会的各种自律性的规定予以同步配合。

从股权激励市场环境方面来看,发达国家的资本市场有效性较高,股价在绝大多数情况下均能反映公司的实际业绩,在经营者予以业绩考核时往往能以股价作为考核的参考标准,为股权激励的实施奠定了良好的基础。另外,西方国家早早建立了一个成熟的职业经理人市场,在很大程度上从行业整体性上规范了经理人的经营行为。

当然,纵观这些国家的股权激励制度的发展历史,从确立到发展,再到逐步完善的过程并非一帆风顺,都是经过众多企业的实践,不断总结经验教训,逐步修缮政府部门颁布的各项有关股权激励的规章制度,以及及时协调有关股权激励的各项配套措施得到的结果。股权激励制度在我国的早期发展并非那么尽如人意,经历了一段低迷期,因此该制度在我国的落地完善还有一段很长的路要走。国外的股权激励发展进程对我国的股权激励实施的启示有以下几个方面。

第一,股权激励机制作用的有效发挥依赖于公司治理结构的完善。股权激励是优化公司治理的手段,反过来股权激励机制作用的有效发挥又依赖于公司治理结构的完善,二者互相促进。若是一个公司尚未建成一套完整齐备的业绩考核标准,公司所有者就大肆宣扬,要制订多么完备的股权激励计划方案,那么,这套方案落地演示实施不久就会漏洞百出。

完善公司的整体架构,是股权设计的第一步,即创始股权设计。首先必须理顺股东大会、董事会与监事会之间的关系,规范公司董事会的建设,提高监事会的独立性,加强监事会对公司高管人员的财务监督与薪酬审定工作。若设立了公司的薪酬委员会,则应完善薪酬委员会对股权激励的监督机制,防止高管利用权力操纵财务数据以获取不应有的股权激励。其次,有必要建立公司内部职业经理之间的良性竞争机制,通过内部职业经理之间的相互竞争和监督,降低代理风险的成本,创造有利条件使真正具有企业家才能的职业经理人脱颖而出。

第二,股权激励制度要符合本国国情。股权激励在各国的最终确立都有一个本土化的过程。尽管目前美国对股权激励的研究实施最为详尽、完善,但我们也不能盲目照搬美国模式。因为我国实施股权激励的法律环境、市场环境等与发达国家相比仍有很大的差别,在我国推行股权激励就要适应我国的国情。比如对于上市公司股权激励业绩指标的确定,国外习惯于选用股价指标,这是建立在资本市场能及时有效地反映出与经营业绩相匹配的股价的基础之上;而我国的资本市场有效性较弱,所以我国公司应从实际出发,对业绩的考核更多以财务指标为参考,辅助市场指标。

第三,良好的外部环境是顺利实施股权激励计划的强有力保障。综观美国、英国和日本,股权激励机制的有效实施均离不开外部环境的有效改善。所以,为确保股权激励机制在我国成功地广泛推行,首先,必须健全有关股权激励的相关法律法规体系,尤其是关于股权激励落地实施后的实施细则及信息披露制度;其次,建立完善的资本市场,采取有效措施规范公司的并购行为,确保证券市场的信息及时披露及建立证券市场的民事诉讼制度等;最后,必须改革人事制度,建立符合市场需求的切实有效的职业经理人市场,以优胜劣汰的淘汰机制选拔出经营企业的优秀管理人才。

第二节　股权激励的基本理论①

1. 股权激励的委托代理理论

委托代理理论最早是由米契尔·詹森（Michael Jensen）和威廉·麦克林（William H. Meckling）在 1976 年所发表的《企业理论：管理行为、代理成本及其所有结构》一文中正式提出。

该理论的主要观点认为，委托代理关系是随着生产力的发展而逐渐形成的一种社会关系，一方面由于权力的所有者受限于知识、能力及精力等各方面原因，难以经营管理所有的公司；另一方面由于社会的专业化分工日益明确，使社会产生了一大批具有专业经营管理技能的代理人。在此种信息不对称、社会分工被强化的背景下，企业的所有权与经营权开始逐渐剥离，区别于传统的家族企业，越来越多的现代企业形成仅让职业经理人来经营管理公司的局面，在所有者与经理人之间形成一种委托代理关系。

而委托代理关系的常态化又带来了"内部人控制"的问题，由于经营者（代理人）的掌权，使得企业的所有者（委托人）对于企业的整体掌控大不如前，经营者通过自身对企业经营过程中所掌握的信息优势，使企业逐渐摆脱所有者的控制，在一定程度上甚至可能让企业的发展方向与所有者的预期方向背道而驰。

因此，从委托人角度出发，如何能让代理人站在自己的立场思考公司的经营问题，更加关注企业长期的更大利益，而非仅关注目前的短期利益，便是委托人需要思考的问题。由此，便出现了股权激励制度。

2. 股权激励的人力资本理论

人力资本理论是由美国经济学家舒尔茨（Theodore W. Schultz）和

①　本节部分内容引自王文书：《企业股权激励实务操作指引》，中国民主法制出版社，2011 年版。

贝克(Gary Stanley Becker)于20世纪60年代所提出,翻开了社会对于人力资本的新见解。该理论主要认为,人力资本是附着在自然人身上的关于知识、技能、资历和熟练程度、健康等的总称,代表着人的能力和素质。在当代工人队伍"白领化"过程中,人力资本逐步起决定性作用,因而人力资本应与物质资本一同分享剩余价值(公司权益)。

随着社会经济的发展,股东的出资形式趋向多元化。股东不仅以货币和可用货币估价,且可依法以转让的非货币财产作价出资,还会以市场资源、人力资源、信息资源等具有人身依附性的企业资源作价入股。人力资本,作为股东的出资财产,其重要性亦不容小觑。温州和上海浦东分别于2006年和2008年就已经初步试点,进行人力资本出资立法。自2017年1月1日起,广东自贸区横琴片区出台全国首部人力资源出资办法,鼓励企业家、创业者、管理人才、营销人才、技术人才以自身知识、技能、经验出资入股。可见,对于未被纳入公司法规定的出资财产,因其在实务中所显现的重要性而被允许经评估技术处理后作价入股。而股权激励便是必要的人力资源管理方式。

第三节 股权激励的现实需求及"双刃剑"性质

1. 股权激励的现实需求

古今中外,无论是治国还是治企治家,得人心者得天下,失人心者失天下,这是一个谁也否认不了的真理。刘邦虽然只是个不爱看书不会武艺的市井匹夫,但他精通识人用人之术,带领手下各位猛将夺取了天下,谱写了历史的辉煌篇章。项羽虽然出身于世家,武艺高强,但他并不擅长识人用人,最终只能以"霸王别姬、自刎于江边"的结局告别历史舞台。这段历史对公司的治理者实际上别有一番启示。而股权激励的出世恰恰能为公司治理者解决企业所面临的人才问题。随着社会经济的深入发展,当今社会对股权激励的需求加大,主要体现在以下几个方面。

(1)人性利己主义使然

自古以来,关于人性本善还是人性本恶的问题争论不休。但其实无论是孟子的性善论,还是荀子的性恶论,其最终都指向利己,即人性本私。政治理论"无赖假定原则"验证了人性本私的这一客观事实。心理学研究表明,驱动人类行为的所有心理动机,最初都是为了满足自己,只是在利己的方式上,有善恶之别,故曰"人性本私,善恶并存"。利人利己是为善,损人利己是为恶。

人心趋利避害,何处有利益好处可得,大家就把眼光投向何处。如果有人独占了利益而不与大家分享,那久而久之必然招致怨恨,甚至成为众矢之的,更何况独占的利益又是建立在他人的努力付出之上才得到的。所以一个人面对利益时需要懂得权衡取舍,正所谓"有舍才有得",舍弃部分自己应得的利益,说不定会为你赢得更多其他方面的利益。企业的经营管理亦是如此,员工兢兢业业,加班加点努力工作,虽然是为了赚取工资,但同时员工也是在为了公司的经营成果而努力,为了老板的利益而努力,可以称得上是一种利人利己的行为。但再善良的员工,在拿到工资的时候或许都会将自己的付出与回报权衡一番,若是员工认为得小于功,其必定会在内心产生不平衡感,久而久之,这必然会影响其对工作的投入。而股权激励恰好可以满足人性本私的利己需求,由老板和员工共享利润,共分成果,利人利己。

(2)当今社会对人才的需求加大

从前或许企业更重视资源,更重视资本,但随着经济不断深入发展,人力资源的重要性日益凸显。21世纪,拼的不是谁钱多,而是谁的人更能干。越来越多的企业在发展过程中愈加重视人力资源的价值与作用。

人才,是企业和社会发展最核心的要素。特别是对于企业而言,人才显得更为重要。企业的职能就是"整合资源,创新价值,创造财富"。而唯有人才,才能实现价值的不断提升与创造。但对于企业经营者来说,社会对人才的追捧意味着企业要付出更高的代价才能招揽到如意的高质量人才。在当今这个"互联网+"时代,人才重于组织,组织需要做的往往是配备各项硬件设备以适应人才的需要,而不再是人才适应组织的需要。组织跟随人才,组织适配人才,企业大部分的战略和资源都以人才为中心。人才动,则资源动;人才走,则资源跟着走。

我们所熟知的每一个成功的企业都必然配备一位杰出的领袖。任正非曾说:"世界上一切资源都可能枯竭,只有一种资源可以生生不息,那就是文化。"而企业的文化品格往往来源于人的品格,企业的精神之魂往往来源于人的力量。任正非身上那"烧不死的鸟是凤凰"的工作品格就在很大程度上影响并创造了华为公司"以奋斗者为本"的企业文化。小至企业,大至国家,人才的作用都不可小觑,人才是国家和企业发展取之不尽、用之不竭的富矿,得人才者得天下,失人才者失天下。

(3)企业间的竞争日益加剧

当今社会,企业之间的人才争夺方式发生了剧烈转变,由从前的挖一个核心骨干到今天的挖一个核心团队,当企业的一个核心团队都被你的竞争对手挖过去后,估计这家企业所留用的自我独有价值也差不多所剩无几了。雅虎中国研究院解散时,五道口的招贤纳士场景之壮观程度令人惊叹,几乎所有互联网"大佬"都加入了这场人才之争。

正所谓人往高处走,水往低处流,这是自然规律,也是人性使然。而面对外界股权、高薪、职位、福利等重重诱惑,公司难免出现人才流失的窘迫之境。作为老板,总要思考应该以何种方式才能让人才为我所用,实现人尽其才的效果。通过股权激励,提高企业在同行乃至全社会中的竞争优势,能够源源不断地聚集优秀人才。

(4)传统薪酬结构已不能满足员工的需求

在如今求贤若渴的知识经济时代中,人力资本越来越能体现出一个企业的核心竞争力,即一个企业在同行业间所占据的优势到底有多少。从理论上来说,随着人力资本的日益强化,随着社会对高精专人才的需求度日益提高,传统形式的劳动契约所形成的"基本工资＋业绩奖金"的报酬结构已不能满足知识型员工对工作的回馈要求。一名知识型员工在每个月辛勤加班工作后只拿到劳动合同上所列明的基本工资或者一部分的绩效提成,而基本不参与经营管理的老板却按期获取高额的盈利分红,这会使对自己的生活水平有高要求的知识型员工,产生极度不平衡的心理状态。传统的报酬模式早已不能保证该员工对工作的自觉性与努力程度。因为他会认为,无论我多努力工作,我的报酬也就只能限定在一定的范围内,那我还不如悠闲地工作,悠闲地拿固定工资。当然,这只是对于懒惰型的员工而言,对于那些有理想又有能力的员工,或许他早已把就职的眼神投向了你的竞争对手。

与工资、福利、奖金的直接性、短期性的激励效果不同,股权激励从实务性能的操作上更为复杂和长久。如果实施得当的话,更能挖掘出管理层、骨干员工的潜能,提高其对公司业绩的创造力和积极性,从而推动公司更好更快地发展,以实现企业更好的宏伟蓝图。

(5)国家政策的出台号召

在2014年9月的夏季达沃斯论坛上,李克强总理提出,要在960多万平方千米的土地上掀起"大众创业""草根创业"的新浪潮,形成"万众创新""人人创新"的新势态。此后,他在首届世界互联网大会、国务院常务会议和其他公共场合中频频阐释"大众创业"这一关键词。每到一地考察,他几乎都要与当地年轻的"创客"会面。他希望激发民族的创业精神和创新基因。

2015年,李克强总理在政府工作报告中又提出"大众创业,万众创新"。政府工作报告中指出,推动"大众创业、万众创新","既可以扩大就业、增加居民收入,又有利于促进社会纵向流动和公平正义";在论及创业创新文化时,报告强调"让人们在创造财富的过程中,更好地实现精神追求和自身价值"。

于是在960多万平方千米的大地上,一夜间冒出了许许多多的初创企业、小微企业。而股权架构作为企业的顶层架构,对于企业的初期发展乃至持久发展都具有不可替代的重要作用。关于股权搭构的浪潮也随之兴起。

2017年1月9日,李克强总理在国家科学技术奖励大会上发表讲话,强调要加大收益分配、股权激励等政策落实力度,使之得到应有的荣誉和回报,增强企业的持久创造动力。同时肯定了人才的积极作用,"人才是科技创新最关键的因素。必须充分尊重科技人才,保障科技人才权益,最大限度激发科技人才的创造活力",指出应"赋予创新领军人才更大的人财物支配权"。

这一番话彻底翻新了"股权激励"一词。如今,不仅企业家、金融专家等业内人士深谙其道,就连刚离开学校大门的应届毕业生也都纷纷踏上了股权激励、股权众筹的商界浪潮。在这个人才市值的时代,各大企业无论是积极举创,还是被动接受,股权激励都已经成为势不可挡的潮流洪波。企业的股权激励制度也逐步上升到公司发展的重要战略高度。那些对此没有予以高度重视的企业,在如此激烈的人才竞争市场中会面临较大的风险。

企业的股权激励制度是一条船的艺术。在一条水流湍急的河流上,你与同船之人联结着共生死、共存亡的命运关系。其中讲究的是企业的治理者需要以有福同享的胸怀来经营企业,实现同船之人的共有利益,并以此为本来考虑企业的战略发展规划。

2.股权激励的"双刃剑"性质

从企业实施股权激励的实际效果来看,股权激励是一把双刃剑。执行得好,就能为企业带来很多好处;执行得不好,则会为企业带来许多负面影响。

(1)股权激励的正向效果

无数企业发展的事实证明,股权激励制度的推行对企业的营收及市值增长具有较大的帮助,而且能建立完善的股权激励制度的企业,形成企业、股东及员工三方共赢的良好局面。在当今社会企业的发展过程中,推行股权激励已经势不可挡,而股权激励对于企业而言能保留竞争优势的正向作用主要体现在以下几个方面。

①股权激励有利于公司聚集优秀人才,约束并管理人才。公司的持续发展和长期利益的实现,需要公司管理层长期、持续地投入管理技术和知识输出,关键技术人员长期不间断地进行创新。而以往的固定工资及少量的绩效奖金,是一种短期较弱的激励机制,如今已难以充分发挥其价值来使员工愿意长期服务公司。作为企业的长期激励机制,最大限度发挥人的价值就是股权激励最主要的目的,而企业与员工正是通过股权这一桥梁达成了共鸣,彼此的利益紧紧地捆绑在一起。

首先,员工由"打工仔"摇身转变为"企业小股东",必然会增强员工的主人翁意识,使其自发地燃起工作热情,增强对工作的创新能力与工作积极性,以实现企业、股东及个人的利益为己任,正所谓"天下兴亡,匹夫有责"。只有这样最大限度地激发员工的内在潜能,使其觉悟到企业的发展对其而言是一份肩负的责任,才能实现股权激励的终极目标。而对于企业而言,对员工支出的监督成本也将大大降低。其次,股权激励计划的实施往往附加一定的配备条件,大部分都是在员工的服务期上,比如规定在几年之内不得离职,否则既得利益将被公司全部收回等。当员工离开企业或者存在不利于企业的行为时,将会失去本来可以获得的股份收益,这就提高了员工的"离职成本"或"犯错成本"。所以一般获得股权激励的员工不会轻易跳槽,尤其是那些处于核心管理层的高级管理人员、掌握企业命脉的核心技术人员及销售精英,因为其被授予的激励力度会比普通员工更大,而对其相应的限制也就更为严谨。所以股权激励在很大程度上还起到了稳定军心的作用。再者,现在越来越多的公司实行股权激励。公司为了在薪酬架构上比同行其他的竞争对手更加具备竞争优势,在激烈的人才市场竞争中胜出,势必要推行股权激励计划,以便打消公司在职员工的跳槽想法,抑或是吸引竞争对手的骨干员工的目光,给予新加入公司的员工更强的收益预期。对于拥有高技术的人才,实行股权激励的企业对其吸引力比未推行股权激励的企业要高得多。就拿 IT 行业上市企业的高管来说,在几家高管薪资水平相差不大的情况下,推行股权激励制度的企业高管收入(薪资+股权)比未推行股权激励制度的企业高管要高出好几倍,在生存压力如此之大的社会,人才自然会选择供职于薪资较高的企业。

因此,实施股权激励计划有利于企业聚集优秀人才,约束并管理人才,从而实现公司人力治企的发展目标。

②股权激励有利于公司实现长久稳定的发展。传统的激励方式如绩效奖金、年度奖金的考核依据主要来源于企业短期内的财务数据,而短期内的财务数据无法切实反映企业长期投资的收益,因此,采用这些传统的激励方式只是在客观上刺激了经营决策者的短期行为,而非立足于企业长期持续、稳定的发展来决定相关经营行为。

而股权激励的推行,实际上将对激励对象的考核从短期内的业绩考核转变为一个长期、逐步的考核,不仅关注近期或本年度的财务数据,而且关注公司将来的价值创造能力。因为股权激励一般要有一个长期、逐步变现的过程,这就要求激励对象必须关注企业的长远发展,以保证获得自己的延期风险收入。由此,可以进一步弱化激励对象的短期化行为,更有利于提高企业在未来创造价值的能力和快速发展的能力。

通过股权激励,员工、股东及企业就形成了一个利益共同体,成为一脉相传的密切关系。高管层及骨干员工在实际经营行为中不仅仅将目光限定于如何获得自身的切身利益,更会把目光放得足够长远,以谋取员工、股东及企业的三方共同利益。若是在大家的共同努力下,企业得到了良好的持续发展,年度盈余额较大,那么股东与员工都能够从中获得收益;如果出于种种原因导致企业出现亏损,那么无论是原始股东或是激励对象都要共同分担。

③股权激励有利于公司缓解现金流的压力。不断的资金输入与输出,往往会令公司陷入融资难的困境,承受现金流难以正常流动的压力。许多公司往往都会在初创期、成长期对银行承担较大的贷款责任,而一旦在经营过程中出现了严重的纰漏,往往会使得公司负债累累,更不可能以高额的现金工资或奖励来回报管理层和关键技术人员。但设立股权激励计划,可大大降低公司所需的人力薪酬成本、激励资金成本。

任正非创办的华为就充分利用了股权激励的这一价值作用。华为在初创时期为了扩张市场份额及企业规模,对资金的需求量较大。而在通信技术行业,科技含量是衡量该企业最重要的指标之一,为了在同行业的竞争者中获得绝对优势,不可避免地,华为在当时出现了融资困难。但任正非优先选择在企业内部进行融资,而非像通常的企业一样选择从外部引入资金,这主要有两点原因,其一是内部融资无须支付高额利息,存在较低的财务困境风险,也无须向外部股东支付较高的股本回报率;其二是从内部融资,以股权激励的手段来激发员工为初创时期的华为创造更大的价值和利润。

④股权激励有利于完善公司的治理结构。治理公司的关键问题就是由所有权和管理权相分离而产生的代理问题,由此产生了公司治理结构的不同形式,而公司治理结构的本质就是企业所有权安排的契约。制订好这一契约就能体现公司治理结构的合理程度,而股权激励机制的建立恰恰能解决这一关键问题。因为股权激励机制是公司治理结构的一部分,也是解决现代企业委托—代理关系的关键机制。建立好的股权激励机制,充分发挥股权激励的作用,就是完善公司治理结构的关键所在。对

于企业而言,不管从企业股份、人力资本、治理结构,还是产品价值来看,都与股权激励所产生的效益有着密不可分的关系。股权激励的有效实施,在企业内部形成一个系统内闭环,促使企业的各个环节都能持续得以有效流动,促使企业快速稳定地发展。

⑤股权激励有利于合理分配公司发展后的利润增值部分。公司发展后的利润增值部分如何分配是企业发展的关键。设立股权激励计划可以使激励对象的业绩与增值部分的分配权挂钩,使得公司对利润增值部分能够实现优化公平的配置,从而利于企业持续稳定地成长。员工福利的改善也能使公司留住人才。在这方面美国的 ESOP 是一个良好的借鉴对象。ESOP 即为员工持股计划,在美国已经有超过 1 万家企业的 1000 多万员工通过拥有股票来参与企业利润的分配,其持股总额已经高达 1200 亿美元。这样的激励效果是非常明显的。相关调查表明,一家采用股权激励制度的企业,在其他条件不变的前提下,企业的营收可以上涨 30％左右。国内全部上市公司的数据表明,推行股权激励制度的上市公司与沪、深 300 指数成分企业相比,营收上涨 30％。在股票价格上,推行股权激励制度的企业比沪、深 300 指数成分企业要占有优势地位。相关的调查表明,实行股权激励制度的企业的股票价格要比上证综合指数高20％—30％。

⑥股权激励有利于解决企业的转型问题。企业转型升级的关键在于企业家的观念转变和思维更新,以及在此基础上的管理架构和机制创新。股权激励恰恰能为企业提供这一转型的契机,通过一系列的协议调整,对企业在股权架构等方面逐一完善,全方位为企业的优化转型提供条件。而在企业的转型期,采用股权激励的方式,以稀释股权为代价来提高员工的忠诚度和效率也有助于企业减少人事上的动荡。

上市公司广东明家科技股份有限公司(以下简称"明家科技")于 2015年 11 月 24 日公布股权激励计划,拟向激励对象授予股权总计 234.57 万份,涉及的标的股票种类为人民币 A 股普通股,约占公司股本总额的 1.08％。其中,股票期权共计 70.28 万份,限制性股票 164.29 万份。授予的股票期权的行权价格为 39.56 元,授予的限制性股票授予价格为 23.34 元。股权激励对于像明家科技这种处于转型期的公司来说,尤为适用。在 2014年通过多次并购的明家科技从一家专业生产电涌保护装置的公司,成为一家既有制造业背景,同时又控股多家互联网公司的综合型企业。

然而,通过并购实现转型,并非像算术题"1+1=2"那么简单,并购结束后的人事问题是转型成功与否的关键因素。因此,成功留任关键人员是并购企业的首要任务。在这个过程中,应该尽量减少原公司员工的流失,避免造成对人力结构的过度冲击和震动。明家科技推出的股权激励方案,便是为了在并购后的转型期能够减轻人事的动荡,做到"财散人聚",提高新业务板块的凝聚力。明家科技公告中所称的本次股权激励主要是针对移动互联网业务板块的金源互动、微赢互动及云时空三家子公司,也就不难理解了。他们希望通过股权激励计划,充分调动上市公司高级管理人员、中层管理人员、子公司主要管理人员及核心技术(业务)人员的主动性、积极性和创造性,推动公司向移动互联网营销行业稳步转型。

3.股权激励的反向效果

股权激励若是未做充分的前期调查准备,或是在推行过程中偏离激励目标主线,则其不仅不能成为一方良药,更会为企业的经营境况火上加油。在考察大量股权激励项目经验的基础上,我们发现了股权激励实施后导致的以下几种反效果。

(1)高管所得大幅提升,企业效益大幅下降

股权激励这个"舶来品"在受到中国企业追捧的同时,也出现了企业高管收入大增而企业效益大幅下降的不良后果。据统计,2006 年初到 2008 年 3 月 21 日,仅沪、深两市就有 90 家上市公司公布了股权激励方案。在此期间,大部分企业高管层的收入所得上去了,而企业效益却大幅下降。

例如,伊利股份和海南药业两家公司高管所持股份,分别达到股本总额的 9.681% 和 9.88%。2006 年 4 月伊利高管潘某获得 1500 万股,当时行权价格为 13.33 元,他获得的股权激励是他当年薪酬 87.4 万元的 100 多倍。而企业的效益如何呢?2007 年伊利营业利润亏损 971 万元,同年,海南药业亏损约 5000 万元。事实摆在眼前,值得企业操控者对此反思。

(2)辞职套现,成了不少高管的首选

上市公司高管,作为公司的决策者和经营者,对公司的实际情况最清

楚,对公司股票的实际价值最了解,对公司发展的前景也最明确。当通过种种手段或是乘着股海顺风,眼看公司股价已涨到了顶点时,他们想的第一个问题,不是怎样使企业获得进一步发展,而是该如何摆脱手中的股票的束缚。《公司法》第一百四十一条有规定,公司董事、监事、高级管理人员,在任职期间每年转让的股票不得超过其所持有的本公司股票总数的25%。若是不尽快抛售,如果股价下来怎么办?于是,在有些人看来,最好的选择就是辞职。如果辞职,就能一次性抛售套现。至于企业会受什么影响,就统统不管了。人都是自私的,所有的管理都要基于人性为前提来讨论。因此,如何通过合理的设计来规避这种道德风险,也是企业家需要重点考虑的因素。

(3)股权激励变成股权纠纷

实践中,很多公司为了操作方便,避免办理工商登记变更等相关手续,往往采取股权代持的方式。一旦员工离职,与公司无法就股权回购问题达成一致时,双方容易因此而"开撕"。同时,股权激励与公司经营状况和员工绩效直接挂钩,而处于种子期或成长期的非上市企业,财务一般普遍存在不规范的地方。如公司真实盈利,却在财务报表上体现为亏损,造成公司真实经营和绩效考核的失真,从而引发公司与激励对象的矛盾。此外,激励对象取得公司股权以后,作为新股东,有可能与创始股东在公司经营管理、发展战略上产生分歧,也有可能在享受到公司股权升值带来的收益后,违反股权激励计划有关锁定期的规定或相关承诺,擅自离职等,上述情形均存在导致股权纠纷的风险。

更为重要的是,关于股权激励纠纷的法律性质,过去在司法实践中存有争议。曾经引起关注的富安娜天价股权激励索赔案历时两年多才"法槌落定",这对股权激励纠纷的法律性质、股权激励制度的法律适用等问题做了进一步明确的指示。就股权激励纠纷属于劳动争议还是合同纠纷,应该适用《中华人民共和国劳动合同法》(以下简称"《劳动合同法》"),还是《公司法》及《中华人民共和国合同法》(以下简称"《合同法》"),"富安娜股权激励纠纷"一案判决认为,员工在公司工作,向公司认购了股票,其与公司形成两种法律关系,一种是基于其劳动者的身份与公司构成劳动合同关系,另一种是基于其认购了公司的股票成为公司的股东,与公司形成了股东与公司之间的关系。员工所持有公司股份系其在公司任职,且以优惠的条件获得的,而给予员工购股资格并非公司作为用人单位的义务,因此员工与公司是股东与公司之间的普通合同纠纷,非劳动合同纠纷,适用《合同法》及《公司法》,而不适用《劳动合同法》。

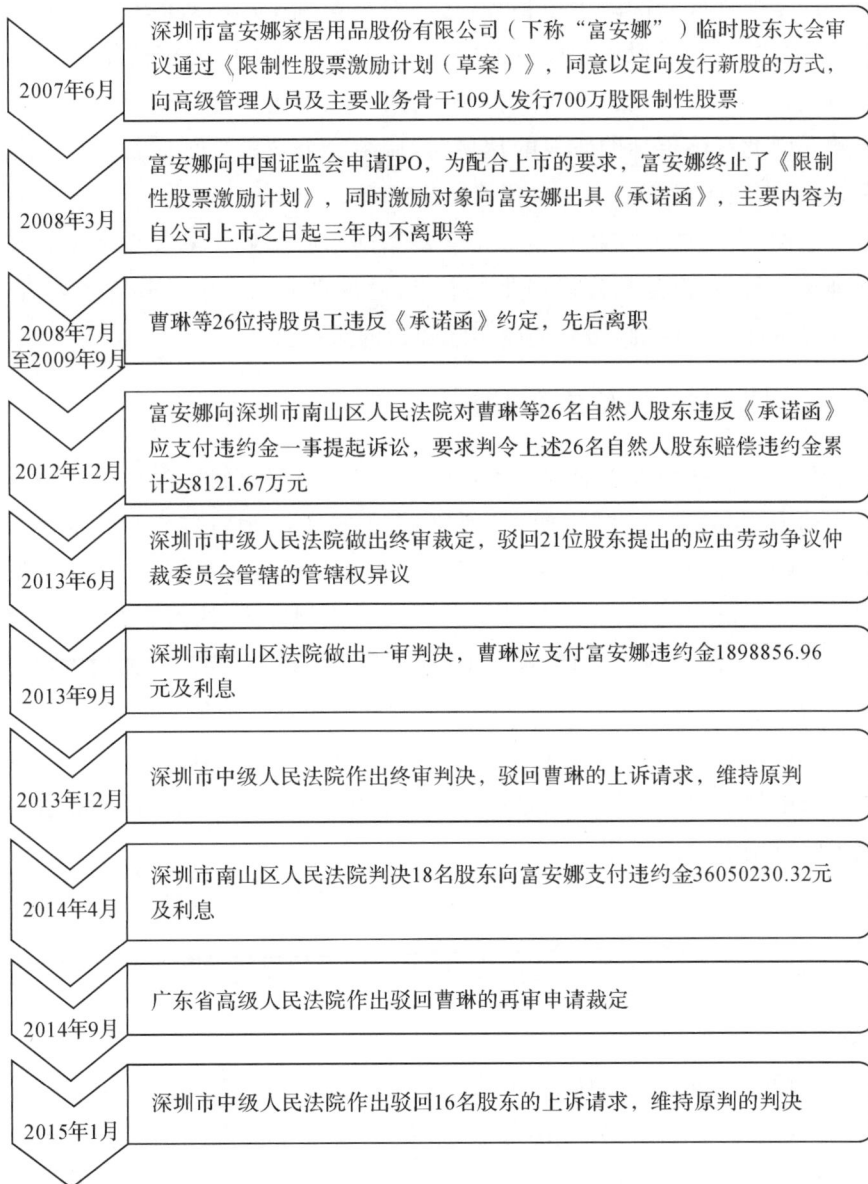

时间	内容
2007年6月	深圳市富安娜家居用品股份有限公司(下称"富安娜")临时股东大会审议通过《限制性股票激励计划(草案)》,同意以定向发行新股的方式,向高级管理人员及主要业务骨干109人发行700万股限制性股票
2008年3月	富安娜向中国证监会申请IPO,为配合上市的要求,富安娜终止了《限制性股票激励计划》,同时激励对象向富安娜出具《承诺函》,主要内容为自公司上市之日起三年内不离职等
2008年7月至2009年9月	曹琳等26位持股员工违反《承诺函》约定,先后离职
2012年12月	富安娜向深圳市南山区人民法院对曹琳等26名自然人股东违反《承诺函》应支付违约金一事提起诉讼,要求判令上述26名自然人股东赔偿违约金累计达8121.67万元
2013年6月	深圳市中级人民法院做出终审裁定,驳回21位股东提出的应由劳动争议仲裁委员会管辖的管辖权异议
2013年9月	深圳市南山区法院做出一审判决,曹琳应支付富安娜违约金1898856.96元及利息
2013年12月	深圳市中级人民法院作出终审判决,驳回曹琳的上诉请求,维持原判
2014年4月	深圳市南山区人民法院判决18名股东向富安娜支付违约金36050230.32元及利息
2014年9月	广东省高级人民法院作出驳回曹琳的再审申请裁定
2015年1月	深圳市中级人民法院作出驳回16名股东的上诉请求,维持原判的判决

(4)创始股东股权稀释风险

用于股权激励的标的股权,一般有两个来源:一是大股东转让/赠予,二是增资扩股。员工持股对创始股东而言,无论股权转让还是增资,首当其冲的是账面股权的减少或稀释,这将对公司未来的治理结构及控制关系产生影响。如果股权激励对创始股东/实际控制人的股权稀释过大,可能造成公司实际控制人发生变更,从而对公司的上市主体资格造成负面影响。因此在确定标的股权的比例时,应结合公司的发展阶段和实际情况,为未来数轮融资的进一步稀释留出空间。

当然,公司的股权结构不是完全依靠创始股东或实际控制人的设想和铺排运行的,而是从公司创业到上市,通过不断融资引入外部投资者,在博弈中逐渐形成的,需要适应实际经营的需要。

(5)"搭便车"现象日益凸显

有些员工在被授予股权后不但没有提高工作积极性,反而大大减弱工作动力,出现了一种"搭便车"现象,也就是被激励对象坐享其成不干活。出现这种问题,往往是基于两种原因,其一是故意为之,当激励的股权数量过多时,员工的股权分红占其收入的比例过大,这时,对其而言努力干与悠闲着干对收入的影响变小;其二是力不从心,当激励的对象选择错误时,该激励对象的努力程度不足以影响公司整体长远的盈利能力,也就是说哪怕他再努力,对公司的意义也确实不大。因此,股权激励一旦在前期未根据公司实际情况确定适合的股权数量及激励对象,将会在公司成本的重担上再添一笔。

第四节　股权激励的实施原则

从理念上讲,股权激励的实施将获得了部分股权的员工身份进行了转化,从雇佣关系转化为合作关系;从方式上讲,股权激励的实施实际上就是将企业在经营管理方面的种种权益形成了一个分享机制;从效果上讲,股权激励的实施使得员工在企业工作中从被动接受转变为主动出击,实现自我激励、自我约束,为企业创造更大的价值。

因此,股权激励无论对于企业、原始股东或是被激励的员工,若是处理得好就是一个共同受益的项目。但在实施股权激励时,还是要按照客观方法来务实处理,下列是企业推行股权激励制度时所要注意的几个原则。

1. 价值理念原则

处于创业期及成长期的公司,在激烈的市场竞争中,股东及核心骨干都应该以一个奋斗者的姿态去迎接企业发展过程中所遇到的问题,不能因为前期取得了一点小小的成绩就得意忘形、肆意妄为。

作为企业的股东,首先要明确的是引领公司发展的责任与义务,其次才是利益。理念一定要深入贯彻到股权激励对象的内心,否则就会形成不良的文化风气,出现员工内斗的局面,这样的企业很难长久下去。企业要想真正走得长远,必须在团队中注入一种思想,导入一种文化,华为的"以奋斗者为本"的理念牢牢地把握着企业的精神追求。必须要有企业的精神和灵魂,在企业内部建立一种精神穹宇,才能真正做到上下同心。

2. 控制权原则

股东结构在企业发展中的地位要明显高于股权结构。企业在创立之初,创业者一定要组建一支优秀的创业团队。国内虽然有一些靠自身的实力及人格魅力,带上一批追随者就可以将企业做强的人,但是这样的人毕竟是少数,对于大部分的创业者来说,还是需要找到合适的合伙人,才能够发挥各人在擅长领域的能力,从而展示出团队的力量。

企业股东结构的建设必须要先搞清楚自己的实力,如果实力不足就引入相关领域的人才,如果实力充足就带领整个企业快速扩张。企业创始人独自带领追随者奋斗时,必须要保证有对企业稳定的控制权,坚持以"控制权"为核心展开股权激励,若是对控制权出现了松懈,将来必定发展成大患。

3. 阶段导向性原则

一个企业从成立之初到终结之时,必然经历不同的发展阶段。在不同的发展阶段,企业的治理模式、经营模式等各方面所处的状况都不尽相同。为了最大限度地符合企业的最优利益,企业应该根据所处的不同阶段设置不同的激励模式与规则,具体问题具体分析,对企业最大利益进行适时的调整。

比如确定激励对象的人选,企业在不同阶段的发展时期应该对所选择的激励对象有所侧重。企业不仅要从法律维度来考察,更要从企业的战略维度确定人选,按照不可替代性原则、未来价值原则及公平原则等来确定阶段人选。比如初创期,企业应以技术人员为对象导向,提高企业的产品价值,快速增长公司经营业绩;到了发展中期,企业应以管理层、技术骨干、市场营销骨干三位一体为导向予以实施股权激励,以逐步完善公司的治理结构、产品价值、人力资本等内部循环圈,打造实力企业;到了成熟期,企业应对管理层加大激励的力度,毕竟此时身处高管层的职工对企业的发展历史及财务、技术等状况已经了然于心,企业应该想方设法稳固自己的核心老骨干;而处于衰退期的企业,应以关键人员为重点进行激励,以确保在退出的过程中杜绝风险,不留后患。

实施时机	描　述
引进、留住人才阶段	／
公司项目初见成效阶段	／
股权融资阶段	投资者尽职调查时的重要考量因素
并购重组阶段	有利于消除元老的阻力
商业模式重大调整阶段	留住人才、激励人才、引进人才
战略起步阶段	比如启动上市计划等
其他情况	公司业绩有重大提升或其他利好消息时

4. 最优环境匹配性原则

企业在实施股权激励制度时往往要适时参考企业的内部环境与外部环境,根据环境的具体现状来确定股权激励制度的各方面因素。第一,基于外部竞争来确定激励水平。一家企业在制订自身的股权激励制度前应当首先向同行业的其他已实施股权激励的企业,甚至相类似行业的先进企业参考借鉴,若是激励水平明显低于强力的竞争对手,就要引起重视。第二,基于内部公平性分配股权比例。一些企业因为股权激励制度让员工觉得分配不公平而出走的情况时常发生,企业内的员工会在不同部门、不同岗位之间进行比较。若企业不能给出合理正当的分配标准,员工离职的情况极易发生。这种分配标准通常要考虑三个层面,历史贡献、岗位价值及对公司未来发展的战略意义,以一套公正合理的评价体系来衡量计算不同员工的分配比例。

5. 同薪酬体系相匹配原则

固定薪酬和浮动薪酬是薪酬体系中的基本构成部分,企业若引入股权激励必然会打破原有的薪酬体系,通过股权激励计划形成的收益,即基于股东身份所获得的股份收益,将成为被激励对象薪酬结构中的一个重要组成部分。而此时,企业就将面临多种选择,是保持原有的固定薪酬水平不变,将浮动薪酬中的一部分分化为股权激励,还是把股权激励作为薪酬体系的一个新增部分,抑或是将原有的薪酬体系打破重新制订?

为此,在设计股权激励计划时,应当从公司今后整体的薪酬策略出发,在对市场的薪酬数据进行分析和研究的基础上,对原有的薪酬结构进行重新审视并做出必要的调整,考虑什么样的薪酬结构最佳,以及对于不同的岗位如何分别设定不同的薪酬结构等问题。公司必须在股权激励计划设计的基础上形成新的合理的薪酬体系,并与股权激励方案相匹配。只有各个环节各个体系都能做到共生系统性的匹配,才能从各个环节促进并拉动企业的快速有效发展。

6. 动态调整原则

如今,对一家企业而言,资金并非最重要的因素,资本才是足以使企业在同行业之中独占竞争优势的因素之一。想要使职工和股东所具有的资本切实落地,服务于企业,就需要以一种动态调整的约束机制来督促职工和股东将自身资本贡献于企业。在何种情况下对员工所持股份予以调整,调整范围的确定及动态调整的程序流程的设定,原始股东在实施股权激励时均应将这些因素予以细化、量化考虑,并以其为原则之一收进股权激励的设计方案中,以保障企业"拿到自己应该拿的,得到自己最想要的"。

在企业发展的不同阶段,需要综合考量各种因素的变量,在策略上应该避免把股权架构中的股权一次足额予以分配,应给股权调整预留空间,设置股权池。

7. 目标导向原则

做股权激励,一定要避免重利轻义、导向错位。利,是指利益;义,是指一种精神追求。过多地重视利益,而忽视对精神的追求,就会诱使员工变成唯利是图的人。企业进行股权激励,如果目标仅仅是追求利益最大化,那么极有可能走入误区。

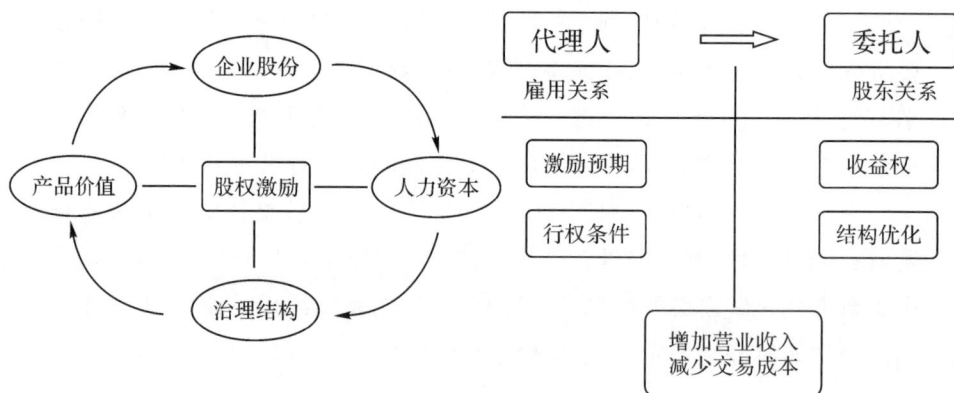

股权激励的目标导向

上市可以驱动企业的快速发展,但它并不是经营企业的最终目标。很多企业都在寻求上市,因为上市能够带来融资、扩充企业品牌、增加企业应收和利润、实现更多财富梦想等。所以,很多企业会进行股份制改造,对管理层进行股权激励,其目标只有一个,那就是让公司尽快上市。但事实上,企业上市只是企业经营发展过程中的一个阶段,并不是企业的最终归宿。如果所有的企业都以上市为目标,那么一旦上市,企业就会变得没有目标,不知所措了。而企业的核心高管,经过多年的努力打拼,终于使企业成功上市,所有人都等着分享企业上市带来的成果,从而失去奋进的动力。做股权激励,如果仅仅是以上市为目标,以物质和利益为导向,而忽略企业精神内涵,那么企业上市之日,也就是企业衰退之始。公司要上市,前提是必须为股份公司,也就是说公司在上市之前要进行内部的股改,但是股改却不一定要上市。无论是有限公司还是股份公司,进行股权改革、股权激励,未必都要上市。把自己的员工引导到上市这条路,是非常危险的。尤其不能对你的员工说,企业的终极目标就是为了上市。上市是企业发展的不错选择,但上市并不是企业的终极目标。

股权激励的终极目标,如果用两个字表达,是"共赢",而不是"博弈"。共赢是股权激励的核心目标。如果偏离了这个目标,那就很危险,可能会一败涂地。股权激励绝对不是站在企业的角度去算计员工,算计客户,算计上下游。如果老板的初衷发生了偏移,那么股权改革的手段越高明,企业就会死得越快。

第五节　股权激励成功的关键因素

股权激励制度在设计时是一套模板,经历并实施后又会有所转变。如何从制度设计嫁接到实务操作中,并有效运用该制度为企业奠定更坚固的商业基础,是每一个企业家都需要思考的问题。股权激励实施成功的标志可从宏观和微观两个角度来看待。

从宏观角度来看,股权激励成功实施的标志即在于使企业内部形成一个自循环闭环,由股权激励制度为企业的各方因素——企业股份、人力资本、治理结构、产品价值——连通经脉,实现互利共长,使各方均保持稳步的发展,从而实现企业的全方位、多角度的实力增长。

从微观角度来看,股权激励制度使得原始的雇佣关系转变成股东关系,至少从上下级表象上实现了身份的同一性。企业对员工所承诺的激励预期及达成合意的行权条件,促使股东为了实现自身及企业的收益权而使员工自发地效力于企业,从而实现架构的不断优化。以成果作结,即增加企业营业收入,减少交易成本的支出,使企业保持昂扬的发展态势。

企业若想切实发挥股权激励的正面效应,必须把握好几个关键因素,包括但不限于以下几点。

1. 明确员工的实际需求

老板为什么要做股权激励,其实在员工心里也有一面明镜。作为员工,肯定对公司目前的业绩及将来的发展利润深熟于心。若是在公司井喷式发展的状态下,公司产生了足够的股权红利,那老板将股权红利分配给员工,员工自然在心理上会对老板产生感激之情。但是当公司在实施股权激励后却未得到预期的业绩效果,公司的发展状态陷入泥淖,导致公司效益不增反降,部分员工在心里或许就会认为这是老板之前就设下的一个圈套,等着员工跳进圈套后再不断从员工身上榨干资源以谋取独利。事实上,老板实施股权激励的目的只是因为秉承着"独乐乐不如众乐乐"的观念,希望为公司努力奋斗的员工也能分得一杯股权红利羹,而这份好心却容易被不明真相的员工误解,认为老板并非真心为员工着想,实施股权激励也仅仅是为了提高业绩。如此一来,即便最终员工分得红利,并非以一颗感恩之心来回馈公司与老板,而是认为这就是自己应该得到的。

所以,企业家需要真切地明白,员工的实际需求到底是什么。

根据马斯诺需求理论,人类的需求从低到高共分为五个层次:生理需求、安全需求、社交需求、尊重需求和自我实现需求。通俗的理解就是,如果一个人同时缺乏食物、安全、爱和尊重,通常他对食物的需求是最强烈的,其他需求的重要性则相对偏低。因为此时人的意识几乎全被饥饿所占据,人的所有能量也都被用来获取食物。在这种极端情况下,人活着的意义就是为了吃,而无所谓尊严与爱。只有在人从生理需求的枷锁中挣脱出来后,才可能出现更高层次的需求。

因此,若是你的员工处于第一层缺乏生理需求,而你却给予他安全需求或社交需求,这就并非其所真正需要的。实施股权激励正亦如此,企业家在实施股权激励之前,务必需要先了解分析自己的员工目前处于哪一层需求状态。员工不论处于哪一层需求,都是可以作为激励对象,只是在具体落实的激励模式、条件、定量、时间等方面会有所区别。

在实务操作中,我们会通过与激励对象的访谈会议来明确这个需求问题。通过对每位员工的深入访谈,真切了解其实际需求与心理顾虑后,在股权激励配套方案中予以妥善解决,才能避免在后续的落地实施中出现差错,保证激励方案行之有效。

2. 重视股权架构的重要性

企业一旦实施股权激励计划,由于授予员工股权,必然涉及企业的整体股权架构的股比变化。企业需要结合自身现状和相关规划,界定不同层面和阶段的股权结构。通过创始人和团队之间的协商,做出合理规范的制度设计后,创始人、投资人、管理运营人的利益设计更为均衡和灵活,体现"谁贡献谁获益"的最优策略。在创始人股权、投资人股权和管理运营人股权的股比设计上,建议采用 6∶3∶1 或者 7∶2∶1 的比例。

合理的股权架构,既要保证公平,又要兼顾效率。这里着重强调的还是企业的"控制权"问题,企业不论是在实施股权激励或是在其他股权设计领域,只要谈及股权,必然应当牢牢以控制权为核心。谈及控制权并非为了一己私利,其目的在于让企业有一个最终决策者,保障其在团队内部的影响力和话语权,这对企业的日常决策与经营管理至关重要。因此,企业在实施股权激励的过程中还是要保障创始人对企业的控制力。

3. 注意持股模型的区别设置

尽管股权激励是一种比较有效的长期激励机制,却不是"包治百病",而是一剂针对特定病情的特效药。如果盲目地认为其能用于一切病症,不仅不能"妙手回春",反而会"雪上加霜"。所以,在实施股权激励时,必须要深入研究企业的实际情况,作为律师必须依照职业标准对企业进行律师尽职调查,在摸熟企业的原始股权架构及相关情况后,针对企业自身实际情况设置不同种类的持股模型。常见的持股模型有直接持股、持股平台、自然人代持、信托等模式。

对于企业原始股东而言,直接持股必然是对企业控制权造成最大杀伤力的持股模型,因为依此模型,股东对内对外均享有完整的股东身份,可以行使股东的知情权等法定权利,可能对企业原始股东在企业经营管理上造成一定程度的阻碍,"真功夫"股权纠纷最早就是由股东行使知情权而招来的。持股平台是许多大型企业通常会选择的一种模式,最具代表性的就是马某的蚂蚁金服,通过设置持股平台从而在企业与员工之间设置了一层隔断股权行使的平台,一定程度上起到了为企业防范风险、保全自身的作用。

至于其他具体的持股模型,本书将在后文中进行详尽阐述,以期能供企业选择最适合自己的持股模型。

4. 企业的思想及基因改造体系

律师之道就如同中医之道,中医之所以区别于西医,就在于其主张的是"治未病",强调"未病先防"及"已病防变"。律师对企业的风险控制亦是如此,需要贯穿于企业风险的始终来探究控制之道,以事前预防、事中监控、事后救济为三个着落点。其实股权激励在实战操作中,就应当遵循防控企业风险的律师之道,从三个着落点来贯穿整个思想体系,从而在配套工作中能根据不同阶段的不同情况予以调整。股权激励的基因改造点可从三方面来概述:合伙人、公平、结果。首先,合伙人即企业的主人翁,从主人翁视角看待企业实施股权激励无疑是很重要的。其次谈到公平,任何的股权激励协议都需要经过法律及实践的衡量,公平不是光靠嘴上说说就行。我们处于一个文明的时代,就必须赋予股权激励协议的双方相对等的权利与义务,否则谈何文明。最后,作为股权激励三大基因改造点最重要一点——结果,很多企业在经营过程中过多地关注过程,导致企业人员及部门机构越来越多,看似企业规模不断发展壮大,但规模与战斗力并不成正比。相信以结果为导向的扁平化的自管理体系将是股权激励设计的主要方向。

第九章　股权激励方案解析

　　股权激励方案的设计切忌天马行空、自由发挥。在和企业客户的交谈中大家发现，客户其实对于自己公司的股权激励都有一套自己的见解，尤其是那些经常参加培训班的客户，但是在沟通之后，就会了解客户自己设想的一些方案要不就是在法律关系上很难架构，要不就是其设想的方案在法律上可能会得到否定性的评价，即可能存在相应的法律风险。因此，股权激励方案在设计的过程中要把握住具体的需求和方法，这样才能有效地采取行动。

　　平时经常有朋友或客户希望有股权激励的模板来研究借鉴一下，但是我们都会谢绝，并不是因为模板有多么神秘，而是事实上股权激励的设计并不存在所谓的模板。"有人的地方就有江湖"，每家公司实际管理员工的情况都不同，激励对象的能力性格也都各有差异，加之每家公司的企业文化、主营业务、商业模式的差异，所以每家公司都是一个独具特色的小江湖，因此面对每家个性鲜明的企业，想要制订一份"均码"的股权设计模板是不现实的。但没有模板并不意味着股权激励的设计没有"套路"，一般认为在股权激励中可以从目的、模式、对象、数量、来源、条件、时间、价格、机制九大要素着手，并结合自己公司的实际情况进行方案设计。

　　关于前文所列的九个要素，并不避讳地说，目前在市场上主流的股权激励设计实践都是围绕着这九大要素展开的，但是我们认为一份股权激励方案最基本的底线就是安全和保障，而这也是本书与其他同类书籍的不同之处。对于公司来说，设计的激励方案要安全，首先要避免控制权的丧失，其次要避免后期产生公司顶层的股权纠纷。股权纠纷相较于其他案件而言爆发的概率并不大，但如果一家公司产生了股权纠纷，依据我们的经验，往往就是一系列的案件，牵一发而动全身，影响到公司的生存和发展，最终可能使公司消亡在无尽的诉讼之中。可见对于公司而言，股权激励的安全性不言而喻;而相较于员工而言,股权激励方案的保障性至关重要,股权激励不能是开空头支票,如果一份股权激励方案不能保障好员工的利益,更无从谈起达到激励员工的效果。因此我们在本书中将结合法院的实际判例对股权激励的九大要素逐项进行分析,从常见的法律风险点出发,以一个不一样的角度来解析如何做一份安全的、有保障的股权激励设计方案。

第一节　激励目的的选择

任何的股权激励书籍或是课程都会告诉你,进行股权激励设计首先要明确的就是股权激励的目的。明确目的就是明确方向,只有方向对了,所有的努力才会发挥出正面效果,如果一开始目的方向都错了,那么股权激励只会是一把悬在企业头上的达摩克利斯之剑。因此只有确定了股权激励设计的目的,才能根据目的找到合适的正确的模式、对象、数量、来源、条件、时间、价格、机制这八大要素。

不同企业考虑股权激励的目的各不相同,有的是为了提升公司整体业绩,有的是为了留住人才,有的是为了引进人才,有的是为了激励人才,这些都是以“融智”为基础的激励目的。除此之外,有的公司对于股权激励有着更高的见地,他们进行股权激励的主要目的是解决公司的历史问题和转型问题,完善公司的治理结构,对接资本市场等。当然,大量企业在实施股权激励的目的选择上都是复合型的。总之,有关股权激励的目的选择只要是符合企业自身发展的需求都是合理的。

【案例】
股权激励与公司治理
新三板挂牌公司山东华翼微电子技术股份有限公司(股票代码:832407)的股权激励计划(激励形式为股票期权)

实施目的:一是进一步完善公司治理结构,建立健全长期有效的激励约束机制,完善公司薪酬考核体系,促进持续、稳健、快速的发展;二是回馈公司员工,对做出的贡献予以肯定,吸引与保留优秀经营骨干,员工报酬与个人能力和绩效挂钩,以激发工作的热情和积极性;三是倡导以价值创造为导向的绩效文化,建立股东与公司管理团队之间利益共享和约束机制,提升公司管理团队的凝聚力,增强公司的竞争力,确保未来发展战略和经营目标的实现。

但是,也有一些企业会把减少公司的资金压力作为其进行股权激励的主要目的,这种做法是较为不妥的。实践中,一些公司为了发展急需不断筹集资金,于是实际控制人决定借股权激励之名筹集现金,过低的激励门槛使得股权激励完全变成了集资的工具。这就带来了十分危险而尴尬的局面:第一,该公司的举措有非法集资的嫌疑;第二,没有股权激励的效果且对公司发展毫无益处;第三,大股东股权比例被稀释。以股权激励作为筹集资金的幌子无异于杀鸡取卵,必将使得员工丧失对企业的信任,为企业带来信任危机。

【案例】

于某某等人非法吸收公众存款

2005 年,于某某先后成立沈阳某杰营销有限公司、沈阳某杰经贸投资有限公司(以下合称"某杰公司"),并任上述公司法定代表人。于某某在未经国家金融机构批准的情况下,决定某杰公司以销售产品配送消费者相应股权等方式进行经营,并以股权激励的名义向多个省、市消费者及加盟商宣传购买该公司产品可以获赠股票并成为该公司股东。后陆续通过多家经销商,采取以销售产品配送股权或者直接销售股权的方式进行经营。2007 年,于某某又成立了某同公司,于某某任公司总裁,并声称公司已经在美国 OTCBB 板块上市交易,股票具有巨大升值潜力,会有高额的回报,同时通过缩股将原持有某杰公司股权的人员转变为某同公司股东等方式,继续以消费者购买产品赠送股票或直接购买该公司股票等形式进行经营活动。其间,在其策划、组织下,时任某同公司董事会成员、高级管理人员、财务人员多人分别负责在股票配送、销售过程中组织、宣传、策划、为搭售股票采购产品,以及公司管理工作,并以上述方式,在多个省、市通过设立代理经销商,以股权激励的名义在销售产品配送股权或者直接销售股权等,吸收公众存款。经审计,截至 2012 年 3 月 22 日,参与购买某同公司股票的人数共计 3096 人,持有的公司股票数量为 12446947 股,61 家代理经销商预收收入共计人民币 132948291.93 元。

2012 年 3 月 26 日,公安机关将于某某等人抓获,最终,于某某被沈阳市中级人民法院以非法集资罪判处有期徒刑五年,并处罚金人民币 50 万元,违法所得上缴国库。

我们应该如何正确确定股权激励的目的呢? 对于公司而言,股权激励的目的,归根到底在于激发员工的积极性,提升企业效率,促进企业发展。如果说公司各个部门的职能划分及各个岗位的职责划分是公司进行的第一次分工的话,那么股权激励的目的就是让公司进行第二次分工,而这一次是思想和协作方式上的分工。一般的企业,员工和老板之间出于人类偷懒和利己的天性,往往会在加班问题、工作强度、责任心上产生一定分歧,那是因为员工会将他的个人利益与公司的整体利益相剥离,内心深处还是想反正是帮老板干,干得再好也就是赚点工资,即使有些公司会对一些岗位特别是市场、销售等岗位有业绩提成、绩效工资等奖励机制,但是这些经济上的奖励并不能改变员工干得再多也是给公司干的想法,因为即使给再多的奖金,员工依旧认为公司的发展与他个人无关。但是如果进行股权激励之后,公司就在思想和协作方式上进行了第二次分工,这一次分工的主要内容就是老板把公司整体发展的工作分配给了员工,让员工不再觉得自己是在给公司做,给老板做,而是在给自己做,因为作为激励对象和股东可以共享公司发展的红利。

本书在第一编为大家介绍了百度、腾讯、阿里巴巴在上市前后原始股价值的增长情况,可见股权所带来的回报和收益是巨大的,员工通过股权激励项目,不但可以在业绩上达到考核目标而获得收益,还可以凭借自己及团队的优秀成绩使公司的市值或估值得到提升,享受到公司发展所带来的实惠。

当然,股权所带来的不仅是物质上的收益,具有公司股东的身份还能为员工带来精神上的满足。当年乾隆皇帝下江南,到了镇江的金山禅寺,由住持法磬禅师作陪,站在山头上欣赏长江的风光。乾隆看见江上熙来攘往的船只,问法磬禅师:"长江一日有多少船往来?"法磬禅师说:"只有两条船往来!"乾隆不解地问:"怎么会只有两条船呢?"法磬禅师说:"一条船为名,一条船为利!"天下熙熙,皆为利来,天下攘攘,皆为利往。所以说天下人来往皆为名利,这也就是我们为什么说股权激励不等于股权奖励的道理。

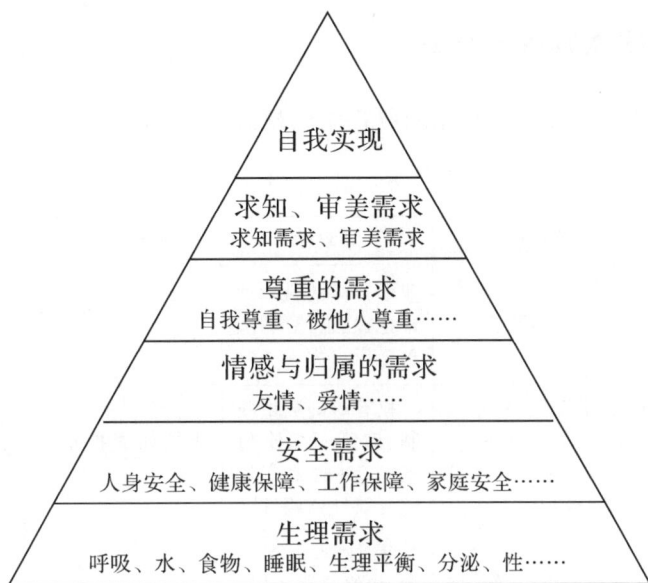

马斯洛需求理论结构图

根据马斯洛需求理论,如前文所述,当员工的物质得到满足时,其就需要得到更高的精神需求上的满足。因为股权激励不仅仅是给了员工利,更给了员工一个名,那就是"股东",这个名其实很重要。孟子说过一句话,"恒产者有恒心"。这个"恒产"从字面理解上来讲就是能长久收益的资产,而能长久收益的资产在古代只有土地,现在还包含公司。给了员工股权,无论是实股还是虚拟股,其实都是给了员工一颗恒心。股权激励还能在员工同公司之间建立一个更深层次的关系,让员工不仅把自己当作员工,更当作公司的老板。让员工自己为公司的未来操心,让员工也来操各位老板所烦恼的心,这是提成和奖金所做不到的。

第二节　激励模式的选择

股权激励的模式有很多,分类也多种多样,每一种方法都有其优点和缺点,因此在股权激励的模式选择上,一定要结合公司的实际情况和激励目的。

1. 股权激励模式介绍

我们先来看看一些常见的股权激励模式。

股权激励模式

类　型	优越性	局限性	适用性企业	代表性企业
业绩股票	激励效果强	业绩目标的科学性难把握、道德风险、现金压力大	业绩稳定、现金流充裕	/
股票期权	权利非义务无风险、增加现金流、激励效果强(高风险高回报)	行权有时间数量限制、激励对象支付现金、对股票市场的有效性依赖性强	成长期或扩张期企业	泸州老窖集团有限责任公司
虚拟股权	股权结构不变、简单灵活	兑现时现金支出大、价格难以确定、关注分红(短期行为)	现金流充裕	华为
限制性股票	能留人、股价下跌仍有价值	激励性弱	成熟期企业(上市公司使用最多)	/
期股计划	解决激励对象支付能力、具有一定强制性	收益短期难以兑现	适用于所有适合股票期权的非上市公司	/
优先股	有利于股票市场稳定、提高公司偿债能力、回收灵活、不影响股东控制权	优先股股利不能抵减所得税、资金压力大	商业银行等金融机构、资金需求量大现金流稳定等公司	/
股票增值权	激励对象没有股票所有权无须现金支出、不影响控制权、简单灵活	激励效果不佳、公司现金压力大	非上市公司、现金流充裕的公司	/
账面价值增值权	不受股价影响、激励对象无须现金支出、简单灵活	每股净资产增加幅度有限、激励效果不佳	非上市国企和民企	江苏中盈

股权激励的模式一般分为两大类别,即权益结算类(实股)和现金结算类(虚拟股)。权益结算类中的常用模式包括股权期权、限制性股权、业绩股票、员工持股计划等,这种激励方式的优点是激励对象可以获得真实股权,公司不需要支付大笔现金,有时还能获得现金流入;缺点是公司股本结构需要变动,原股东持股比例可能会稀释。现金结算类中的常用模式包括股权增值权、虚拟股权计划、业绩单元、利润分享计划等,其优点是不影响公司股本结构,原有股东股权比例不会造成稀释;缺点是公司需要以现金形式支付,现金支付压力较大,而且,由于激励对象不能获得真正的股份,对员工的激励作用有所影响。从我国现行法律规定和实践操作来看,限制性股权、股权期权和虚拟股权激励是现在公司股权激励计划的主要模式,不同的公司可以借鉴并改造上述的模式,使其成为适合自身的股权激励方式。

股权激励模式同样适用于国有科技型企业,但《关于印发〈国有科技型企业股权和分红激励暂行办法〉的通知》(财资〔2016〕4号)第九条第二款规定:"大、中型企业不得采取股权期权的激励方式"。股权激励的模式固然众多,但是选择合适的股权激励模式对激励效果的实现非常重要,同时激励模式的使用方式是否符合现行法律框架也是选择时的重点考量因素。

下面结合市场实践,介绍几种较为常见的股权激励模式。

(1)股权期权

做过期货交易的朋友可能都知道,期权就是一种买方向卖方支付期权费后拥有的、在未来一段时间内或未来某一特定日期以事先规定好的价格向卖方购买或出售一定数量的特定商品的权利。股权期权也是同样的道理,现行《公司法》关于有限责任公司的相关规定没有"股权期权"的概念,证监会2005年12月31日发布的《上市公司股权激励管理办法(试行)》第十九条对"股票期权"的定义为"本办法所称股票期权是指上市公司授予激励对象在未来一定期限内以预先确定的价格和条件购买本公司一定数量股份的权利"。同时,该办法第二十条对股票期权做了权利限制的规定:"激励对象获授的股票期权不得转让、用于担保或偿还债务。"因此,简单地说,行权人未来拥有一个以事先约定好的价格向公司购买一定数量的股权的权利。行权条件一般就包括三个方面：一是公司方面，如公司要达到的预定的业绩；二是等待期方面，授予期权后需要等待的时间；三是激励对象自身方面，如通过考核并没有涉入违法违规事件等。行权条件成熟后，激励对象有选择行权或不行权的自由。股权期权有效期过后，已授出但尚未行权的期权不得行权。

【案例】

上海仁会生物制药股份有限公司股票期权激励计划

上海仁会生物制药股份有限公司曾采用股票期权方式制订激励计划。其激励计划约定公司授予激励对象合计不超过 317 万份股票期权，涉及的标的种类为公司普通股，每份股票期权对应公司一股股票。该激励计划的股票来源为仁会生物向激励对象定向发行的 317 万股仁会生物股票。

该股票期权拥有在激励计划有效期内的可行权日按预先确定的行权价格 5 元和行权条件购买 1 股公司股票的权利。股票期权激励计划有效期为自股票期权首次授予日(2014 年 2 月 24 日)起 10 年，激励计划有效期及行权期过后，已授予但尚未行权的股票期权不得行权。同时该激励计划也设定了主要行权业绩条件及为期 24 个月的等待期。

股权期权因其分期行权的模式，具有以下特点。

①分期行权，且达到一定时间或条件的时候才能行权，有利于激励对象为促使条件事项而提高工作的积极性，使得股权期权具有长效的激励效果。

②将经营者的报酬与公司的长期利益捆绑在一起，股权的增值和企业资产的增值、企业效益紧密连接，促使激励对象更加关注企业的长远发展和长期利益。

③每期行权的比例并不高，可以有效解决激励对象购买股权的资金问题，且克服了一次性过多的奖励所带来的收入差距矛盾。

(2)限制性股权

公司按照预先确定的条件事先授予激励对象一定数量的公司股权，

激励对象只有在预先确定的条件成熟后,才可真正享有被授予的股权并从中获益;如预先确定的条件到期不能达成,公司有权将授予的股权收回。

限制性股权和股权期权一样因其阶段性的实施也具有促进激励效果和实现利益捆绑的优点,而相较于股权期权,限制性股权又具有以下特点。

①一次性的授予模式激励效果直接,有利于提高投资者信心。

②一次性的授予模式有利于实现公司和激励对象的利益捆绑。

限制性股权和期权类似,都具有阶段性的激励方式,而两者之间又各有不同,主要差异如下。

①获得公司股权的时间点不同。在期权激励模式下,激励对象是否能够取得企业的股权是不确定的,员工是否可以行权以获得公司的股权还受到公司股权价格、员工考核条件的满足情况等因素的影响。因此,期权激励计划的激励对象仅能在未来取得股权。限制性股权方式则是立即取得股权,当然企业通常会设置一定长度的解锁期和禁售期等,在此期间内,激励对象不能处置股权。

②制约性不同。限制性股权的激励对象获得股权后,股权价格的下跌将会直接影响激励对象的收益。此外,限制性股权激励计划设定的解锁条件以及未能解锁的后果的规定也会对激励对象形成制约。期权的激励对象无须承担现实的直接损失,如果股价下跌或者约定条件未能实现,只会导致该激励对象放弃行权。因此相对于期权而言,限制性股权的捆绑作用更为明显。

③收益来源不同。除分红外,期权的潜在收益主要来自股权的行权价和行权日市场价的差额,而限制性股权的收益主要来源于分红和转让时因股权市场价值的上升所带来的利益。假设某期权的行权价是50元/股,行权日股票的市场价为60元/股,A通过期权可以购买的公司股票的数量为2000股,则其潜在收益为$(60-50)\times 2000 = 20000$元。

④风险不同。激励对象被授予期权后,并未成为公司的正式股东,故其对于公司经营并不承担风险;而限制性股权的激励对象则成为公司的股东之一,与其他股东行使相同的权利,并且需要对公司经营承担风险,而且在限制性股权的持有期间,激励对象仍享有分红权,因此其必定能够

因激励计划从公司获得一定的收益。但是在期权模式下，如果价值低于行权价，则激励对象可以选择不行权，同时也不能得到任何收益。就这个方面而言，期权的激励对象所面临的风险更大，为达到相似的激励效果，其所要求的收益率也更高。

综上，可以看出限制性股权这种方式主要适用于成长性较好，业绩较为稳定，股价市场波动不大，现金流比较充足且具有分红偏好的公司。

【案例】

韵达控股股份有限公司第一期限制性股票激励计划

韵达第六届监事会推出激励计划标准并审核《关于〈韵达控股股份有限公司第一期限制性股票激励计划（草案）〉及摘要的议案》，该议案尚需提交公司 2017 年第三次临时股东大会审议。

本次激励计划拟向激励对象授予不超过 102 万股公司限制性股票，约占公告时公司股本总额 101364.53 万股的 0.10%。

其中首次授予 91.80 万股，首次授予部分占公告时公司股本总额 101364.53 万股的 0.09%，预留授予 10.20 万股，预留部分占公告时公司股本总额 101364.53 万股的 0.01%，占本次授予限制性股票总量的 10%。

自公司股东大会审议通过激励计划之日起 60 天内，公司应当按相关规定召开董事会对激励对象进行授予，并完成登记、公告等相关程序。

据悉，韵达此次限制性股票的首次授予价格为 27.17 元/股。激励对象获授的限制性股票适用不同的锁定期，分别为 12 个月、24 个月，均自授予之日起计。

（3）虚拟股

虚拟股指公司创始股东授予激励对象一定数额的虚拟股权，使其享受公司价值的增长，利益由公司支付，但是激励对象不享有表决权、转让权和继承权，只有分红权。

目前我们国家对虚拟股权还没有相关的法律法规，目前在法律实务上约定俗成的虚拟股权的概念是公司将其税后可分配利润总额的一定比例,授予相关的激励对象,在虚拟股权的设计中有很多方式,有纯粹的分红,有在职分红的设计,还有建立虚拟股权基金的虚拟股,等等,但无论是何种实施方案都不具有《公司法》第四条所规定的股东依法享有资产收益、参与重大决策和选择管理者等权利,因此这里所说的虚拟股权都不是《公司法》意义上的股权,其持有者也并不是真正意义上的公司股东,而是公司的现有股东为了激励相应的激励对象,将其从公司分配的税后利润让渡一部分给被激励的对象。从本质上来讲,只要授予方和被授予方就虚拟股权的授予达成一致,被授予方享有的所谓"利润分配请求权"的标的实质是授予方赠予的其从公司所获得的利润,并非直接享有对公司的税后利润分配请求权。原因就是只有工商登记的实名股东,或者是《最高人民法院关于适用〈中华人民共和国公司法〉若干问题的规定(三)》第二十四条规定的获得了公司过半数股东认可的隐名股东才享有前述《公司法》第四条规定的公司税后利润分配请求权。由此可见,虚拟股权或虚拟股权激励是一种利润转让方式,即授予虚拟股权的授予方委托公司将其应分配的一部分税后利润直接支付给被授予方,这种方式与民法中的赠予方式相类似。

相较于其他激励模式,虚拟股激励更为灵活和便利,适应面更高。主要优势如下:第一,用于激励的股权来源问题比较容易解决,由于虚拟股并不需要进行真正的股权转让或是增资,因此虚拟股的股权来源较为容易解决。第二,在解决股权来源的同时使用虚拟股的激励方式创始人对企业的控制权不会受到股权激励的影响,虚拟股权激励模式下,公司股东也不必实际转让公司股权,保障了创始股东对公司的控制权,同时因为激励对象并不掌握实际的股东权利,所以对企业的安全也有很大的保证。第三,虚拟股的激励方式操作灵活度高,对于上市公司而言因不涉及公司实际发行股票,所以计划实施不在监管机关的监管范围。对激励对象而言,虚拟股的支付成本(持有风险)低;对公司而言,因虚拟股权是基于身份关系授予,不得转让和继承,公司面临的股权纠纷风险较小。第四,虚拟股权的激励模式不涉及工商登记的变更,因此在退出机制的设计上更为灵活和简便。

实股与虚股的区别

	实股(权益结算类)	虚拟股(现金结算类)
出资	有出资义务	一般情况下没有出资义务
表决权	有	无
知情权	有	无
分红权	有	有
增值权	有	可以有
转让权	有	限制
对控制权的影响	有	无
离职处理	原则上不影响所有权	原则上回收
适用企业	开放式	封闭式

虽然虚拟股有着众多优势,但是相较于权益结算类的股权激励,因其并未授予员工实际股权,因此激励对象从本质上来讲仍然属于公司员工而非真正的股东,这一观点也被法院的判例所认可。劳动合同关系与股权关系属于两个独立的、不同性质的法律关系,有着不同的权利义务内容,不能混为一谈,以下一则判例也印证了我们的观点。

【案例】

白某与某公司劳动合同纠纷案

法院认为劳动争议的诉讼标的必须属于《劳动法》的调整范围。本案原告主张的股权激励实质是基于成为该公司的股东后所享有的利益,原告能否成为股东应当根据《公司法》的相关规定,不属于基于劳动者身份所享有的权利,不属于《劳动法》的调整范围。而且原告要求分配的股权属于公司的股东所有,被告不是公司的股东,无权分配股份。故原告向被告主张的股权激励不属于《劳动法》的调整范围,不属于劳动争议,在本案中不予受理。

同样,因为虚拟股的激励对象并不是真正的股东,所以员工在离职之后也就不再享有相应的利益,也自然享受不到公司市值增加所带来的实际收益,我们来看几则判例。

【案例】

接受虚拟股权激励的员工不是公司股东,离职后即丧失该收益资格

上海市第一中级人民法院在"肖某与上海市某广告有限公司公司盈余分配纠纷上诉案[〔2014〕沪一中民四(商)终字第1506号]"中认为:"即便股权激励方案对某广告公司具有约束力,按方案的约定,肖某所享有的也是向某广告公司主张虚拟股权对应公司利润的现金奖励,双方间应属劳动关系争议。"

上海市徐汇区人民法院在"某员工诉上海某有限公司追索劳动报酬纠纷案[〔2012〕徐民五(民)初字第255号]"中认为:"由此可见,被告对原告等员工实行虚拟股权激励模式,原告等被激励者不能成为公司股东、不拥有股权,仅获得一种收益,被激励者离开企业后将自动丧失获得收益的权利,劳动关系是实施股权激励的前提。而劳动关系中的薪酬是一个组合概念,通常是由基本工资、奖金、福利计划和股权激励组成。虚拟股权赋予员工的分红权应属于公司薪酬体系的组成部分,故此类股权激励制度是劳动合同的重要组成部分,由此引起的纠纷应当属于劳动争议范畴。"

由此可见,虚拟股权的激励形式,从法律关系上来看激励对象和公司之间仍属于雇主和员工的劳动关系,激励对象在身份上并未实现突破。

因此,虚拟股权虽然有一定的优势,但也存在以下两方面的缺陷。第一,股权激励的效果来源于"名"和"利",虚拟股权的激励方式给了激励对象以"利"但却没有给足"名",因此在激励效果上存在一定的不足,这也是虚拟股权激励所存在的最大问题。另外这种激励模式也可能导致激励对象关注企业的短期利益,忽视公司资本的积累,激励对象因为未实际持有股权,股权价格的波动不直接影响激励对象的利益,所以从激励效果来看并没有实股激励明显。第二,大量的现金激励,使得公司的现金支付压力较大,因此虚拟股权激励较适合现金流量比较充裕的公司。

2. 股权激励模式的选择

股权激励模式的选择要考虑到各个模式的特点,同时要结合公司的实际情况,因此我们结合一个我们所遇到的实际案例给大家在股权激励模式的选择上提供一些启发。

【案例】

A公司股权激励模式的选择

A公司的主营业务是推广酒类产品,主要的商业模式是直销电商平台线上代理及区域线下产品的经销,通俗易懂地说就是规模较大的"微商"。为了实现吸引合作伙伴,迅速达到其所预期的推广效果,A公司同意免费给予前几名与其签署相关电商平台合作协议的合作方相应的公司股权期权作为激励,且所赠予的期权在行权过程中也不需要支付相应的对价,而且在发展过程中对一些经营业绩较好的合作方也可以赠予一些期权。但是在A公司上市前,被授予股权期权的合作方仅享有相应的分红权并不登记在工商登记中,如A公司股改上市之后,经销额、业务量、忠诚度都符合相关条件的合作方才有可以登记为公司在册股东的资格。

(1)激励目的剖析

在上一节我们提到激励目的的确立在整个股权激励项目中处于基础性的地位,在明确了股权激励的目的之后,方案中所有其他要素的设计都需要围绕着这个目的而展开,激励模式的确定也不例外。因此,在模式确定之前,我们需要对客户的激励目的进行深度剖析。

以A公司为例,在激励目的的问题上,A公司的考虑较为明确,其进行股权激励的实质性目的是刺激激励对象以实现吸引合作伙伴,并迅速达到其所预期的推广效果。基于这个目的,A公司仅希望激励对象能在实际利益上得到实惠,并以此刺激潜在合作方转化为公司的经销商和代理商。就此初衷而言,A公司不希望激励对象过多干预和参与到公司的决策和管理之中,所以A公司在前期的股权激励中也不希望将激励对象变更为工商登记的股东。因此,在这个总目标之下,A公司结合了公司自身的发展,阶段性地对激励方案进行了设计和考虑。

第一,在公司成立初期。因为 A 公司的业绩来源于产品的销售,所以迅速地吸引合作方加入对于 A 公司实现利润的增长至关重要,即在公司成立初期,增加公司利润为初期的首要目标,因此这一阶段上,A 公司考虑的重点在于对前几名合作方进行免费赠送股权的方式来达到吸引合作方的目的。

第二,在公司的发展阶段。随着公司的发展,A 公司如果还是采用先到先得的方式进行股权激励,将不利于公司整体业绩的提升,同时也不尽公平。因此,在这一阶段公司计划将一些业绩较好的合作方纳入激励体系。这样的激励方式有利于提升合作方的个人业绩,个人业绩的提升意味着会带动公司业绩,而通过股权激励的方式让合作方享受到公司业绩提升带来的利益增长,公司利益的提升又能反哺个人利益,实现公司和个人的业绩捆绑,进一步提高合作的现实利益,达到刺激潜在合作方,扩大和推广项目的最终目的。

第三,在公司具备相应规模的时期。A 公司有未来进军资本市场的明确战略规划,如果在公司进入资本市场之际,还仅停留在分红的层面进行激励,将难以对合作方和潜在合作方发挥更大的刺激作用。所以,为了实现激励目的,A 公司考虑在股改上市前对符合更高要求的激励对象进行进一步的激励,将其转化为实际股东,享受到公司价值提升的后期增值,这样也能更进一步提升刺激效果,实现激励目的。

(2)激励模式的选择

基于上述激励目的,A 公司最初的想法是希望通过实股期权的模式进行股权激励。根据前文关于实股期权的介绍来看,如果采用该种模式进行股权激励,无论是向激励对象有偿转让股权还是向激励对象无偿赠予相应的股权,只要是采用股权转让的形式,那么激励对象都可以根据《公司法》的相关规定主张要求将其登记在股东名册中作为实际股东,这显然与 A 公司的设想相违背。所以,我们建议客户可以分阶段地制订和实施激励计划。

①前期进行虚拟股权的激励方式。在这种结构模式之下,A 公司首先在前期以虚拟股权的形式进行股权激励,待后期完成股改准备进入资

本市场之际,再对部分符合更高要求的激励对象进行实股激励,这也就是人们常说的"虚股转实股"的激励方式。这种激励方式是符合 A 公司要求的,具体而言具有以下几个优点。

第一,虚拟股权的激励方式不涉及股东名册的变更。根据前文关于虚拟股权激励的相关介绍可以了解到,因为虚拟股以现金结算的方式进行激励,使得虚拟股权的持有者并不是真正意义上的公司股东,所以进行虚拟股的激励方式不涉及工商的变更,符合 A 公司不将激励对象纳入股东名册的要求。

第二,激励方式灵活,设计的空间较大。虚拟股权的激励方案在制订上也更为灵活,所能发挥的空间更大。A 公司中意按期行权的激励模式,认为按期行权的方式更有利于提高激励对象的积极性。如果以虚拟股的方式进行激励,则可以采用"虚拟股权＋期权模式"的方案设计,使激励对象在达到一定条件按期行权时获得用于激励的虚拟股权,以进一步刺激合作方提升业绩。

第三,A 公司对于股权激励拥有更好的把控。虽然 A 公司有进入资本市场的长远目标,但是公司发展的受制因素还有很多,许多不确定的因素将影响公司长远目标的实现。因此,如果 A 公司采用这种激励方式,前期虚拟股权的持有者并不是真正意义上的公司股东,其对公司的控制权的影响也相应较小,而且在前期的激励中 A 公司并未涉及对其实体股权的处理,这样一来,A 公司对整体激励方案的制订和执行,对激励的程度也有更好的把控。

但前期以虚拟股权进行激励的模式设计也存在一定弊端,主要如下。

第一,增加了 A 公司的财务压力。因为虚拟股权的本质是对公司利润分配结构的调整,正如前文所言,以虚拟股权的方式进行激励将给公司带来较大的现金压力,尤其是在公司前期的发展阶段,为了达到预期的激励目的,刺激和转化潜在的合作伙伴,A 公司势必要拿出大量的利润和现金用于激励对象,而这对于尚在起步阶段的 A 公司而言,无疑将造成巨大的财务压力。

第二,不能全面实现其激励目的。A 公司进行股权激励的实质性目的是希望以股权激励的良好效果达到吸引合作伙伴、迅速实现其所预期的推广宣传目的,而且从长远来看,A 公司进行股权激励的目的是希望在满足一定条件的前提下,将仅享有利润分配权的股权转让给合作方,并非只想一直给予利润分红的权利。简而言之,A公司认为如果仅给激励对象以"利"而未给予激励对象以"名"是难以发挥出最佳的激励效果的,所以如果前期以虚拟股权进行激励,并不能完美诠释其激励目的。

②前期代持激励对象的股权。这种方案,由A公司指定的相关人员对前期授予激励对象的股权进行代持,这种委托持股的模式同样也符合A公司前期不进行股东名册变更的要求,相较于第一种前期进行虚拟股权的激励方式而言,这种方式具有以下优点。

第一,同等成本下激励效果更佳。根据《公司法》及其司法解释的相关规定,在代持股的模式下虽然激励对象并未直接登记于股东名册当中,但是法律赋予了其在一定条件下可以请求确认股东资格的权利,并且对受托人在处分相关标的股权的问题上也有相应的性质。因此,虽然代持的模式在"名分"的问题上效果和直接持股仍有一定的差距,但是相较于虚拟股权的激励方式,在同样的激励成本之下,肯定会有更好的激励效果。

第二,转化登记的途径更为畅通。根据《公司法》及其司法解释的相关规定,在有限责任公司的前提之下,只要满足相应的受让条件,且经过股东会股东过半数的同意,隐名股东可以在股东名册和工商变更登记中进行登记。而"虚股"转"实股"的过程其本质就是股东对外转让股权,如果在有限责任公司的前提之下,将受到其他股东在同等条件下优先购买权的限制,因此相比虚拟股权激励,这种方式在后期的登记转化通道上肯定更为畅通。

但是代持股权的激励形式也存有一定弊端,主要表现在安全性上。在代持股的模式下,激励对象的股权虽然被代持,但是因为股权激励方案的制订和实施势必要经过A公司股东过半数甚至是更高比例的决策通过,所以正如前文所述,如果股东会过半数以上认可代持股的事实,那么激励对象就有权在完成股权受让后提起诉讼要求确认其股东资格,这无疑增加了A公司的诉讼风险,降低了公司的经营安全性。

除了上述优缺点之外,因为在代持股模式下,激励对象本质上是通过公司指定的委托持股人间接持有公司股权的,所以,需要对激励对象的表决权和其他股东权利做出限制。

（2）后期对激励对象所持股权做出相应的限制

正如前文所述,A公司希望在满足一定条件的前提下,将合作方仅享有利润分配权的股权转让给合作方,并非只想一直给予利润分红的权利,因此即便直接或间接给予激励对象股东资格,也要对其所直接或间接持有的股权做出相应的限制。

因为A公司并不希望激励对象参与或干预公司的管理和决策,所以必须对激励对象的表决权做出相应的限制,根据本书第一编有关公司章程的介绍,提到的《公司法》规定,股东的表决权和分红权是可以进行分离设计的。因此,在A公司的股权激励方案中,也应当对合作方的表决权进行限制,以满足其相关要求。

但需要特别注意的是,分离设计仅限于有限责任公司,由于股份有限公司要求"同股同权",因此无法对合作方的表决权进行相应的限制。

如果前期采用代持的模式,是不涉及如知情权等相关其他股东权利的,但是如果涉及相关股东转化为实名股东,那么就会涉及对股东权利进行限制的问题。除了《公司法》第四条规定的利润分配请求权、表决权及选择管理者的权利之外,《公司法》第三十四条还规定了新增出资优先认购权,第一百八十六条规定了剩余财产分配请求权等,对于这些权利在后期直接持股模式下都需要进行相应的限制,但同样限制也仅限于有限责任公司的模式下,如果A公司完成了股份制改造,那么将不能进行相应的限制。

综上所述,没有最佳的股权激励模式,每一种模式都有其一定的优缺点,股权激励的模式确定上存在着诸多权衡,可见在模式选择时要结合公司的激励目的、实际情况及自身不同阶段的发展特点来进行多方面的考虑,这也再次印证了股权激励没有"模版",只有"套路"的道理。

3. 股权激励模式确定的原则

从上述案例来看,我们在进行股权激励的模式确定环节时需要遵从以下原则。

(1)目标导向原则

目标导向原则要求我们在明确股权激励模式时需要考虑激励的目的是出于业绩目的还是福利性目的。出于业绩目的考虑的,那么在激励模式上不但要关注股权授予还要关注股权的调整,如果缺乏相应的调整机制那么难以在股权激励的过程中给员工以紧迫感,相应地也就难以实现持续激励的激励效果。但是,如果要设计相应的调整机制的话(具体在本章第九节中阐述),考虑到激励对象会存在完成不了相应目标的现实情况,由此势必会造成股权结构的频繁变化。因此,在激励模式的确定中可以考虑以虚拟股的激励方式为主,这样既可以避免因为股权的变动给公司带来实质性的影响,亦可以现金结算的激励形式达到刺激激励对象的目的。

同样,如果股权激励是出于福利性目的考虑的,那么在设计中应当淡化考核,正如前文所言,股权作为一种复合型的权利,既为股东带来分红,也可以让股东享受到公司市值或估值提升所带来的股权增值的实惠,达到提升员工福利的目的。

(2)多样化原则

多样化的原则是指一个公司的股权设计可以考虑多种激励模式的组合,且多种模式之间形成一个梯度递进的架构,如针对不同的岗位特点以及不同激励对象的性格匹配不同的股权激励模式,针对员工的能力和忠诚度,形成一套虚实股转化的机制,以便为公司形成一个生态化的股权激励系统。

(3)动态原则

股权激励一定程度上是对激励对象历史贡献的评价,但更多的是对激励对象未来价值的评判,股权激励不同于股权奖励,其真正的目的是激发员工的潜能,提高员工的主观能动性。因此在设计股权激励方案时务必要和激励对象明确其参与的股权激励计划并不是一个一劳永逸的计划方案,而是会随着其表现的变化存在一定的动态调整。这种调整机制一方面体现在其行权量的变化上,员工每年的行权量会根据其目标的达成情况有相应的变动机制,达标率越高可行权部分的数量也就越多。另一方面,动态原则还体现在对激励对象已行权部分股权的动态调整,具体的调整机制将在本章第九节部分详细阐述。

(4)最优成本原则

公司作为一家企业法人,其本质是为了盈利,为了创造财富,这也是公司与其他非营利机构最大的区别,所以说股权激励的最终的目的之一就是为了提升企业整体的营业能力。因此,我们股权激励的模式选择上也要特别关注股权激励的时间成本与财务成本,基于该原则固然有些模式和设计整体设计方案会优于其他的模式和设计方案,但如果只是追求设计上的完美而忽视实现该设计方案的时间成本和财务成本,无异于本末倒置。

(5)控制权考虑

我们在第一章中就阐述过,股权设计的核心就是控制权,而且在本章伊始也对股权激励方案的安全性要求进行讨论,所以说作为股权设计项目最基础的考虑,控制权一定是股权激励方案设计中的重要原则之一。

(6)股东意愿

这里我们谈到的股东意愿指的是广义的全方位的股东意愿,在股权激励方案的设计过程中,我们不仅仅要考虑到实际控制人的需求和意愿,也要考虑到其他利益相关人如其他股东、投资人的意愿,以实现各方利益的平衡,毕竟股权激励方案需要股东会的决议通过。

(7)激励对象需求

除了考虑股东的意愿,我们在模式的确定上还要询问和吸收部分激励对象的需求。股权激励能否成功,方案的设计固然重要,但是决定性的因素还是在于后期方案的实施。因此,我们在设计方案的过程中要把握好股东的意愿,在股权激励模式的确定上充分听取并吸收相关激励对象的需求及意见。(在第十章第三节中会详细介绍激励对象的访谈环节)

第三节 激励对象的甄别

股权激励的真正主角无非是激励计划中的激励对象,因此如何甄别激励对象,成了公司实际控制人所要考虑的最大的问题之一。除了对公司内部人员的激励外,也存在对外部合作对象的股权激励,如授予合作对象一定的虚拟股份,或者限制性股份,并以合作方在一定期限内与公司保持合作为条件。在对象的选择上我们的甄别思路分别是法律的维度和战略的维度。

1. 从法律维度定对象

从法律维度的角度上来看,法律对于激励对象的选择有较为详细的规定。财政部、科技部印发的《中关村国家自主创新示范区企业股权和分红激励实施办法》第四条规定激励对象应当是重要的技术人员和企业经营管理人员,包括以下人员:①对企业科技成果研发和产业化做出突出贡献的技术人员,包括企业内关键职务科技成果的主要完成人,重大开发项目的负责人,对主导产品或者核心技术、工艺流程做出重大创新或者改进的主要技术人员,高等院校和科研院所研究开发和向企业转移转化科技成果的主要技术人员。②对企业发展做出突出贡献的经营管理人员,包括主持企业全面生产经营工作的高级管理人员,负责企业主要产品(服务)生产经营合计占主营业务收入(或者主营业务利润)50%以上的中、高级经营管理人员。根据《国有科技型企业股权和分红激励暂行办法》(财资〔2016〕4号)第七条,激励对象为重要技术人员的,具体包括:关键职务科技成果的主要完成人,重大开发项目的负责人,对主导产品或者核心技术、工艺流程做出重大创新或者改进的主要技术人员;通过省、部级及以上人才计划引进的重要技术人才。该办法第十三条第二款规定,股权奖励的激励对象,仅限于在本企业连续工作3年以上的重要技术人员。

相关规定同时对激励对象的选择做出了相应的限制。如《上市公司股权激励管理办法》第八条规定,激励对象可以包括上市公司的董事、高级管理人员、核心技术人员或者核心业务人员,以及公司认为应当激励的对公司经营业绩和未来发展有直接影响的其他员工,但不应当包括独立董事和监事。在境内工作的外籍员工任职上市公司董事、高级管理人员、核心技术人员或者核心业务人员的,可以成为激励对象。单独或合计持有上市公司5%以上股份的股东或实际控制人及其配偶、父母、子女,不得成为激励对象。同时规定了下列人员也不得成为激励对象:①最近12个月内被证券交易所认定为不适当人选;②最近12个月内被中国证监会及其派出机构认定为不适当人选;③最近12个月内因重大违法违规行为被中国证监会及其派出机构行政处罚或者采取市场禁入措施;④具有《公司法》规定的不得担任公司董事、高级管理人员情形的;⑤法律法规规定不得参与上市公司股权激励的;⑥中国证监会认定的其他情形。财政部、科技部印发的《中关村国家自主创新示范区企业股权和分红激励实施办法》第四条规定企业不得面向全体员工实施股权或者分红激励。企业监事、独立董事、企业控股股东单位的经营管理人员不得参与企业股权或者分红激励。《股权激励有关事项备忘录1号》第二条规定持股5%以上的主要股东或实际控制人原则上不得成为激励对象。除非经股东大会表决通过,且股东大会对该事项进行投票表决时,关联股东须回避表决。持股5%以上的主要股东或实际控制人的配偶及直系近亲属若符合成为激励对象的条件,可以成为激励对象,但其所获授权益应关注是否与其所任职务相匹配。同时股东大会对该事项进行投票表决时,关联股东须回避表决。《上市公司股权激励有关事项备忘录2号》第一条第一款规定,为确保上市公司监事独立性,充分发挥其监督作用,上市公司监事不得成为股权激励对象。《国有科技型企业股权和分红激励暂行办法》(财资〔2016〕4号)第三十一条规定,对同一激励对象就同一职务科技成果或者产业化项目,企业只能采取一种激励方式,给予一次激励。对已按照本办法实施股权激励的激励对象,企业在5年内不得再对其实施股权激励。国资发改革〔2016〕133号《关于国有控股混合所有制企业开展员工持股试点的意见》规定:参与持股人员应为在关键岗位工作并对公司经营业绩和持续发展有直接或较大影响的科研人员、经营管理人员和业务骨干,且与本公司签订了劳动合同。党中央、国务院和地方党委、政府及其部门、机构任命的国有企业领导人员不得持股。外部董事、监事(含职工代表监事)不参与员工持股。如直系亲属多人在同一企业时,只能一人持股。该意见同时规定了要坚持以岗定股,动态调整。员工持股要体现爱岗敬业的导向,与岗位和业绩紧密挂钩,支持关键技术岗位、管理岗位和业务岗位人员持股,建立健全股权内部流转和退出机制,避免持股固化僵化。

综合前述,非上市公司的激励对象包括公司董事、高级管理人员、核心技术(业务)人员和公司认为应该激励的其他员工,但上市公司及非上市的公众公司的独立董事、公司监事和公司控股股东、持股5％以上的经营管理人员一般应除外,国有科技型企业工作人员就同一职务科技成果或产业化项目只能采取一种激励方式,给予一次激励,5年内不能再对其实施股权激励。

但是由于《公司法》及相关法律法规并未对有限责任公司的激励对象做出规定或限制,所以,我们认为根据"法无禁止即可为"的司法原则,那么这类公司的激励对象可以由企业根据自身情况进行自由选择。

2. 战略维度定对象

(1) 从企业的生命历程甄别激励对象

哥德纳(J. W. Gardner,1965)指出,企业和人及其他生物一样,也有一个生命周期。但与生物学中的生命周期相比,企业的生命周期有其特殊性,主要表现在:第一,企业的发展具有不可预期性。一个企业由年轻迈向年老可能会经历20—30年时间,也可能会经历好几个世纪。第二,企业的发展过程中可能会出现一个既不明显上升也不明显下降的停滞阶段,这是生物生命周期所没有的。第三,企业的消亡也并非是不可避免的,企业完全可以通过变革实现再生,从而开始一个新的生命周期。

所以,在做股权激励时从企业的生命周期再结合前文所述的资本生命历程的设计思路,我们认为激励对象人选的确定既要着眼于眼下公司的现实需求,同时也要站在公司近三年乃至近五年的发展战略高度考虑。举例而言,现在公司处在初创阶段但是发展迅速,虽然产品和商业模式才初具雏形,但是显然可以预见到公司在三年后将迅速发展到抢占市场的阶段,因此在这时进行股权激励不但要将核心的技术开发人员作为激励对象,也要考虑为营销人员预留部分激励的股权。

初创期企业应以技术人员为导向,对于处在初创阶段的企业,核心技

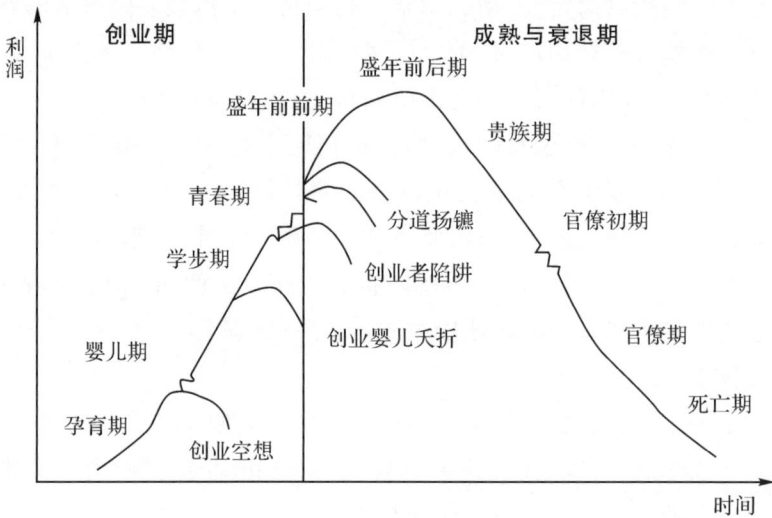

企业生命周期十个阶段

术与产品的研发是最重要的工作,能否形成具有市场潜力的商品也成为这一阶段所面对的主要难题,因此对于初创企业而言,应当首要考虑把技术人员作为激励对象。发展期企业应以管理层、技术骨干、市场营销骨干三位一体,一家企业处在发展阶段也意味着这家企业已经初步形成了稳定的商业模式和较为完善的核心产品,企业高层团队对于企业的发展战略、经营管理、资金使用、人事安排等许多方面开始出现分歧。中层团队流动性较大,一个原因是创业时的老员工已经逐渐成为中层团队成员,其中一部分人由于是"功者职",管理水平不能适应企业的发展;另一个原因是企业新聘中层不能和企业旧团队很好地融合。企业组织形态走向正规化,机构相对完善,企业业务流程和管理制度不断建立和健全,企业文化逐渐形成;企业领导人由"业务员"向"管理员"转型,个人作用开始弱化,更多地担当起领导者和管理者的角色,职业经理人开始进入企业并发挥作用。经营规模不断扩大,主营业务不断扩展并快速增长,品牌知名度急剧上升,市场占有率进入竞争者行列,生产销售进入良性循环。在这一时期,拥有一定能力的管理层,了解公司产品开发的技术骨干,以及公司市场销售人员的营销骨干成为激励对象的首选。

而当企业进入成熟期后,企业资产达到一定规模后保持相对稳定,各种无形资产在资产配置中占有相当的份额,其数值也趋于稳定,资产结构趋于科学合理。经过初生期、成长期的发展历程,企业积累了比较丰富的管理经验,管理者更多是凭经验办事,更注重保持企业的业绩,忽视学习和创新,容易出现生产和管理"老化",因此这一阶段的企业应当注意鼓励企业的创新。成熟期的企业往往表现出组织机构臃肿,组织结构庞大复杂的特点。这就要求必须要优化组织结构,提高各级管理人员解决问题和处理矛盾的能力,所以企业应加大对管理层及具有创新能力的人才的激励力度,形成稳定的企业管理体系,提高企业的创新能力。

企业进入衰退期,企业管理的各个方面都可能出现了问题。首先要对企业的经营战略进行重新审视,对企业的宏观环境、行业结构、资产结构等进行分析,重新确定企业的成长战略和一般战略,这一阶段的企业应以关键人员为重点激励对象。

(2)明确激励对象的范围

在激励对象的选择范围上要同时考虑岗位价值、人员素质能力水平、激励对象的忠诚度和人员对公司历史贡献以进行综合的判断和评估。《关于国有控股混合所有制企业开展员工持股试点的意见》规定了坚持以岗定股,员工持股要体现爱岗敬业的导向,与岗位和业绩紧密挂钩,支持关键技术岗位、管理岗位和业务岗位人员持股,这也说明依据岗位和能力进行激励对象的甄别,同时也是国家在进行国有企业改革员工持股试点中确定人员甄别范围的重要原则。

岗位价值	素质能力	历史贡献	忠诚度
员工的一部分价值要通过其所在的岗位价值来体现,甄别重要的岗位,进而才能选择合适的激励对象。	员工的素质能力水平的高低即要考虑其目前所为公司创造的价值,也要考虑其未来的发展潜力和成长空间。	肯定老员工的历史功绩是为新员工树立典范,让员工看到只要为公司做出过贡献,公司就会给予其一定回报。	员工的忠诚度主要从员工的在岗时间、是否勤勉、有无损害公司利益的行为等角度进行评价。

激励对象范围确定的四大要素

通过对四大要素的评估和判断,甄别出对公司具有战略价值的核心人才作为激励对象。所谓核心人才,必须同时具备稀缺性和价值性。所谓资源的稀缺性,指的是对手很少拥有的或者对手很难一时培养的人才,同时在自身企业中又具有一定的不可替代性;所谓价值性指具有很高的成本收益比例。根据这两个维度,企业可以把人力资源分为四种组合:一种是价值很低也不稀缺的人力资源;第二种是价值很高但不稀缺的人力资源;第三种是价值很低但很稀缺的人力资源;最后一种是价值很高也很稀缺的人力资源。一般说来最后这种组合的人力资源叫核心人力资源。

核心人才必须是同时拥有核心能力,而对企业战略实施不可或缺的人。核心能力是一个专门的概念,指的是能够给顾客带来特别价值的技术与知识,它们是能够帮助企业获得竞争优势的关键能力;从公司的管理层面上来看,处于公司管理层级越高的管理者,就越有可能被看作企业核心能力的支撑者;如果依据业绩高低来确定核心人才,历史业绩和当前业绩越高的人或是掌握公司关键业务的人越是有可能被认为是公司的核心人才。

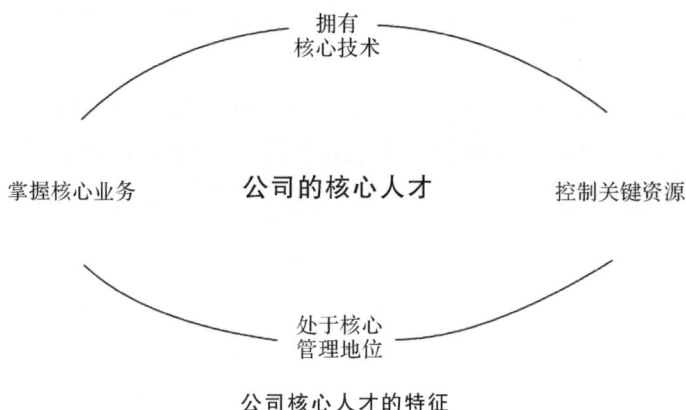

公司核心人才的特征

总结上述关于核心人才的特征我们可以发现,一般掌握公司核心业务的销售及市场人员,负责公司核心产品研发或拥有核心技术专利的技术人员;控制公司赖以生存的关键资源的特殊人,以及处于公司核心高级地位,拥有支持公司核心能力的管理人员都是公司的核心人才,也是进行股权激励的主要对象,因此激励对象的选择可以结合公司的发展阶段在以下范围中进行筛选。

市场营销人员	技术开发人员	高级管理人员	资源型特殊人才
市场总监 区域负责人 核心项目经理 销售冠军等	研发总监 高级工程师 技术负责人 核心专利持有者 技术顾问等	董事、监事 CEO 董事长秘书 财务总监等	公关顾问 渠道开发人员 特殊背景人士等

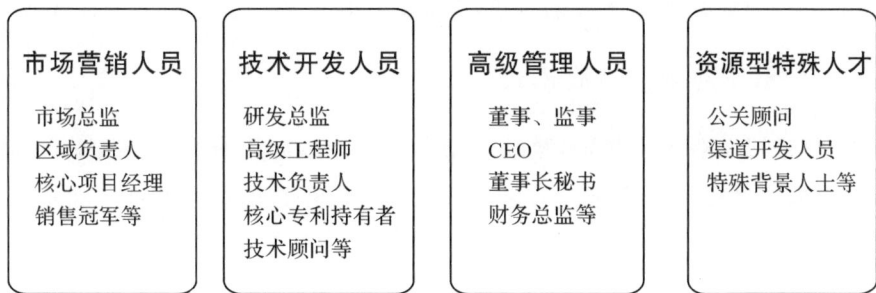

激励对象选择的主要范围

(3)激励对象甄别的原则

无论如何去选择激励对象,我们认为都应当遵从以下三个原则,即不可替代性原则、未来价值原则、公平原则。

①不可替代性原则。我们认为股权激励对象的选择一定要具有不可替代性。"铁打的营盘流水的兵",但是每家公司中总有一两个"兵"是实际控制人最不希望看见其"流走"的,他们可能是了解企业核心技术的技术人员,可能掌握公司销售渠道的市场大将,也可能是群众关系非凡的人事总监,这些员工可能能力并不是这家企业中最好的,但是他们都有一个特点,那就是具有不可替代性,因此在股权激励对象的甄别中这些替代不了的员工也成了股权激励的首选对象。

②未来价值原则。股权激励虽有对激励对象历史贡献的考虑,但更多是在公司发展中考虑其未来的价值。有人说:"企业的未来之星是那些没有他就绝对不会有企业明天的人。"这些人在企业的人才储备、新老交替中往往有着重要的作用,更重要的是这些员工的未来价值极高,极具商业潜力,这样的人显然是我们进行股权激励的主要对象,因此在股权激励中就需要我们把握未来价值原则。

③公平原则。股权激励的选择时最怕的是其他员工"眼红",老板的随意性导致员工认为其间存在"黑幕"。股权激励的价值不仅仅能激发出个别员工的潜能,更重要的是能为企业的所有员工带来希望,而选人如果不公平公正,感情用事,反而会为公司带来负面的影响,让员工失去希望。这就是为什么我们要坚持公平原则。公平原则意味着我们在股权激励对象的选择上要客观公平,不能一味感情用事,要中立地站在公司的角度上

用公平客观的标准挑选激励对象,而非站在自己的情感倾向上进行选择。

(4)激励对象的持股模式

如进行实股股权激励,激励对象常见的持股方式有直接持股和间接持股,而间接持股的持股模式包含了代持的间接持股形式和通过持股平台进行间接持股的模式。

①激励对象直接持股。该种持股模式是指激励对象直接持有公司股权,在公司股东名册中登记为股东。由于有限公司股东人数上限为50,如果直接持股会突破这一数字,就只能选择间接持股。

②通过代持的方式间接持股。该种持股模式是指激励对象不直接登记于股东名册当中,而是通过委托相关股东代为其登记在股东名册,显示于工商登记中。

《最高人民法院关于适用〈中华人民共和国公司法〉若干问题的规定(三)》第二十四条规定:"有限责任公司的实际出资人与名义出资人订立合同,约定由实际出资人出资并享有投资权益,以名义出资人为名义股东,实际出资人与名义股东对该合同效力发生争议的,如无《合同法》第五十二条规定的情形,人民法院应当认定该合同有效。前款规定的实际出资人与名义股东因投资权益的归属发生争议,实际出资人以其实际履行了出资义务为由向名义股东主张权利的,人民法院应予支持。名义股东以公司股东名册记载、公司登记机关登记为由否认实际出资人权利的,人民法院不予支持。实际出资人未经公司其他股东半数以上同意,请求公司变更股东、签发出资证明书、记载于股东名册、记载于公司章程并办理公司登记机关登记的,人民法院不予支持。"

由此可见,只要股权代持不违反法律法规的强制性规定,名义股东主张其为股权持有人是有法律依据的。关于代持这里有一点需要注意,有限公司的股东人数上限为50人,如果持股的员工都成为显名股东就有可能超过人数上限。因此,变通的做法就是进行股权代持,仅有部分持股员工显名,并在工商行政管理部门办理股权登记,而其他持股员工虽然未能在工商行政管理部门登记为股东,但是,如果公司向其签发了股权证或者出资证明,并登记在公司的股东名册上,按照《公司法》第三十二条第二款,记载于股东名册的股东,可以依股东名册主张行使股东权利。

股权被代持的股东依然享有股东权利,包括分红权、表决权、选择管理者的权利、优先购买权、优先认购权等。《公司法》第三十二条第三款规定,公司应当将股东的姓名或者名称向公司登记机关登记;登记事项发生变更的,应当办理变更登记。未经登记或者变更登记的,不得对抗第三人。未在登记机关登记只是不得对抗公司和股东以外的第三人,以下判例也恰好印证了这种观点。

【案例】

泸州鑫福矿业集团有限公司股东资格确认案

在泸州鑫福矿业集团有限公司(以下简称"鑫福矿业公司")与葛某、张某等784人,刘某、王某等62人股权转让纠纷一案中,鑫福矿业公司委托内江南光有限责任公司(以下简称"内江公司")的股东刘某收购内江公司隐名股东王某等62人的股权,表面来看,是内江公司股东之间的股权转让行为,但是,股东刘某收购股权是受鑫福矿业公司的委托,收购的款项出自鑫福矿业公司,鑫福矿业公司才是实际的受让人,该股权转让行为实为股东对外转让股权,应该受《公司法》第七十一条"其他股东享有优先购买权"的规定的限制。而葛某、张某等784人是内江公司的持股员工,登记在公司的股东名册上,持有公司签发的股权证,享有对王某等62人对外转让的股权在同等条件下的优先购买权。

法院认定刘某与王某等62人之间的股权转让行为违反了《公司法》第七十一条的强制性规定,应属无效。另外,由于王某等62人是内江公司的隐名股东,鑫福矿业公司主张刘某为其收购的是内江公司的隐名出资份额,并非股权,不受《公司法》及公司章程的限制,一审、二审、再审法院均未支持该主张。

在此案中,法院的基本立场就是只要登记在股东名册上,就具有股东资格,享有股东权利,受《公司法》关于有限责任公司股权转让规则的约束和保护。所以,这就要提醒激励对象,是否在工商行政管理部门登记为显名股东不重要,在公司的股东名册中登记为股东才是认定股东身份的依据,在另一起"殷德清与内蒙古恒祥进出口贸易有限责任公司股东资格确认纠纷一案"中再审法院也是持此观点。

这里需要展开讨论的是如果相关隐名股东被认定为公司的实际股东,由于有限责任公司的股东人数不可超过 50 人,所以不妨可以考虑设置持股平台,将这些超出部分的股东装入持股平台以实现间接持股。

③通过持股平台间间接持股。该种持股模式是指激励对象通过公司设立的持股平台公司间接持股。在这种持股模式下,因为激励对象并非直接为该公司的股东,所以难以直接对该公司行使股东权利。这种持股方式已在本书第六章有关持股平台的介绍中进行了详细的阐述故此处不再进行赘述。

方案落地演示

人员类型	人员岗位细分	人员级别	确定标准	持股平台	人 数	激励批次	理 由
第一层级	核心决策层	董事甲、董事乙	老总级	核心人员	直接持股	1	1	……
第二层级	高级管理层、核心技术骨干	CEO、技术总监	总经理、总监	人才引进	放入持股平台	2	1	……
第三层级	中层管理人员	人事部经理	部门经理	工作年限	放入持股平台	1	2	……
第四层级	核心骨干	销售员小王	职员	销售业绩	放入持股平台	1	3	……

第四节　股权激励数量的确定

股权激励数量的确定,简单地说就是公司拿出多少股权来用作股权激励,分给每个激励对象多少股权合适,即确定总量和个量的数量,过多的话可能会稀释现有股东的股权,过少又难以起到激励的作用。因此激励数量的确定分为股权激励总量的确定和股权激励个量的确定。和其他几个主要因素相比,股权激励数量的确定更像是一道数学应用题,且其最好的确定方式也就是采用固定公式的方式进行确定,因为股权激励数量确定的合理与否很大程度上取决于这样的计算标准是否明确,因为计算标准越明确就意味着数量的确定,特别是个量的确定越公平。在总量和个量的确定上我们要注意的是,第一,要确保公司的安全(详见第四章);第二,要确保能够激发员工的积极性。

1. 数量确定的合法性

在数量的确定上首先要考量的因素是法律强制性规定。从现有法律法规规定来看,强制性的规定主要针对上市企业、新三板挂牌企业,以及国有企业。《关于中关村国家自主创新示范区股权激励改革试点工作若干问题的解释》第四条规定:"非上市公司期权授予额度,可参照《上市公司股权激励管理办法》(证监公司字〔2005〕151 号)中第十二条、第二十二条规定执行,即公司全部有效的股权激励计划所涉及标的股权总数累计不得超过公司股本总额的 10%;非经股东(大)会特别决议批准,任何一名激励对象通过全部有效的股权激励计划获授的本公司股份累计不得超过公司股本总额的 1%。"《国有科技型企业股权和分红激励暂行办法》(财资〔2016〕4 号)第十条规定,大型企业的股权激励总额不得超过企业总股本的 5%;中型企业的股权激励总额不得超过企业总股本的 10%;小、微型企业的股权激励总额不得超过企业总股本的 30%,且单个激励对象获得的激励股权不得超过企业总股本的 3%。企业不能因实施股权激励而改变国有控股地位。该办法第十三条还规定,企业用于股权奖励的激励额不得超过近 3 年税后利润累计形成的净资产增值额的 15%。企业实施股权奖励,必须与股权出售相结合。单个获得股权奖励的激励对象,必须以不低于 1∶1 的比例购买企业股权,且获得的股权奖励按激励实施时的评估价值折算,累计不超过 300 万元。就非上市公司而言,法律法规尚未对激励股权数量做出强制性规定,只要股东(大)会通过即可。

国资发改革〔2016〕133 号《关于国有控股混合所有制企业开展员工持股试点的意见》规定了员工持股比例应结合企业规模、行业特点、企业发展阶段等因素确定。员工持股总量原则上不高于公司总股本的 30%,单一员工持股比例原则上不高于公司总股本的 1%。企业可采取适当方式预留部分股权,用于引进新人才。国有控股上市公司员工持股比例按证券监管有关规定确定。该意见同时规定,实施员工持股后,应保证国有股东控股地位,且其持股比例不得低于公司总股本的 34%。

2. 总量确定符合公司整体战略

公司在股权激励的总量上要符合企业整体薪酬规划，股权激励能让公司的经营锦上添花，但绝非是包治百病的灵丹妙药，因此不能为了股权激励而进行股权激励，股权激励必须符合公司的整体规划，这个规划当然也包括公司整体薪酬体系的规划。这就意味着总量的确定应当分阶段性的循序渐进而非一次性地释放全部潜能。

股权激励的总量确定要保证对公司是安全的，即不会影响到实际控制人对企业的控制权及资本战略，有关股权比例与控制权在第八章已详细说明，在此不再赘述，但是这里需要强调的是股权激励总量的确定要符合公司的资本战略。现在很多创业者创业都是为着 A 轮、B 轮、C 轮等的投资去的，按现在投资人所使用的投资协议，通常会涉及相应的反稀释条款。虽然一般的反稀释条款中都会明确，如因股权激励导致股权的稀释的话将不适用反稀释条款，但如果在确定激励总量时没有考虑投资人的利益及公司整体的资本战略，会导致投资人利益大幅缩水的话，造成投资人的利益受损，甚至影响公司下一轮融资的空间。因此，总量的确定要和公司的整体资本战略及其所处的融资阶段相适应。

除上述建议之外，总量的确定毫无疑问还要考虑到企业规模与净资产的大小，为了达到激励的整体效果，对于企业规模较小的企业可以考虑适当拿出较多的激励总量用于股权激励，而对于企业规模和净资产规模较大的公司用于激励的股权总量所占的比例应当较小。原因很简单，股权激励数量的确定必须要求在同行业内具有一定吸引力，现在了解股权激励甚至是已经实施股权激励的企业有很多，如果一家企业规模较小，净资产较小，则在同行业内不具有竞争力和吸引力，若用于股权激励数量又相对较少，自然起不到股权激励吸引和留住人才的目的。

3. 总量的确定方法

我们认为确定股权激励总量应该从三个方面进行。第一，要留存股票的最高额度，在股权激励中，考虑到相关利益人即现有股东的利益，我们通常不建议采取增量即增资的股权来源，而提倡实现预留或大股东转让的方式作为股权激励的来源,因此股权激励总量应该在公司总留存的激励股权总量之内;第二,要以员工总薪酬水平为基数,股权激励虽然目的在于激励,但是和员工总薪酬水平相差较远的激励总量往往不利于激励效果的实现。因为过低的激励数量起不到激励的效果,而过高总量往往又超过了激励对象整体的购买力和激励预期,以及其他风险承受能力;第三,总量的确定要和企业业绩挂钩,公司处在发展的上升阶段,即便是少量的股权也足以唤起绝大多数员工的积极性;而当一家企业业绩不佳时,如果总量继续保持一个较低的状态,恐怕根本就不会让员工心动。

综合上述考虑,以及一些主流观点,我们一般认为股权激励的总量确定可以考虑在 25% 以内,且每次激励的总量尽量不超过 5%。但需要特别注意的是,在实践中这个数字并不具有指导意义,不同的公司实际情况、股权结构、股东性格各异,也会导致数量的确定上存在不同。在实践中,激励对象与合伙人角色混同,使数量的确定更无标准,总而言之,结合公司的自身特点来确定总量,才是终极衡量标准。

4. 个量要兼顾效率和公平

正如前文所述,在明确股权激励对象时要注意激励的公平公正性,同时在激励个类的确定上也要同时具备兼顾公平和效率。

【案例】

美国苹果公司的股权激励制度

美国苹果公司于 2015 年 10 月 15 日宣布向全体员工开放限制性股票(RSU)的申购,蒂姆·库克(Timothy D. Cook)表示"每位员工都有资格获得RSU"。RSU 一般为苹果管理层和产品工程师预留,是一种长期留住人才的方法。当年库克在接替史蒂夫·乔布斯出任苹果 CEO 后,就于 2011 年获得了苹果授予的 100 万股 RSU,十年之后这些股票将全部归属于库克。

库克表示,苹果通常仅会挑选特定员工获得公司的限制性股票,以激励他们继续在公司留任。通常苹果只会向产品团队提供受限股票单位,但是如今苹果扩大了规则,让更多的苹果员工能够有资格获得限制性股票。Apple Care 和苹果零售店的员工同样也有资格获得限制性股票。限制性股票指上市公司按照预先确定的条件授予激励对象一定数量的本公司股票,激励对象只有在工作年限或业绩目标符合股权激励计划规定条件的,才可出售限制性股票并从中获益。

很明显,新的 RSU 计划是对苹果零售、Apple Care 团队及企业部门员工的重大奖励,初期授予的 RSU 股票价值在 1000 美元至 2000 美元之间。RSU 股票的申购数量将根据员工工作时间、所在岗位及分配的项目而增长。

美国苹果公司以 7000 亿美元的市值向我们展示了一个企业发展的奇迹。但苹果的奇迹不应当只归功于乔布斯一人,苹果全球的几万名员工共同努力,携手缔造了今天的商业帝国。1976 年正式成立的苹果公司到 1980 年上市之时,几乎全部的技术骨干都在苹果的股权激励制度下成为亿万富翁,不用再为生计发愁。

这也使得苹果的各核心技术骨干可以不遗余力地在自己的领域深耕细作,不会因为利益而受到影响,更不会放弃巨大红利而跳槽他家。正是在这种长久有效的股权激励制度的推动下,苹果公司缔造了一个又一个企业发展的奇迹。

在对不同的激励对象明确激励的个量时,要以该员工的不可替代性、职位、业绩表现、工作年限作为参照,根据不同激励对象的忠诚度和能力水平来明确不同的激励数量,以实现良好的激励效果。此外和总量的确定一样,在个量的确定上也要注意竞争对手的授予数量,保证在具体岗位或针对具体激励对象上所授予的个量具有一定的吸引力和竞争力。

5. 个量的确定方法

(1)直接评判法

顾名思义,直接评判法就是依据实际控制人的主观判断来明确对某一激励对象的激励股权数量。这种方法适用于人数比较少,且激励人数也不多的企业,因为该方法在实行时缺乏相应的参照和标准,所以操作起来受主观因素影响极大。如果公司的人数较多,且激励数量人数较多的话,使用该方法容易造成个量分配不公,让员工产生负面的情绪。但是如果企业规模较小,激励数量也不多,如果按照分配系数法进行个量的确定则难以形成客观的分配系数体系。此外,也比较耗时,所付出的时间成本过大,因此该方法建议适用于规模较小,且激励对象人数较少的企业。

(2)期望收入法

期望收入法是一种站在员工角度进行个量确定的办法,即考虑员工所期望收入,进行个量的确定。这种方法直接根据员工所反馈的需求来确定个量,所以通常所确定的个量对员工都比较有激励效果,也容易得到员工的满意。但是由于员工在确定自己期望值时通常不会站在公司的角度考虑,因此这种方法所确定下来的个量通常都较高,不利于公司的安全性。另外期望收入法要基于大量的访谈基础,且需要一定的谈判技巧才能做到在降低员工期望时不会引起其不快。

(3)分配系数法

相较于前文介绍的两种较为主观的数量确定方式,分配系数法是比较公平合理的分配方法,也是我们最为推荐的方式。因为其有具体的价值系数可以进行计算,对于企业来说可以更为容易和客观地计算出激励个数的数量,同时企业可以自由地设置相应的系数数量,还可以按岗位等设定模型,对特殊贡献者可以设定附加分等。

所以,为保证既具有相应的公平性又具有相应的实践性和可操作性,可以选择分配系数法分配系数法的公式如下:

$$\text{岗位系数} \times N_1\%$$
$$\text{人才价值系数} \times N_2\%$$
$$\text{薪酬系数} \times N_3\%$$
$$\text{考核系数} \times N_4\%$$
$$\vdots \qquad \vdots$$
$$\text{司龄系数} \times N_n\%$$
$$\parallel$$
$$\text{个人激励数量} = \text{激励总量} \times \frac{\text{激励对象个人分配系数}}{\text{公司总分配系数}}$$
$$\parallel$$
$$\text{个人分配系数之和}$$

其中,$N_1\% + N_2\% + N_3\% + \cdots + N_n\% = 1$。

公司可以根据自己的实际需求来增加或减少相应的系数,如我们有一个建筑行业的客户,其认为建筑工程的安全是其考虑的首要因素之一,因此其在系数中根据工地上事故发生的数量而增加了一个安全系数。根据不同系数对公司的重要性,在操作中也可根据实际需求,为不同的系数增加比例权重,即公式中的 $N_n\%$,在实际操纵中无论增加多少系数,只要使比例权重 $N_1\%+N_2\%+\cdots+N_n\%=1$ 即可。而针对不同的系数我们也需要有不同的评价模型进行明确。

激励对象人才价值系数评价模型

分数段	等　级	人才价值系数
90 分及以上	A	5
75—90 分	B	3
60—74 分	C	1
60 分以下	D	0

激励对象薪酬系数评价模型

工资数	等　级	薪酬系数
20000	A	4
15000	B	3
10000	C	2
5000	D	1

激励对象司龄系数评价模型

入职年数 N	$1\leqslant N<2$	$2\leqslant N<3$	$3\leqslant N<4$	$4\leqslant N<5$	……
司龄系数	1	2	3	4	……

激励对象年度考核系数评价模型

考核等级	优　秀	良　好	中　等	合　格	不合格
考核系数	4	3	2	1	0

为了方便理解我们来看一个案例,甲公司实施股权激励,本次激励计划,甲公司决定以 5% 的公司股份实施股权激励,总共 5000000 股,按分配系数法对激励对象进行评估,确定个体激励数量。

评估的系数主要有忠诚度(司龄系数)、人才价值系数、薪酬系数、考

核系数。其中忠诚系数的比例占 25％,甲公司高层考虑股权激励计划首
要在于公司稳定性,并激励老员工,激发新价值。若考虑引进新的人才,
则该系数可适当降低权重。人才价值系数 30％,员工以自身能力能够为
公司创造的价值才是实现股权激励计划目的的直接动力。因此,人才价
值系数的比重应当较高,尤其是考虑引进外来人才时。考核系数 35％,
员工自身能力高,但是无法完整发挥,无法达到定期的考核指标,股权激
励的目的也难以实现。所以一般而言,考核系数的比重将占据最大比例。
薪酬系数占 10％,员工原有薪酬对激励效果的影响亦应考虑在内。若员
工薪酬较高,则激励比例过低,无法起到激励效果。本次甲公司激励对象
一共三名(a,b,c)。根据上述考虑最终确定相应系数如下。

a	分配系数类别	系　数	权重比例	单项系数
	人才价值	5	30％	1.5
	酬薪	4	10％	0.4
个人分配系数	考核	4	35％	1.4
	司龄	1	25％	0.25
	个人分配系数			3.55
个人分配股数	3.55/11.1×5000000 股＝1599099 股			
个人占总比	3.55/11.1×5％＝1.60％			

b	分配系数类别	系　数	权重比例	单项系数
	人才价值	3	30％	1.5
	酬薪	4	10％	0.4
个人分配系数	考核	4	35％	1.4
	司龄	1	25％	1
	个人分配系数			4.3
个人分配股数	4.3/11.1×5000000 股＝1936937 股			
个人占总比	4.3/11.1×5％＝1.94％			

c	分配系数类别	系　数	权重比例	单项系数
个人分配系数	人才价值	5	30％	1.5
	酬薪	1	10％	0.1
	考核	4	35％	1.4
	司龄	1	25％	0.25
	个人分配系数			3.25
个人分配股数	3.25/11.1×5000000 股＝1463964 股			
个人占总比	3.25/11.1×5％＝1.46％			

第五节　股权激励价格的确定

　　本节中我们主要讨论的是授予时的价格确定以及行权环节中激励股权的价格确定问题,退出机制的退出价格确定问题我们将在本章第九节中进行讨论。

　　我们在实务操作中,通常不会建议客户将股权无偿赠予员工,即使是虚拟股也不建议。原因很简单,首先,国务院的行政法规《中华人民共和国公司登记管理条例》第十四条明确禁止了劳务出资。该条规定,股东的出资方式应当符合《公司法》第二十七条的规定,但股东不得以劳务、信用、自然人姓名、商誉、特许经营权或者设定担保的财产等作价出资。其次,不建议无偿赠予激励股权并不是因为公司想通过股权激励的方式获得相应的收入,而是因为激励对象把钱交给公司的那一种仪式感与责任感。支付相应的对价就让激励对象感受到其所获得的这一份股权,无论是实股还是虚拟股,都是有价值的,而不是被随意赠送的廉价赠品,这对于激励对象的感受来说非常重要。再次,支付相应的对价意味着激励对象在获得该股权的过程中付出了相应的成本,所以其对于用成本换来的激励股权也会额外珍惜,这也达到了激励的效果。

1. 法律法规规定的激励价格确定的方式

(1)出售股权价格的确定方法

《关于中关村国家自主创新示范区股权激励改革试点工作若干问题的解释》第三条第二款规定对出售股权价格系数应当在综合考虑净资产评估价值、净资产收益率及未来收益等因素的基础上合理确定。出售价格不低于经备案或者核准的企业资产评估值。

(2)限制性股权的授予价格及授予价格的确定方法

对于限制性股权的授权价格,可以以每股净资产的评估价为股权价格的定价基础,在此基础上可以协商。

(3)股权期权的行权价格的确定方法

《上市公司股权激励管理办法》第二十三条规定:"上市公司在授予激励对象限制性股票时,应当确定授予价格或授予价格的确定方法。授予价格不得低于股票票面金额,且原则上不得低于下列价格较高者:(一)股权激励计划草案公布前1个交易日的公司股票交易均价的50%;(二)股权激励计划草案公布前20个交易日、60个交易日或者120个交易日的公司股票交易均价之一的50%。上市公司采用其他方法确定限制性股票授予价格的,应当在股权激励计划中对定价依据及定价方式做出说明。"该办法第二十九条规定:"上市公司在授予激励对象股票期权时,应当确定行权价格或者行权价格的确定方法。行权价格不得低于股票票面金额,且原则上不得低于下列价格较高者:(一)股权激励计划草案公布前一个交易日的公司股票交易均价;(二)股权激励计划草案公布前20个交易日、60个交易日或者120个交易日的公司股票交易均价之一。上市公司采用其他方法确定行权价格的,应当在股权激励计划中对定价依据及定价方式做出说明。"

《关于中关村国家自主创新示范区股权激励改革试点工作若干问题的解释》第四条规定非上市公司期权的行权价格以评估后每股净资产作为主要确定依据。《〈国有科技型企业股权和分红激励暂行办法〉的通知》

（财资〔2016〕4号）第十六条规定,确定行权价格时,应当综合考虑科技成果成熟程度及其转化情况、企业未来至少5年的盈利能力、企业拟授予全部股权数量等因素,且不低于制订股权期权激励方案时经核准或者备案的每股评估价值。国资发改革〔2016〕133号《关于国有控股混合所有制企业开展员工持股试点的意见》规定,在员工入股前,应按照有关规定对试点企业进行财务审计和资产评估。员工入股价格不得低于经核准或备案的每股净资产评估值。国有控股上市公司员工入股价格按证券监管有关规定确定。

因此,股权期权行权价格的确定还应综合激励对象实现业绩考核指标的程度、公司在股权激励计划有效期乃至有效以后的盈利能力、公司拟授予全部股权数量等因素,以不低于每股净资产的评估价为宜。

2.有限责任公司股权激励价格的确定方式

多数激励对象都是公司员工,包括公司董事、高级管理人员和核心技术人员,这其实是一种人力资本入股,人力资本与劳务具有内在统一性,因此有限责任公司股权激励价格的确定上要考虑到相应的劳务对价,而不能一味以货币价值来确定股权激励的价格。

公司对人力资本或者说核心人才的劳务的重视,从很多公司创始人以激励对象需要在公司工作满几年为条件,无偿赠予员工股权的做法就可以得到说明,这其实相当于公司认可员工的人力资本出资,实践已经走在了法律的前面。

因为法律法规未对有限责任公司股权激励价格做出相应的限制,只要未违反法律的强制性规定即可,因此我们在确定有限责任公司股权激励价格时可以参考以下价格的确定方式。

(1)以注册资本金为标准

以注册资本金为标准确定相应的激励股权价格,即以原始股价格出让给激励对象,相较于其他的价格制订方式,该方式在价格的确定上是相对较低的。

(2)以评估的净资产的价格为标准

以评估的净资产的价格为标准确定激励股权价格相当于按照股权的"成本价",比较客观和公正,但是这里需要注意的是,在事务操作中净资产的评估主体可以约定为独立第三方,也可约定为公司的财务部门。

(3)以注册资本金或者净资产为基础进行一定的折扣

考虑到股权激励中激励对象除了货币出资购买股权外还为公司贡献了一定的劳动力,因此我们建议在激励股权的价格确认当中,应当考虑激励对象该部分的人力资源投入,在相应的价格基础上进行一定的合理折扣。

(4)其他

除了上述的定价方式外,如企业规模较大还可以考虑以同行同体量的上市公司股价为参考,一些潜力较大的,其实际净资产或注册资本金与公司的估值差距较大的公司,也可以按照公司年净利润的 n 倍来确定一个合适的公司估值,进而确定相应的股权价格。

3. 由外部因素引起的非持久的股价低于行权价格的补救措施

由于公司在经营当中可能会出现一些不可抗的因素,如政策因素、负面新闻、股灾等外部因素,导致公司短暂出现股价低于行权价格的情况,出于股权激励的激励目的应当考虑采用一些方式对激励对象进行相应的补偿。

(1)给予其他形式补偿

如果该外部因素所引起的股价低于行权价格的时间较短,那么可以采取给予其他形式补偿方式,如采用现金奖金等其他方式进行补偿。

(2)重新设计激励计划

如果该外部因素持续的时间较长,继续实施该股权激励方案会导致激励对象所获得的股权大幅度缩水,那么可以考虑重新设计激励计划,对激励的数量、价格等进行重新约定以达到预期的激励效果。

(3)对行权价格重新定价

相较于第二种调整机制,对行权价格重新定价的方式更为简便一些,仅仅通过价格的调整来实现原有的激励效果和目的。

第六节 激励股权及其购买资金来源的确定

在谈激励股权及其购买资金来源的问题之前,首先明确一个问题,一份股权激励计划,到底是由公司和激励对象签还是由公司的创始股东和激励对象签。股权激励计划是公司与员工之间的协议,但是在具体实施中,在存量激励模式中,由于不增加注册资本金或者股本,股权来源于大股东、实际控制人或者创始股东,往往就由创始股东(一般也为实际控制人、大股东)与激励对象签订激励协议。但是,如果公司未参与该协议的签订,或者公司并未在之前与激励对象存在股权激励的约定,并且未授权创始股东向激励对象转让股权,或者在创始股东与激励对象签订激励协议后,公司也未出具任何声明将该协议纳入公司的股权激励计划中去,那么,创始股东与激励对象的股权激励协议能否约束公司呢,激励对象能否据此要求公司交付激励股权?

【案例】

雷某与武汉某光电股份有限公司、胡某、刘某合同纠纷一案

该案中,武汉某光电股份有限公司(以下简称"某光电公司")在与员工雷某的聘任合同中明确了雷某获得股权激励,同时需要在公司服务满一定年限。之后,公司的另两位股东胡某、刘某分别与雷某签订了股权激励赠予协议、股权赠予协议和转让协议,协议中也明确了雷某获赠的条件是满足一定的工作年限,如果违反,应该无偿将股权返还给两位股东。

后来雷某未到服务年限即因个人原因与公司解除劳动关系。对于雷某提出的原告某光电公司与其是劳动合同关系,而两股东与其是股权转让关系,不应合并审理的主张,两审法院均认为两位股东对雷某的股权赠予行为是在实施某光电公司与雷某的聘用合同的内容,涉案的聘用合同、股权赠予协议、股权转让协议是某光电公司对雷某进行股权激励不可分割的组成部分,某光电公司、胡某和刘某提起诉讼是基于同一事实、同一理由,其诉讼请求的性质也相同,其诉讼标的是共同的,三名原告对诉讼标的有不可分的共同的权利义务,其所诉系不可分之诉,应当合并审理。

一般而言,如果先有公司与激励对象的股权激励约定,比如在聘用合同中包含股权激励条款,再有创始股东与激励对象的股权激励合同、股权转让合同或者赠予合同,而且后一个合同中明确说明是实施公司对激励对象的激励计划,那么就相当于公司委托授权创始股东以其自有股权实施公司的股权激励计划,合同虽未有公司参与签订,但是,也是属于公司股权激励的一部分,公司、创始股东的利益是共同的,公司可以作为一方当事人加入创始股东与激励对象的合同纠纷中来,这个观点由本案所证实。

但是实际判例中,除了认为创始股东对激励对象的股权转让属于公司股权激励的一部分的情形外,也有认定创始股东与激励对象的激励协议仅是股东处分股权的行为,与公司无关的情形。

【案例】
肖某与上海市相互广告有限公司公司盈余分配纠纷案

肖某与上海市相互广告有限公司(以下简称"某广告公司")公司盈余分配纠纷一案[上海市第一中级人民法院〔2014〕沪一中民四(商)终字第1506号]

2011年初,持有某广告公司90％股权的大股东李某与包括肖某在内的三位激励对象签订《上海市相互广告有限公司股权激励方案》(以下简称《股权激励方案》),其中部分条款约定如下:

"5.每个激励人员可享有2011年至2012年两个会计年度内5％公司股权对应的分红权。根据两个会计年度内获得的股权红利总额来认购公司5％的股权,红利总额大于所认购股权价格的,多出红利退还激励人员,反之,激励人员出资补足。

"6.经协商一致,公司股权总价人民币(以下币种均为人民币)100万元,激励人员的出资额按其个人所能认购的股权比例计算。

"7.激励人员可自主决定是否将个人每个会计年度结束后所获得的股权红利用于认购公司股权,如决定不认购公司股权的,则将股权红利退还给激励人员。

"8.激励人员发生下列情况之一的,丧失当年分红权资格及后续认购公司股权的权利:……(4)未经公司批准,利用职务的便利,自己经营或为他人经营与本公司同类的业务。

"9.股权激励所涉的股权转让实施,直接通过股权转让协议的方式具体落实,不另行变更公司工商登记信息。

"10.公司章程、公司股东名册或公司登记机关登记的内容,与基于本激励方案所签订的股东协议内容有冲突或不一致的,以股东协议的约定为准。

"11.激励人员完成对公司股权的认购后,正式成为公司股东,享有股东权利……"

之后,肖某于2014年3月12日诉至原审法院,请求判令某广告公司支付肖某2011年、2012年、2013年各个会计年度内5%股权对应的分红及产生的利息。

首先,法院认为要求公司支付分红需要先成为公司的股东,而本案事实是肖某并未以股权红利认购公司股权,不具备某广告公司的股东身份,无权要求公司对其分红。

其次,股权激励方案上没有某广告公司的盖章确认,肖某主张李某作为公司的大股东及实际控制人在股权激励方案中的签字即代表某广告公司,因此,该股权激励方案对某广告公司有约束力。法院认为其主张依据明显不足,理由包括:

①股权激励方案的相对方是否为某广告公司难以确定,因股权激励方案并无某广告公司签章,虽有某广告公司股东李某签字,但未有证据证明李某得到某广告公司的授权,而且在股权激励方案中关于李某的身份是明确的,李某作为某广告公司创始人股东参与,并非以公司名义参与;

②股权激励方案中涉及的是某广告公司的股权及股权红利,而股权及股权红利的拥有者和有权处分者是公司的股东而非公司,此方案约束的是股东对股权或股权红利的处置行为,而不是公司的行为。

最后,法院驳回了肖某的诉讼请求,二审法院也予以维持。当然,两审法院也不否认股权激励方案签订各方当事人的真实意思,认为肖某可依股权激励方案的约定向相关人员李某主张权利。

因此,从上述案例可以看出,如果创始股东单方面与激励对象签订了激励协议,并未有任何证据证明公司接受其为公司对员工的股权激励,那么就仅在股东与激励对象之间有效,不对公司产生约束力,激励对象不能据此向公司主张权利。

公司名义的股权激励有别于创始股东进行的股权激励,所以出于对激励对象的保障性角度考虑,还是应同公司直接签订股权激励协议,也可以要求将公司纳入股权激励协议中来,与创始股东一起签订三方协议。

1. 股权来源方式

上市公司股权激励股票的来源

优势　类别	局限性	差　异
定向增发	公司不支出现金,行权时有收入	行权时需要不断办理变更登记
公司回购	美国上市公司最常用	时间限制(1年内),额度限制(5%)
股东转让	比较常见	股票来源的持续性没有保障
留存股票	/	我国法律规定上市公司原则上不允许,确有必要则上限为计划数量的10%

(1)原股东有偿转让或赠予

原股东有偿转让或赠予形式下激励的股权来自员工的有偿转让或赠予,是一种较为简便和灵活的股权来源形式,但是此模式下存在的一个问题是合同当事人的确定以及如若发生纠纷,案件当事人的确定。激励对象受到公司的激励,公司往往与激励对象在聘用合同中明确了股权激励条款。但是,因为公司并没有持有自己的股权,无法向员工授予股权,所以,只能通过既有股东以折扣价有偿转让或者赠予的方式将其自有的股权转给激励对象,相当于公司委托股东完成股权转让行为以实现公司与激励对象的激励约定。如果是有限公司,既有股东的股权转让行为要遵守《公司法》对其他股东优先购买权的规定。

现有股东将自己的股权无偿赠予激励对象,并依据《公司注册登记管理条例》《股份赠予合同》等规定进行股权过户,受赠人自过户登记日取得公司股权及其对应的收益权利。现有股东将自己持有的股权有偿出让给激励对象。激励对象在支付相应对价后,依据股权出让合同、公司登记管理条例办理过户登记,自过户登记之日起享有股权权益。

在前述的"雷某与武汉某光电股份有限公司、胡某、刘某合同纠纷一案"中,就存在类似情况。

如果激励对象已经完成了股东股权赠予协议所附的条件,赠予人将无权撤销赠予,因为虽然名为"赠予",但是双方均享有权利并承担义务,此赠予实质上是股权激励协议,并非无偿赠予,股东不能单方撤销。

另一个问题是,如果激励对象未达到所附的条件,赠予人能否撤销赠予,收回全部股权?

【案例】

董事长告原副总要求进行赔偿

雪莱特董事长柴某称,2002 年 12 月,为激励高管,柴某自愿将名下的 38 万股(约合当时公司总股本的 3.8%)公司股份赠给时任公司副总经理的李某,双方同时约定李某自 2003 年 1 月 1 日起至少要在公司服务满 5 年,若中途退出则将收回这部分股权。当时的这 38 万股股权在雪莱特上市及送股后,增至 522 万股。2004 年 7 月,柴某再次签订股权赠予协议,将名下的占公司 0.7% 的股权(折合现股票 96 万股)赠予李某。李某承诺自 2004 年 7 月 15 日起 5 年内,不能以任何理由从公司主动离职,否则将按约定向柴某给予经济赔偿。但李某并没有履行承诺,而是于 2007 年 8 月 25 日向公司提出辞去公司董事及副总经理职务。2007 年 9 月 29 日,柴某以未履行相关协议及承诺为由,将李某告上法庭,要求李某归还所有赠予股份。因为本案牵涉的股权在起诉时市值达上亿元,故由广东省高级人民法院进行一审,广东省高院判决认为,此前那 3.8% 的股份是属于有偿转让而非"无偿赠予",所以判决李某赔偿柴某赠予的 0.7%

的股份共计约 1900 万元。对于广东省高院的判决,柴某与李某双双不服均上诉至最高人民法院,最高院判决:采纳柴某的答辩,判决了李某3.8%的股份属于柴某赠予,0.7%的股份为流通股票。

在广东雪莱特公司两位股东之间的股权转让纠纷案件中,对于针对3.8%的股权法律关系,最高法院二审认定股东之间是附条件的赠予,而非一审认定的有偿转让,所附的条件是受赠人须在雪莱特公司工作满5年,如果违反条件,赠予人有权撤销赠予。关于撤销赠予后的股份返还问题,最高法院的法官首先认为原合同约定不清楚,继而提供了一种计算方式:返还数=出让的总股数÷60个月(5年服务期限×12个月)×剩余未服务月数。这其实遵循了实质公平原则,赠予人提出应该全部返还,但是最高法院法官认为受赠人已经在公司工作了 4 年零 9 个月,尚有四个月的服务时间未满,如果全部返还对受赠人不公平。但这种计算方式并非放之四海而皆准,在有的案件中,如果员工服务期限未至就离职,就不能获得任何股份,并非是服务多长时间就按比例计算能够获得的股份数。

(2)股份公司回购本公司股份

《公司法》第一百四十二条对股份公司回购本公司股份的情况有明确规定,公司不得收购本公司股份。但是,有下列情形之一的除外:①减少公司注册资本;②与持有本公司股份的其他公司合并;③将股份奖励给本公司职工;④股东因对股东大会做出的公司合并、分立决议持异议,要求公司收购其股份的。公司因前款第一项至第三项的原因收购本公司股份的,应当经股东大会决议。公司依照前款规定收购本公司股份后,属于第一项情形的,应当自收购之日起十日内注销;属于第二项、第四项情形的,应当在 6 个月内转让或者注销。公司依照第一款第三项规定收购的本公司股份,不得超过本公司已发行股份总额的 5%;用于收购的资金应当从公司的税后利润中支出;所收购的股份应当在一年内转让给职工。公司不得接受本公司的股票作为质押权的标的。但是对于有限责任公司而言,因为其并没有一个公开交易股权的市场,此种方式并不好操作,所以,有限公司的股权激励,可以采取由股东转让或者赠予股权给激励对象,作为激励股权的来源。

我国《公司法》一百四十二条规定,公司回购自己股份用于奖励职工应遵循以下规则:回购事项应当经股东大会决议,且所收购的股份应当在一年内转让给职工;收购的本公司股份,不得超过本公司已发行股份总额的 5%;注意回购的基数是应当是发行股份而不是实缴资本;在回购的资金来源上,用于收购的资金应当从公司的税后利润中支出。

同时,《财政部关于〈公司法〉施行后有关企业财务处理问题的通知》中规定,因实行职工股权激励办法而回购股份的,回购股份不得超过本公司已发行股份总额的 5%,所需资金应当控制在当期可供投资者分配的利润数额之内。股东大会通过职工股权激励办法之日与股份回购日不在同一年度的,公司应当于通过职工股权激励办法时,将预计的回购支出在当期可供投资者分配的利润中做出预留,对预留的利润不得进行分配。

(3)公司设立时预留的期权池

公司在成立之初可以预留部分股权用于股权激励,预留股权可一般由大股东或指定的股东先行进行代持。但是这里需要注意的是,相较于其他形式的委托持股预留期权池的代持因为没有明确的委托持股人,所以在设立伊始就需要相关股东签订相关股东协议对该预留及代持事实予以明确,以免该部分股权被创始股东"据为己有";另外考虑到未来公司战略的调整,所预留的该部分股权可能在数量上会出现预留的过多、过少,甚至是没有进行股权激励的情形,所以在预留时签订的股权协议中要对该等事实进行明确,如预留过多或没有进行股权激励时所有的创始股东要对所预留的股权按比例进行认购,预留过少时,不足部分要由所有的创始股东同比例转让或另行进行增资,切忌相关约定不落实于书面而仅仅进行一个口头约定。

(4)增资扩股

增资扩股的形式为公司通过增资的形式解决激励股权的来源问题。在此方式下,对公司的原股东而言,需要放弃优先认购权。因为激励对象为认购增资所支付的对价往往低于股权的公允价值,即低于公平市场价格,所以如果公司前期的融资中有优先股融资行为,且存在反稀释条款的,如约定"若公司增发股权类证券且增发时公司的估值低于 A 类优先股股权对应的公司估值,则投资人有权从公司或创建人股东无偿(或以象征性价格)取得额外股权,或以法律不禁止的任何其他方式调整其股权比例,以反映公司的新估值。在该调整完成前,公司不得增发新的股权类证券"。那么在这种情况下,如果对反稀释条款的适用没有排除员工股权激励计划的情形,也需要优先股股东放弃权利调整股权比例。

对激励对象增发股份,在非上市公司中并不存在法律障碍,但要符合《公司法》关于股东上限的规定,其中有限责任公司股东上限为 50 人,股份有限公司股东上限为 200 人。如果激励对象超过该限制,可以由激励对象集合资金注册新公司,由新公司向目标公司增加注册资本,从而实现激励对象的间接持股,但股转系统挂牌公司不得适用前述方式实现激励对象的间接持股。根据《非上市公众司监管问答——定向发行(二)》的有关规定,为保障股权清晰、防范融资风险,单纯以认购股份为目的而设立的公司法人、合伙企业等持股平台,不具有实际经营业务的,不符合投资者适当性管理要求,不得参与非上市公众公司的股份发行。因此,股转系统挂牌公司不得为规避实施激励后股东人数超过 200 人而设立员工持股平台(公司或合伙企业)认购发行股份。

《中关村国家自主创新示范区企业股权和分红激励实施办法》第十六条规定,企业可以通过以下方式解决标的股权来源:①向激励对象增发股份。②向现有股东回购股份。③现有股东依法向激励对象转让其持有的股权。另外,《公司法》第三十四条规定,有限责任公司新增资本时,股东有权优先按照其实缴的出资比例认缴出资。《全国中小企业股份转让系统股票发行业务细则(试行)》第八条规定,挂牌公司股票发行以现金认购的,公司现有股东在同等条件下对发行的股票有优先认购权。公司现有股东可以采取如下方式放弃该等权利:①公司章程规定,在章程中明确股东对用于股权激励的新增资本不享有优先认购权。②公司股东会就股权激励事项单独表决放弃优先权。③公司现有股东出具放弃优先认购的承诺函。相比较而言,第一项所列方式更具有稳定性,有利于解决公司股东的协调性,避免事后决议可能造成股东间分歧。

2. 股权激励资金的来源

除公司或老股东无偿转让股份外,股权激励对象需要支付一定的资

金来受让该部分股权。根据资金来源方式的不同,可以分为以下几种:

(1)激励对象的自有资金

在实施股权激励计划时,激励对象是以自有资金购入对应的股权,在以自有资金购入的模式下,出让方与受让方签订股权转让协议并约定转让价款的支付与结算。实践中,由于员工的支付能力通常都不会很高,所以,需要采取一些变通的方法,比如,在股权转让中采取分期付款的方式,而在增资中则可以分期缴纳出资或者由大股东提供担保。但《上市公司股权激励管理办法(试行)》和《国有科技型企业股权和分红激励暂行办法》均规定,上市公司、国有科技型企业不得为激励对象依股权激励计划获取有关权益提供贷款以及其他形式的财务资助,包括为激励对象向其他单位或者个人贷款提供担保。

(2)提取激励基金

激励基金主要用于激励公司职工,或作为公司管理人员履行职务的风险基金来源。因此,为了支持股权激励制度的实施,公司可以建立相应基金专门用于股权激励计划。公司从税后利润中提取法定公积金后,经股东会或者股东大会决议,还可以从税后利润中提取任意公积金用于股权激励。

参考《股权激励有关事项备忘录1号》第一条关于激励基金提取的规定:"1.如果标的股票的来源是存量,即从二级市场购入股票,则按照《公司法》关于回购股票的相关规定执行;2.如果标的股票的来源是增量,即定向增发方式取得股票,则(1)提取的激励基金应符合现行法律法规、会计准则,并遵守公司章程及相关议事规程。(2)提取的激励基金不得用于资助激励对象购买限制性股票或者行使股票期权。"

对上市企业而言,激励基金一般用于回购存量股票,回购后的存量股票用于授予激励对象股票期权或限制性股票。

(3)其他资金来源

一些购买力不强的股东在股权激励方案中还可以考虑设计如下资金来源:公司贷款、工资或奖金扣除,等等。但是这样的设计方案会有侵害小股东利益之嫌，因此在制订前需要明确是否有违公司章程及相关规定。

【案例】

公司代缴购股款不影响员工的股东身份

在北京某投资管理有限公司（以下简称"某公司"）、北京 A 复合材料股份有限公司（以下简称"A 公司"）与刘某合同纠纷一案中，实施股权激励的 A 公司与公司的持股平台某公司主张解除与 A 公司的员工刘某之间的股权激励协议，其中一个原因就是刘某并未按照约定和相关规定履行出资义务或者向公司申请贷款。

但是法院认为已有证据显示，某公司增资后的验资报告记载，其中部分增资款项确是以刘某的名义存入该公司资本账户的。一、二审法院均据此认定某公司、A 公司及刘某之间存在通过签订和履行激励协议，使刘某成为某公司股东的共同意思表示，且相应增资款项经验资确认已实际缴纳到位，而增资款项的具体来源问题与股东资格的取得分属两个法律关系，刘某与公司之间基于款项来源的债权债务关系不影响其已经取得的股东身份。

在有偿的股权激励中，员工需要以自有资金支付购股款以获得激励股权，由于员工的支付能力有限，公司一般会做出安排，比如由公司或者公司创始股东提供借款，员工与出借人签订借款合同，或者由公司代缴，之后从员工的工资或者股权收益中扣除。一旦以员工名义进行出资，员工作为股东就完成了对公司的出资义务，从而获得股东身份，至于其所缴纳的出资是否涉及与第三方之间的债权债务关系，则并不影响股东出资行为本身的法律效力。公司不能以代员工缴纳了购股款、员工未缴纳为由否定员工的股东身份。但是需要注意的是依据国资发改革〔2008〕139号《关于规范国有企业职工持股、投资的意见》，国有企业不得为职工投资持股提供借款或垫付款项，不得以国有产权或资产做标的物为职工融资提供保证、抵押、质押、贴现等；不得要求与本企业有业务往来的其他企业为职工投资提供借款或帮助融资。对于历史上使用工效挂钩和百元产值工资含量包干结余以全体职工名义投资形成的集体股权现象应予以规范。

　　所以,该案即公司支付了员工的购股款,这样就不能否认员工的股东身份,除非公司在激励方案中就明确规定公司不代为垫付,员工过期未付就视为放弃激励股权。

第七节　股权激励时间的确定

　　广义的股权激励时间确定包括了公司进行股权激励计划的时间确定,以及一份股权激励计划中各个相关环节的定义和时间约定。

1. 何时进行股权激励

　　在实务操作中经常会遇到这样的客户,他们经常会问:我们的企业什么时候进行股权激励合适,我们的企业现在可以启动股权激励吗? 其实开展股权激励的创业者必须持有一个谨慎的态度,切勿不明就里地东施效颦,为了股权激励而进行股权激励,以不恰当的目的,在不合适的时机启动股权激励容易产生相反的效果,从而给公司和实际控制人增加诸多法律风险。股权设计是公司的顶层架构设计,牵一发而动全身,因此在启动股权激励以前必须思考清楚为什么要进行股权激励,在搞清楚激励的目的之后还需要了解公司目前是否具备进行股权激励的条件。

　　前文对公司及资本的生命周期进行了简单介绍,在此就不再赘述。总体而言,笔者认为一个公司应该选择在成长期和成熟期进行股权激励。在这一阶段,公司经营状况良好且有非常强的发展潜力,其股权的潜在价值也日益凸显,所以无论是从激励效果来看还是从企业环境来看,处在上升期的公司都较为适合进行股权激励。

　　另外,从企业资本运作的角度看股权激励,在初创阶段创始合伙人团队搭建,主要关注创始合伙人之间的股权设计,并考虑预留相关股权为后续股权激励及其他股东进入留有余地。在天使轮到 A 轮、B 轮等投资人进入的阶段,一般都需要企业进行一轮或多轮的股权激励计划,以促进公司的发展。如果有公司有进入新三板的打算,那么挂牌新三板前的股权激励需要综合考虑新三板的股权激励规定及后续 IPO 的要求,建议在挂牌前设立持股平台并考虑为持股平台留有较大比例股权,以免挂牌后,无法设立持股平台进行激励。在 IPO 前如果还有融资需求的,需要考虑是否还需在 Pre-IPO 轮再进行一次股权激励,如果需要进行的,则应当考虑股份支付是否会对公司的净利润产生影响,以免因股权激励而影响申报要求的满足。

2.股权激励操作中的时间概念

此外,以股权期权和限制性股权的激励模式为例,一个股权期权计划或限制性股权方案包括有效期、授予日、授予期(等待期)、可行权日、行权期(窗口期)、行权日、限制期(锁定期)。其中,部分概念如下。

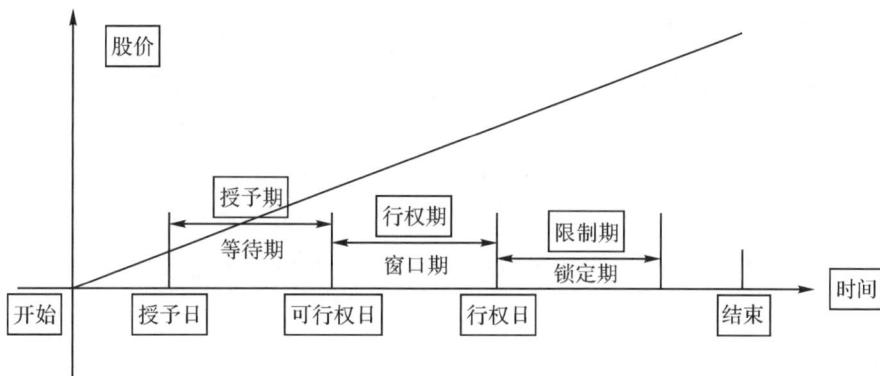

股权激励操作中的时间概念

(1)有效期

《上市公司股权激励管理办法》中明确规定股票期权授权日与获授股票期权首次可以行权日之间的间隔不得少于 1 年,股票期权的有效期从授权日计算不得超过 10 年。《关于中关村国家自主创新示范区股权激励改革试点工作若干问题的解释》第四条也做出同样规定。

《中关村国家自主创新示范区企业股权和分红激励实施办法》第十四条规定股票期权授权日与获授股票期权首次可行权日之间的间隔不得少于 1 年,股票期权行权的有效期不得超过 5 年。

《国有科技型企业股权和分红激励暂行办法》(财资〔2016〕4 号)第十八条第二款规定股权期权授权日与获授股权期权首次可行权日之间的间隔不得少于 1 年,股权期权行权的有效期不得超过 5 年。

由于《公司法》未对有限公司股权激励有效期做出规定，同时考虑中关村国家自主创新示范区企业是国家进行公司股权激励的试点开发区，对于非上市公司股权激励比较有借鉴意义。

（2）授权日

对于非上市公司，法律法规没有明确规定授权日必须避开某些敏感时期，故非上市公司股权激励计划的授权日可以确定在股东会或股东大会审议通过股权激励计划后的合理时间内（上市公司通常为30日），但限制性股权还应同时满足激励对象达到预先约定的条件。

（3）行权等待期

期权股权的授权日至获授股权首次可行权日的这一时期，通常称为行权等待期或行权限制期。《上市公司股权激励管理办法》第二十二条、二十三条，《中关村国家自主创新示范区企业股权和分红激励实施办法》第十四条、十五条，《关于中关村国家自主创新示范区股权激励改革试点工作若干问题的解释》第四条，皆对行权等待期做出不得少于1年的规定。且在股票期权有效期内，企业应当规定激励对象在股票期权行权的有效期内分期行权；股票期权行权的有效期过后，激励对象已获授但尚未行权的股票期权自动失效。

（4）禁售期

禁售期是指激励对象获授股权后进行售出等转让行为限制的时间段。《中关村国家自主创新示范区企业股权和分红激励实施办法》第十八条对标的股份禁售期规定如下：激励对象自取得股权之日起5年内不得转让、捐赠其股权。《国有科技型企业股权和分红激励暂行办法》（财资〔2016〕4号）第二十二条规定，"股权激励的激励对象，自取得股权之日起，5年内不得转让、捐赠"。实践中，多数公司规定禁售期不少于一年。激励对象（特别是当激励对象为公司董事、高级管理人员时）禁售期后转让获授股权应遵守《公司法》《证券法》及公司章程的相关规定。

3. 股权激励中的时间安排

(1)期权模式下的时间安排

根据前文对股权期权的介绍,激励对象的期权并不在授予时进行发放,而是在一定期限(等待期)后,根据考核的结果,由激励对象在行权期进行行权,之后公司才将股权转让给激励对象。同时可以约定相应的禁售期。

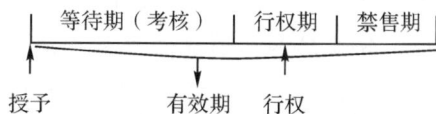

期权模式下的时间安排

(2)限制性股权模式下的时间安排

根据前文介绍,在限制性股权的模式下,可以事先授予激励对象一定数量的公司股权,但股权的分红、抛售等在一定期限内(等待期)有一些特殊限制。一般只有当激励对象完成特定的考核目标后,激励对象才可以在解锁期解锁相应的股权,并从中获益,同时在实股的激励下可以约定相应的禁售期。

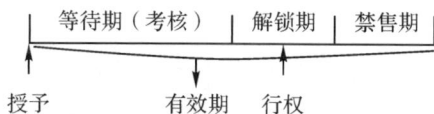

限制性股权模式下的时间安排

4. 行权条件中所要求的工作年限从何时起算

激励员工在真正获得公司授予的股权之前,公司可以要求员工须满足一定的工作年限要求,但从什么时候起算需要在协议中明确,是从员工入职公司之日起算,还是从与员工签署股权授予协议之日起算。如果未能明确,一旦发生争议,法院会根据公司对员工行权所采取的行为来综合确定。

【案例】

林某与被告某实业(集团)有限公司、成清波合同纠纷案

林某与被告某实业(集团)有限公司(以下简称"某实业公司")、成清波(公司的法定代表人)合同纠纷案(广东省深圳市中级人民法院民事判决书〔2013〕深中法民终字第 900 号)

原告林某于 2000 年 6 月入职被告某实业(集团)有限公司,自 2002 年 12 月 16 日至 2010 年 8 月 9 日期间一直担任该公司董事。

2006 年 2 月,原告与被告某实业公司签订《某实业(集团)有限公司首次虚拟股权激励确认书》(以下简称《激励确认书》),确认被告某实业公司经对原告的上年度工作业绩和工作能力进行全面考评,奖励原告认购吉林某集团股份有限公司、内蒙古某集团实业股份有限公司的虚拟股权各 15 万股,每股 1.5 元,共计 45 万元。并约定了准予认购人行权的条件,其中包括"在集团公司工作(或为集团服务)满五年"。2006 年 3 月 20 日,原告向被告某实业公司支付股本认购款 45 万元。

2007 年 4 月 4 日,原告向被告某实业公司提出激励股权行权申请。被告某实业公司根据原告的申请出具确认书,同意对激励股权吉林某集团 5 万股、内蒙古某集团(已更名为天津某集团)4 万股进行行权变现,确认行权金额共计 51.62 万元,尚未行权的激励股权为吉林某集团 12.7 万股、内蒙古某集团 11 万股。上述确认行权的金额 51.62 万元被告某实业公司已于 2007 年支付给原告。

2010 年 3 月,原告就离职及剩余激励股权的行权问题与被告某实业公司进行协商,2010 年 3 月 19 日,被告成清波在 2007 年的行权确认书上确认:"同意行权金额加补偿共计人民币 140 万(壹佰肆拾万)。"2010 年原告自被告某实业公司离职。2010 年 11 月 25 日、2011 年 9 月 27 日,被告某实业公司分别向原告支付 50 万元、20 万元,之后两被告未再向原告支付任何款项。原告诉至法院要求两被告承担剩余未付的行权金额和补偿金。

关于林某是否符合行权条件要求的 5 年服务期,某实业公司主张原告应该从签订《激励确认书》之日的 2006 年 2 月起工作满 5 年才可获得剩余股权的行权条件,但其于 2010 年离职,其工作年限不符合准予认购人行权条件,无权享有行权的权利。而一、二审法院均认为原告从 2002

年起就在某实业公司工作,至其 2010 年离职已经工作满 5 年,符合行权条件。况且林某于 2007 年申请行权已实际获得了某实业公司的批准,而且在 2010 年,某实业公司的法定代表人对林某 2010 年提出的行权申请亦已签署意见同意行权,故应认定林某符合行权条件。

结合以上,公司需要明确股权激励所要求的服务期的起算时间,尤其对老员工的股权激励,更有必要。另外,在员工申请行权时,公司如果认为员工服务期限未到,行权条件不具备,就应该及时提出异议,否则,就会被认为以实际行为变更了之前对服务期限的要求,本案法院就是根据公司及其法定代表人的行为认定原告的工作年限是从其入职之日起算,并认为符合行权条件中的服务期限要求。

第八节 股权激励条件的确定

股权激励不是股权奖励,既然是激励那必须要设立相应的激励条件,股权激励的条件通常包括股权激励的授予条件和股权激励的行权条件。

1. 条件设置

(1)个人条件设置

关于授予条件的确定,应当侧重于激励对象的忠诚度,如历史贡献、岗位、入职年限及各方面的表现对其进行一个量化和细化的确定,而行权的条件则要侧重于员工的个人能力即未来价值,对其个人相应的绩效考核或其他考评体系得分及公司整体的绩效考核和其他考评体系的得分进行相应条件的设置。

在业绩的考核指标上不同岗位可以采用不同的考核指标,比如销售岗位侧重于以销售业绩或市场占有率为主,人力资源岗位可以以人员的稳定及企业文化的建设情况度作为考核指标,后勤保障岗位则可以以企业的安全情况或是投诉率作为考核指标的设计等。

常用业绩考核指标

项目	战略目标	常用指标
财务指标	股东价值持续增长	经济增加值、每股盈余、股票价格、市盈率、净利润增长率、净资产收益率、投资回报率
	资产运营	净现金流量、应收账款周转率、流动资产周转率
	偿债能力	资产负债率
股东与客户	与董事会关系	董事会对关系的评估
	与股东关系	股东满意度
	增加客户价值	市场占有率、顾客满意度、销售增长率
管理流程	监控财务业绩	盈利等级的质量
	实施风险管理流程	风险事件处理率
学习与成长	技术支持	专利数量、专利利用数量、研发投入与销售额之比、新产品开发周期
	人力资源支持	关键岗位的人力资源储备、关键岗位实施继任计划百分比、关键员工流失率
	企业文化支持	员工满意度、员工培训投入与销售额之比、员工的收入增长率

股权激励的目的是激励员工为公司尽心尽力服务,除了要满足相应的绩效条件之外,一般都会通过约定最短服务期来约束员工的辞职行为,员工如果在服务期届满之前辞职,公司有权主张相应的赔偿吗?

【案例】

员工接受股权激励后公司上市前离职,因违反《承诺函》而赔偿违约金

富安娜在 2009 年 12 月 30 日深交所上市前有超过 2000 名员工,2007 年 6 月,富安娜制订和通过了《限制性股票激励计划》,以每股净资产 1.45 元的价格向 109 位员工定向发行 700 万股限制性股票。

被告曹某原为富安娜常熟工厂的生产厂长,在富安娜对员工实行股权激励计划期间,以 1.45 元的优惠价格认购了 5.32 万股的股票(相当于原始股),并于 2008 年 3 月 20 日以公司股东的身份向富安娜出具了《承诺函》,承诺"自本承诺函签署日至公司申请首次公开发行 A 股并上市之日起三年内,本人不以书面形式向公司提出辞职,不连续旷工 7 日",并承诺"若发生上述违反承诺的情形,本人自愿承担对公司的违约责任并向公

司支付违约金"。违约金为持有的股票可公开抛售之日的收盘价减去违约情形发生时上一年度每股净资产。

然而,在取得富安娜股票后,曹某从 2010 年 7 月 1 日起在未办理任何请假手续的情况下连续旷工,且再未到富安娜上班,自动离职,该行为违反了其《承诺函》,导致富安娜对其股权激励目的无法实现。经南山区人民法院审判委员会讨论决定,判决被告曹某于判决生效之日起十日内向原告深圳市富安娜家居用品股份有限公司支付违约金 189.89 万元及利息,如未按判决指定的期间履行金钱给付义务,将加倍支付延迟履行时间的债务利息,此次案件诉讼费用由被告曹某全额承担。法院确认《承诺函》对被告具有约束力。

员工接受股权激励后离职,公司将无偿收回或者有偿回购所授予的股权,而有偿回购的价款也往往不会考虑股权溢价以限制员工的股权收益。但是,如果股权激励协议未约定服务期,在授予人尚未授予股权的情况下,员工就辞职的,员工是否还能依据激励协议要求授予股权,并确认股东资格? 如果股权授予是无偿的,授予人能否主张撤销赠与?

【案例】

北京某科技发展有限公司、任某与郑某股东资格确认纠纷案

北京某科技发展有限公司(以下简称"某科技公司")是由自然人股东任某 100% 持股的一人有限公司,郑某是该公司员工,2011 年 9 月 16 日,任某和某科技公司向郑某出具授权书一份,该授权书载明:"郑某同志,根据某科技公司职工激励机制的相关规定,鉴于您在本公司 3 年来的工作效益和业绩考评,公司拥有者任某经过慎重考虑,授予您 25 股(占注册资本金 25%)的公司股份作为职工奖励薪酬。您可以据此享有该股权份额相关的分红权和股价升值收益,并拥有所有权,但不能转让和出售。请据任某签字确认的授权书,去财务办理相关授权备案手续。"该授权书有某科技公司的盖章,法人处有任某的签字。

后来在 2013 年 1 月 15 日,郑某由于个人发展从公司离职。由于任某未履行授权书约定,将其持有的某科技公司 25% 股权作为职工薪酬奖励给郑某,郑某起诉至法院,要求判令确认郑某为某科技公司股东,持股比例为 25%。任某、某科技公司提出若认定授权书是任某个人与郑某之间的协议，因为是无偿转让，应属于赠予行为，在尚未实际赠予之前，赠予人可以撤销赠予。

而法院认为依据授权书中"根据某科技公司职工激励机制的相关规定""公司拥有者任某经过慎重考虑，授予您 25 股（占注册资本金 25%）的公司股份作为职工奖励薪酬"等内容，可以确定任某授予郑某股权具有股权激励性质，授予的原因系郑某为某科技公司提供的劳动及其劳动为某科技公司带来的成果，故涉案授予股权行为并非无对价的赠予行为，不能撤销。

【案例】
丘某与王某合同纠纷案

该案中，丘某作为某公司的创始股东与某公司、王某三方协议约定某公司拟在条件成熟时申请公开发行股票并上市，由王某担任某公司的董事会秘书，负责某公司股东大会及董事会具体日常事务等相关工作，同时对王某做了股权激励的承诺，在某公司上市后，丘某将补偿赠予王某一部分股份，但若某公司未能完成 IPO 或王某未能勤勉尽职，则王某不再享有补偿赠送的全部或部分股份的权利。后来某公司顺利上市，丘某却向王某发送撤销赠予通知，告知王某根据《合同法》第一百八十六条，其决定撤销赠予，之前承诺的股份不再赠送。

该案的一个争议点就是之前的三方协议的性质，即是否属于无偿赠予合同。如果是赠予合同，那么按照《合同法》第一百八十六条第一款"赠予人在赠予财产的权利转移之前可以撤销赠予"的规定，赠予人当然可以撤销赠予。但是，法院认为从三方协议约定来看，王某并非无偿受赠，其获得激励股权需要履行的义务是担任某公司的董事会秘书，负责某公司股东大会及董事会具体日常事务等相关工作。协议虽然使用"赠予"一词，但协议各方均享有权利并承担相应的义务，故此协议应为公司股东与高级管理人员之间的股权激励协议而非赠予合同。所以，在某公司已经上市，且没有证据证明王某未尽责的情况下，丘某不能撤销与王某之间的股权激励协议。

上述案件对公司及其创始人的借鉴有二：

第一，一定要约定股权激励的条件。在案例一中，如果授权书中对激励对象获授股权约定了条件，比如不少于 3 年的服务期，那么结果就完全不同了，即便激励对象在当时已经取得股权，但在提前辞职发生后，公司创始人作为股权授予方就有权收回股权。但在授权书中未约定收回股权的条件的情况下，不论接受方日后有何不法行为，授予方都将丧失收回股权的权利。

第二，如果在股权授予协议中明确了授予股权的目的是股权激励，或者授予的依据是接受方以往的工作业绩，按照案例二的裁判观点，该股权授予行为就不是无偿赠予，授予方不能以撤销赠予为由收回股权。

(2)公司条件设置

在条件的设置中不能仅仅设置员工个人的条件，由于股权激励的最终目的还是提高公司的整体效益，且避免员工为了完成相应的条件而损害公司的整体利益，所以在设置股权激励的条件时可以在设置员工个人条件的同时设置相应的公司条件，公司条件的设立可以从公司的整体的财务指标和发展指标进行设置。

但是由于公司的各项指标的达成并非一个员工个人能够实现的，所以在公司条件的达成情况和个人条件的达成情况上，两者之间需要设计一定的比重，通常我们建议客户要将权重大幅度地向激励对象的个人条件达成情况上倾斜，这个倾斜程度一般为个人条件的完成程度占总指标的 80％—90％，而公司条件的完成情况占总指标的 10％—20％为宜，当然这个指标的确定应当视具体情况而定。

除了两者在占总指标评分的权重上有所差异外，对两者之间的条件没有达成的后果也要做相应的区分。如果个人条件没有达成，而公司的整体条件达成了，那么即使总指标满足了行权条件，我们也认为这种情况下应看个人指标的完成情况，也应当不准予行权或仅进行象征性的行权，而如果公司条件没有达成，而个人的整体条件达成了，那么情况则恰恰相反，应当视情况给予完全行权，或象征性地减少行权数量。

2. 条件生效

按照《最高人民法院关于适用〈中华人民共和国合同法〉若干问题的解释（二）》第一条，合同条款分为绝对必要条款和相对必要条款，缺少了绝对必要条款合同就不成立，在股权激励中也是如此。公司针对某个员工的股权激励文件也是公司与员工之间的一种协议，如果此协议缺少绝对必要条款或者要素，将会被认为不成立或者不生效。此外，协议生效需要特定批准同意程序的，也要满足该程序之后，才能生效。

【案例】

杨某与郑州某置业有限公司、杨某某、杨 A、郑州某房地产开发
有限公司、张某、李 B 债权纠纷一案

郑州某置业有限公司（以下简称"某置业公司"）向杨某出具的任命书中写道："公司根据湛（杨）某经过一年来的工作表现和工作能力，经公司董事研究决定……公司对湛（杨）某待遇如下：

"（一）公司盈利净值（包括固定资产，以下盈利包括固定资产）在 100 万元内，可拥有百分之五股份；

"（二）公司盈利净值 300 万元内，可拥有百分之十股份；

"（三）公司盈利净值 500 万元内，可拥有百分之十五股份；

"（四）公司盈利净值 1000 万元内，可拥有百分之二十股份；

"（五）公司盈利超出 1000 万元，可拥有百分之二十五股份；……"

后来，杨某向法院提出的一项诉求是公司盈利超出 1000 万元，公司应向其支付 25％的股份（后来在重审中变更诉讼请求为按公司盈利净值的 25％支付劳务报酬）。法院审理认为：

第一，任命书中的内容是根据完成公司盈利净值的比例，给予杨某不同份额的股份。该约定具有股权激励的性质，是给予杨某作为副总经理的股权激励计划。

第二，该任命书是某置业公司出具的，而根据《公司法》和某置业公司的章程规定，对于股本增减等重大事项，应当经过股东会批准。

某置业公司对杨某承诺的股权激励决定，仅加盖某置业公司的公章，该公司仅有的两个股东杨某某、张某在诉讼期间又均否认个人曾做出过

将自己名下的股份给予杨某的承诺,杨某又不能举证证明该任命书经过某置业公司股东会批准同意。而且该任命书对于杨某工作绩效考核评定方式和期限以及股权来源等相关内容没有规定。因此,该任命书关于股权激励部分的内容缺乏生效条件。

结合法院的意见可知,影响股权激励效力的因素包括两个方面。

(1)股权激励计划应该包含一些必要要素

如果缺乏必要要素,就难以成为一项有效的股权激励计划。对此,可以参照《上市公司股权激励管理办法》第九条关于上市公司制订股权激励计划应当在股权激励计划中载明的事项的规定,比如所授予的激励股权的来源、工作绩效考核评定方式和期限就属于股权激励计划的必要条款,而本案就是缺少了这些要素。

(2)股权激励计划应该经过股东(大)会批准同意

股权激励计划涉及股权结构及股本的改变,按照《公司法》及公司章程的规定,属于股东(大)会的决议事项。

【案例】

原告李某某诉被告宁波某某股份有限公司劳动合同纠纷案

[上海市松江区人民法院民事判决书〔2009〕松民一(民)初字第 5227 号]

原告与被告公司签订的聘用合同第四条就长期激励达成协议,其中分为三点:

①原告在推动公司整体业绩达成几个条件的情形下,享受期权激励,具体价位先由公司统一制订,双方在 2008 年另行书面确认。

②股权奖扣:在职每一个年度的每股收益比上年每提高 10%,则奖励原告 10000 股,每下降 10%,则扣回 10000 股。

③本期权激励体现并统一到经中国证监会批准的公司股权激励计划。

该协议签订后,被告公司并未制订公司范围内的股权激励计划,而原、被告所约定的股权激励计划并未经董事会审议,也未报中国证监会备案,亦未召开股东大会决议。

原告李某某依据上述激励协议,向法院起诉,要求被告支付其相应的激励股权,或者以每股折价计算的款项。

关于该激励协议的效力,法院认为:根据中国证监会颁布的《上市公司股权激励管理办法》的规定,股权激励计划需由上市公司下设的薪酬与考核委员会拟定草案,并提交董事会审议,董事会通过后将有关材料报中国证监会备案,在中国证监会未提出异议的情况下,上市公司召开股东大会审议并实施该计划。可见,股权激励计划需要有严格的法定程序,而原、被告所签订的股权激励计划并未通过上述任何一道程序,而仅仅由董事长、总经理、原告三方签订了一份协议,而该协议也未经过董事会、股东大会,也没有报证监会备案,故该协议缺乏其生效、实施的必备法定条件和程序。

结合以上,公司有必要结合《上市公司股权激励管理办法》第九条的规定设计股权激励方案,否则,就会影响股权激励计划的有效性。另外,结合本部分的两个案件,股权激励方案在程序上需要公司股东(大)会决议通过,否则,对公司不生效。

《上市公司股权激励管理办法》第九条具体规定如下。

上市公司依照本办法制定股权激励计划的,应当在股权激励计划中载明下列事项:

"(一)股权激励的目的;

"(二)激励对象的确定依据和范围;

"(三)拟授出的权益数量,拟授出权益涉及的标的股票种类、来源、数量及占上市公司股本总额的百分比;分次授出的,每次拟授出的权益数量、涉及的标的股票数量及占股权激励计划涉及的标的股票总额的百分比、占上市公司股本总额的百分比;设置预留权益的,拟预留权益的数量、涉及标的股票数量及占股权激励计划的标的股票总额的百分比;

"(四)激励对象为董事、高级管理人员的,其各自可获授的权益数量、占股权激励计划拟授出权益总量的百分比;其他激励对象(各自或者按适当分类)的姓名、职务、可获授的权益数量及占股权激励计划拟授出权益总量的百分比;

"(五)股权激励计划的有效期,限制性股票的授予日、限售期和解除限售安排,股票期权的授权日、可行权日、行权有效期和行权安排;

"(六)限制性股票的授予价格或者授予价格的确定方法,股票期权的行权价格或者行权价格的确定方法;

"(七)激励对象获授权益、行使权益的条件;

"(八)上市公司授出权益、激励对象行使权益的程序;

"(九)调整权益数量、标的股票数量、授予价格或者行权价格的方法和程序;

"(十)股权激励会计处理方法、限制性股票或股票期权公允价值的确定方法、涉及估值模型重要参数取值合理性、实施股权激励应当计提费用及对上市公司经营业绩的影响;

"(十一)股权激励计划的变更、终止;

"(十二)上市公司发生控制权变更、合并、分立以及激励对象发生职务变更、离职、死亡等事项时股权激励计划的执行;

"(十三)上市公司与激励对象之间相关纠纷或争端解决机制;

"(十四)上市公司与激励对象的其他权利义务。"

方案落地演示

类　　别	个人考核指标条件
授予条件	入职年限达到　5　年
	岗位(级别)要求:部门经理级及以上
	业绩要求:年销售额达到 1000 万
	前一年度考核等级:A
	……

类　　别	公司指标条件	个人考核指标条件	达成情况	处理结果
行权条件	年净利润达到800万元	年销售额达到1000万元	两项指标一致达成	100%行权
			公司指标达成,个人指标未达成	5%行权
			公司指标未达成,个人指标达成	95%行权
			公司个人指标均未达成	不行权

第九节　股权激励机制的确定

　　股权的调整机制之于股权设计、股权激励的重要性已在第八章阐述过，在此不再赘述。我们认为股权激励的调整机制主要包括激励对象的退出机制和激励对象的动态调整机制。

1. 股权激励的退出机制设计

　　绝大多数的股权激励项目都是解决创始股东和员工股东之间的问题的，而股权激励是与激励对象的身份密切相关的，是为了员工的工作绩效。如果激励对象在某些情形下从公司离职，不再为公司工作，公司自然没有必要继续进行激励，也没有必要由其继续持有股权；而且，新的员工加入公司，也需要获得股权激励，如果离职员工的股权不能收回来，就会减少公司可以向新员工授予的股权份额。所以，激励对象在某些情形下离职时，公司一般都会规定相应的退出机制，授权相关回购主体回购激励对象已经兑现的股权，尚未兑现的，将不再兑现，或者要求激励对象将股权转让给创始股东。

退出情形的设定——退出机制的设计重点

退出性质	退出类别	退出情形	回购价格			赔偿损失	回购主体
			本金	分红	增值		
协商退出	/						
主动退出	无过错退出						
	有过错退出						
被动退出	违反法律规定						
	违反规章制度及约定						
	损害公司利益						

续　表

退出性质	退出类别	退出情形	回购价格			赔偿损失	回购主体
			本金	分红	增值		
特定退出	雇佣关系终止						
	退休						
	丧失行为能力						
	身故						
法定退出	不分红						
	合并分立转让主要财产						
	营业期限届满及解散						

(1)退出情形的设计

在本书第一篇股权设计通论中已经论述过,退出情形的设计处于退出机制设计的基础性地位,明确不同的退出机制的目的在于为不同的退出情形匹配不同的回购价格和回购方式,所以在退出情形上必须做出相应的区分。

①激励对象违反《劳动合同法》的规定导致劳动关系的解除。《劳动合同法》对劳动者的过错情形有明确的约定。根据该法第三十九条,当劳动者出现下列情形时,用工单位可以单方面同其解除劳动合同。具体情形包括:

a. 在试用期间被证明不符合录用条件的;

b. 严重违反用人单位的规章制度的;

c. 严重失职,营私舞弊,给用人单位造成重大损害的;

d. 劳动者同时与其他用人单位建立劳动关系,对完成本单位的工作任务造成严重影响,或者经用人单位提出,拒不改正的;

e. 劳动者以欺诈、胁迫的手段或者乘人之危,使用工单位在违背真实意思的情况下订立或者变更劳动合同的;

f. 被依法追究刑事责任的。

激励对象往往在公司价值观的倡导中起带头作用,因此相较于其他员工,激励对象应当有更为严格的要求。因此当激励对象出现上述情形时,应当匹配以相应的退出情形。具体如下：

a. 因犯罪行为被依法追究刑事责任；

b. 激励对象严重违反公司规章制度被公司解除劳动合同或解除合作关系的；

c. 激励对象履行职务时故意损害公司利益被公司解除劳动合同或解除合作关系的；

d. 激励对象因触犯法律、违反职业道德、泄露公司机密、失职或渎职等行为严重损害公司利益或声誉而被公司解除劳动合同或解除合作关系的。

②激励对象违反公司法的规定导致劳动关系的解除。考虑到激励对象通常都不是普通的基层员工，且绝大多数的公司高级管理人员都会是公司的首选激励对象，因此在员工过错的判定上，不仅仅要考虑《劳动法》的相关规定，还应当结合《公司法》对高级管理人员忠实、勤勉义务的相关规定（相关规定及退出情形的设置已在本书第四章股权设计概论的退出机制中进行论述，故此处不再赘述）。另外需要特别注意的是，《公司法》第一百四十六条规定了有下列情形之一的，应当解除其高管职务：

a. 无民事行为能力或者限制民事行为能力；

b. 因贪污、贿赂、侵占财产、挪用财产或者破坏社会主义市场经济秩序，被判处刑罚，执行期满未逾五年，或者因犯罪被剥夺政治权利，执行期满未逾五年；

c. 担任破产清算的公司、企业的董事或者厂长、经理，对该公司、企业的破产负有个人责任的，自该公司、企业破产清算完结之日起未逾3年；

d. 担任因违法被吊销营业执照、责令关闭的公司、企业的法定代表人，并负有个人责任的，自该公司、企业被吊销营业执照之日起未逾3年；

e. 个人所负数额较大的债务到期未清偿。

上述情形中a情形的出现实际上并非由激励对象的过错所引起，因此公司应当主要考虑上述b—e项的规定。在设计该类退出情形时对上述情形加以明确。

③激励对象单方面解除劳动合同导致劳动关系的解除员工激励对象。根据《劳动法》和《劳动合同法》的规定，劳动者在提前通知单位的情况下，有权提前解除劳动，如果仅就劳动关系而言，并不能将劳动者的主

动离职定性为劳动者存在一定的过错。

但是在股权激励的背景下,因为员工激励对象同公司签订的相关股权激励协议通常会约定明确的行权期和服务期,而员工激励对象在相应期限内的主动离职也使得股权激励失去了实施基础,故就股权激励而言,认定员工激励对象在相应期限内主动离职的行为属于其故意的违约行为也是合情合理的。

所以结合上述观点,可以考虑设置激励对象在相应期限内提前单方面提出终止或解除与公司订立的劳动合同或合作协议为相应的退出情形。

④激励对象存在其他过错导致劳动关系的解除。如本章在激励对象的甄别中所述,激励对象的忠诚度是激励对象选择的重要因素,而忠诚度除了服务年限的长短外,是否有参与同业禁止的行为也是评判员工是否忠诚的重要因素之一。因此将激励对象参加了本公司之外其他公司的期权激励计划的(包括但不限于股权期权、虚拟股权、限制性股权等)情形作为该类所约定退出情形之一也是合情合理的。

⑤公司单方面终止劳动关系导致劳动关系的解除。公司进行股权激励从某种程度上来说,是为了将公司和员工捆绑在一起,实现公司和员工的利益共同体。但是也有出于一些客观原因,如公司的经营战略调整或者受客观环境所迫,不得已单方终止和激励对象的劳动关系,导致激励对象退出的情形,因此在股权激励方案中需要对这种退出情形进行明确,即公司单方面终止或解除与激励对象订立的劳动合同,或激励对象劳动合同期满,公司不再与之续签劳动合同。

⑥其他退出情形。当出现激励对象死亡或因执行职务负伤而导致丧失劳动能力的,或者其达到法定年龄退休且退休后不继续在公司任职等情形时,继续进行股权激励将失去意义,因此需要将这些情形纳入退出情形设定的范围内。

(2)回购价格的确定

不同的退出情形需要匹配不同的回购价格,具体如何确定,依据的是不同退出情形下公司对激励对象的补偿力度。

①激励对象严重过错的退出情形下回购价格的确定。激励对象严重

过错的退出情形包括前述因激励对象违反《劳动合同法》《公司法》的规定,或存有其他过错等导致劳动关系的解除的情形。在这些情形下,建议公司在有证据证明激励对象存有过错且符合此类退出情形,并最终同其解除劳动合同的相关情况发生之日,经公司股东会批准,对激励对象已获准行权但尚未行使的部分终止行权,未获准行权的部分作废,按照惩罚性的价格进行低价甚至是原价进行回购(关于该价格的确定已在本书第四章中进行描述,本节将不再进行赘述)。

②激励对象主动退出情形下回购价格的确定。根据激励对象服务公司的时间长短可以匹配不同的回购比例和回购价格,从鼓励激励对象,进一步促进激励效果的角度而言,当激励对象完成了相应的服务期,也可考虑让激励对象保留部分已行权的股权。

例如激励对象如果在服务期限内主动从公司离职或因自身原因不能胜任工作岗位,经公司股东会代表三分之二以上表决权的股东通过(不含三分之二),并经三分之二以上股东通过(含三分之二)批准,可以按以下方式处理:

a.不满3年的,则由创始股东回购其全部股权的100%,且在价格的确定上应当进行低价甚至是原价回购;

b.3年以上不满5年的,则由创始股东回购其全部股权的80%,虽然较a的情况服务时间长,但该情况下激励对象仍未依约完成服务期限,因此回购价格应当也设置为低价甚至是原价回购;

c.5年以上的,则由创始股东回购其全部股权的60%,另有20%按激励方案签订之日(或代持协议签订之日)起至退出之日的年限(不满一年按一年计算)逐年匀速回购,其余20%可以保留。而在该种情况下,因激励对象已完成了服务期限,所以出于激励效果的考虑应当以约定较高的价格进行回购,以实现对激励对象的补偿。

③公司单方面解除劳动合同的退出情形下回购价格的确定。由于公司单方面解除劳动合同时激励对象并无相应过错,因此可考虑,经公司股东会批准,在该情况发生之日,对激励对象已获准行权但尚未行使的部分完成行权,但是由于劳动关系的不复存在将导致失去继续激励的意义,所以其未获准行权的部分作废,而在回购价格的确定上出于激励效果的考虑应当以所约定的较高价格进行回购,以实现对激励对象的补偿。

④其他退出情形下回购价格的确定。

a.工伤和退休。当激励对象因执行职务负伤而导致丧失劳动能力的或到法定年龄退休且退休后不继续在公司任职,因为该种退出情形下激励对象亦无相应过错,所以可约定在情况发生之日,对激励对象已获准行权但尚未行使的股权继续保留行权权利,并在15天内完成行权,其未获准行权的部分作废。在回购价格的确定上,出于激励效果的考虑,应当约定较高的价格进行回购,以实现对激励对象的补偿。

b.死亡。激励对象的死亡导致激励主体不复存在,因此自死亡之日起所有未行权的部分即被取消。但激励对象因执行职务死亡的,考虑到激励对象有一定的特殊贡献,因此公司股东会可以参考激励对象被取消的股权价值的一定比例对激励对象进行合理补偿,并根据法律由其继承人继承。

⑤特殊贡献者的特别规定。为了进一步的提高股权激励的效果,公司股东会可以认定一些特殊贡献者,在提前离职后可以继续享有股权。但公司有足够证据证明股权持有人在离职后尚未行权前,其行为给公司造成损失的,或虽未给公司造成损失,但加入与公司有竞争关系的公司的,公司有权中止直至取消其期权。

(3)股权回购主体的确定

公司在股权激励方案中一般都规定员工持股后与公司解除劳动关系的,由公司或者其他大股东回购激励股权。尽管按照《公司法》第七十四条规定的有限责任公司只在几种情形下有义务回购股权,以及第一百四十二条明确的几种情形之外,原则上股份公司不得收购本公司股份,而股权激励中引发回购的事由都不会落入公司回购股权或者股份的情形。但是,目前多数法院都以公司自治为由认可了在股权激励中公司回购股权的合法性。

另外,《公司法》对由大股东收购股权并无禁止,所以,由大股东回购的约定并无法律障碍。而且法院在有的案件中因不符合公司回购股权的条件而否定公司回购义务的情况下,也会肯定由股东受让、回购股权的约定的合法性。比如在所谓的"对赌协议第一案"甘肃世恒有色资源再利用有限公司、香港迪亚有限公司与苏州工业园区海富投资有限公司、陆波增资纠纷案中,法院的态度即是如此。

所以,在实践操作中一般建议客户由原让渡股权的股东进行回购或由所有股东进行同比例的回购。在确定回购义务人时,需要根据激励方案或股权授予协议等来确定,并在相关文件中尽量明确回购主体,以避免纠纷。

【案例】

湖南某投资集团有限公司与生某、第三人上海东方某发展
有限公司股权转让纠纷一案

在湖南某投资集团有限公司(以下简称"湖南某公司")与生某、第三人上海东方某发展有限公司(以下简称上海东方公司)股权转让纠纷一案中,生某与某文化股份有限公司(以下简称"某股份公司")、上海东方公司各自出资,共同成立北京东方某教育科技有限公司(以下简称"北京某公司")。三方签订《合资合作框架协议书》,约定由生某担任北京某公司的总经理,并且如果生某及北京某公司经营团队完成董事会确定的前三年经营指标,则由某股份公司对生某及其经营团队予以股份奖励。同时约定生某及持有公司股份的经营团队成员须与公司签订 3 年以上的劳动合同,如 3 年内离职的,奖励股份无偿转让给某股份公司,原始出资按原价转让。合同期满后离职的奖励股份和原始出资均按 1 元/股由某股份公司全部回购。

后某股份公司将其在《合资合作框架协议书》中的权利义务转让给湖南某公司。湖南某公司向生某出具《承诺书》一份,告知生某湖南某公司已经受让某股份公司在北京某公司 77.5% 的股权,湖南某公司已经实际接管北京某公司。对于某股份公司在与上海东方公司、生某为代表的经营管理团队以及颜某所签订的《合资合作框架协议书》中所享受的权利和所承担的义务与责任,湖南某公司依法代某股份公司承担。

后来生某在北京某公司工作未满 3 年离职,要求湖南某公司收购其原始出资。湖南某公司的抗辩理由有二:①按照《公司法》规定,只有出现法定情形,公司才负有回购股权的义务,且回购的主体为公司而非股东,生某主张由湖南某公司回购其股权缺乏法律依据,合同中约定的股权回购条款亦属于无效条款。②《合资合作框架协议书》约定如 3 年内离职

的,奖励股份无偿转让给某股份公司,原始出资按原价转让,原始出资按原价转让后面并没有明确湖南某公司是唯一的股权受让义务人。

一审法院审理认为:生某是依据协议要求湖南某公司履行收购其股权的义务,而非基于《公司法》的规定要求北京某公司履行股权回购的法定义务,生某与湖南某公司关于收购股权的约定不违反法律、行政法规的强制性规定,应属合法有效。

对于第二个争议焦点,一审法院认为:

第一,双方对合同条款的理解存在争议,首先应从合同使用的字句进行文义解释,争议条文"如3年内离职的,奖励股份无偿转让给甲方某股份公司,原始出资按原价转让"系完整的用分号对上下文进行分隔的句子,在句子内部"奖励股份无偿转让给甲方"与"原始出资按原价转让"系并列关系的分句,从语法上讲,在属于并列关系的分句中省略宾语可被视为与其他分句宾语相同,而不应被视为没有宾语。例如,"王某去洗衣服了,张某也去洗(衣服)了";再如,"这支钢笔我可以十块钱卖给你,那支铅笔五块钱(卖给你)"。此系汉语通用语法,符合一般的语言习惯,亦不存在通常情况下的其他理解。

第二,从体系解释的角度看,参照合同其他条款,结合该条约定的上下文,在整个合同中涉及的有义务对以生某为代表的经营团队进行股权奖励和股权收购的唯一主体即为合同甲方。

第三,从合同目的解释的角度看,《合资合作框架协议书》第八条的合同目的系设定对以生某为代表的经理人团队采取的股权激励措施,以及根据职业经理人团队的不同经营业绩由公司大股东对奖励股权进行收购的方案,故而,将"原始出资按原价转让"的受让对象解释为合同甲方是符合合同目的的。反之,如将该句理解为没有宾语——未约定受让对象,则该约定不在当事人之间发生民事权利义务关系的设立或变更或终止,因此不符合将合同条款尽量解释为有效的目的解释一般原则,也和上下文约定的权利义务关系缺乏协调性,亦不符合日常生活经验法则。

综上,一审法院支持了生某的主张,湖南某公司应该负有收购义务。后湖南某公司提出上诉,被二审法院以相同理由驳回。

该案的启示就是在签订协议时,一定要明确权利主体是对谁享有权利,义务人是谁,避免心怀不轨的当事人故意曲解协议的含义,引发不必要的诉争。

2. 激励股权回购中的常见问题

关于激励股权的回购,我们要特别注意以下几点问题。

第一,当员工侵害公司利益时公司能否无偿收回激励股权。有的股权激励计划中约定如果激励对象有泄露公司商业秘密,进行商业贿赂,违反竞业禁止规则等侵害公司合法权益的行为,公司可以不返还其已经支付的购股款而收回股权。这样的约定是否有效?从法院判决来看,效力是被认可的。一方面,既然公司以一定条件向员工授予股权,也就享有在特定条件下收回股权的权利。另一方面,从公平原则来看,员工应对其侵害公司合法权益的行为向公司承担损害赔偿责任,这是员工对公司的债务,而公司无偿收回股权相当于以物抵债,即以此种方式要求员工承担赔偿责任。如果公司在此之外还对员工另行起诉要求赔偿,在赔偿范围的确定上,员工可以主张扣除已被收回的股权的价值。

【案例】
魏某与北大某集团有限公司合同纠纷一案

魏某集团有限公司(以下简称"某公司")的虚拟股权激励实施方案(以下简称"激励方案")中有一条规定:"激励对象被解雇、免职时,激励对象因严重失职,给集团造成实质性损害,或因受到刑事处罚而被解雇、除名的,其授予的虚拟股权由集团全部收回,当期支付的购股款项不返还。"魏某与某公司签订了《协议书》约定了购买虚拟股事宜,并支付了购股款,购买了某公司授予的虚拟股权。按照激励方案,虚拟股权授予后自动进入3年锁定期,锁定期内激励对象不得行权,后来魏某在虚拟股权锁定期内辞职,要求某公司向其返还购股款。另外一个事实是魏某在工作期间违反了某公司和正信公司(某公司的下属公司,是魏某任职的公司)内部管理制度,构成职务侵占罪和挪用资金罪。

某公司不同意向魏某返还购股资金,原因是魏某在协议有效期内受过刑事处罚,根据激励方案相关条款的规定,应将其被授予的虚拟股权全部收回,且当期支付的购股资金不返还。对此,魏某则主张,激励方案中上述条款内容应属无效。该案的争议焦点就在于：激励方案中有关激励对象如受到刑事处罚，则其丧失获授股权且不返还购股资金的条款，其本身是否合法有效。

对此，一审法院主要观点为：

第一，某公司以虚拟股权的形式附条件地授予激励对象相应权利，亦有权在特定情形下收回所授予的权利，此系双方当事人共同意思表示一致的结果。同时，某公司将激励对象给该公司造成实质性损害，或者受到刑事处罚作为权利收回的情形，并未损害国家、集体或第三方的利益，亦未违反法律、行政法规的强制性规定，且于该公司与魏某之间亦未造成权利义务失衡的状况，故激励方案的该部分内容并无不当。

第二，鉴于"激励方案"中规定："当期支付模式的行权方式，在行权时可行权股票的即期价值总额超过同比例可行权股票的购股资金时，可行权股票的购股资金可以首先从可行权股票的即期价值总额中扣除并返还激励对象，余额部分按照相关规定计税，并以现金形式兑现；当行权时可行权股票的即期价值总额低于或等于同比例可行权股票的购股资金时，激励对象可选择按照可行权股票的即期价值总额返还购股资金，或者选择推迟行权。"

一审法院认为，对于激励对象所支付的购股资金，则随虚拟股权的授予而一并转化为其所享有的待行权内容的组成部分，并于激励对象最终行权时再向其予以返还。所以，如果魏某确因特定情形（魏某的刑事罪名成立）而丧失其所获受的权益，则其购股资金亦一并丧失于行权时获得返还的可能性，其后果应由魏某自行承担。最后一审法院驳回了魏某的诉讼请求，二审法院维持一审判决。

该案对实施股权激励的公司的启示就是要尽可能考虑到最坏的情况并提前做出预防和规划。该案中魏某在正信公司工作期间犯职务侵占罪和挪用资金罪给公司造成巨额财产损失，这也是某公司拒绝向其返还购股款的原因，最终借助"激励方案"的条款规定维护了公司的合法权益。

第二，董事会通过的回购注销议案是否超越职权。股权激励方案一般由公司股东（大）会决议通过，具体执行可以授权董事会完成，但前提是股权激励方案中要明确涉及之后董事会做出的决议事项，并对董事会明确授权的内容,这样,董事会做出的有关股权激励的决议事项就在股东会的授权范围内,不会超过股权激励计划已有的明确规定的内容范围,其效力就应被肯定。

【案例】

吴某与北京某科技股份有限公司的决议撤销纠纷一案

在吴某与北京某科技股份有限公司(以下简称某公司)的决议撤销纠纷一案中,某公司股东大会审议并通过了一份限制性股票激励计划,计划中对回购对象、回购条件、回购后注销及回购价款的计算与支付等具体操作问题均有明确的规定。吴某是该公司员工,获授 2 万股限制性股份。

后来某公司召开股东大会审议并通过了关于授权董事会办理公司限制性股票激励计划相关事宜的议案,授权的具体事宜如下:"……(6)授权董事会办理激励对象解锁所必需的全部事宜,包括但不限于向证券交易所提出解锁申请、向登记结算公司申请办理有关登记结算业务、修改公司章程、办理公司注册资本的变更登记等;授权董事会办理向激励对象回购限制性股票事宜及相应的股票注销等相关事宜……(8)授权董事会根据股权激励计划规定的权限,决定限制性股票激励计划的变更与终止,包括但不限于取消激励对象的解锁资格,回购注销激励对象尚未解锁的限制性股票,办理已死亡的激励对象尚未解锁的限制性股票的补偿和继承事宜,终止公司限制性股票激励计划……(11)授权董事会办理公司限制性股票激励计划所需的其他必要事宜,但有关文件明确规定需由股东大会行使的权利除外。"

由于吴某在限制性股份的锁定期内存在股份应被回购的情形,某公司的董事会审议通过了回购注销议案,决议将包括吴某在内的公司持股员工尚未解锁的限制性股票进行回购注销,后该公司向吴某银行账户汇入回购款。

吴某主张董事会的回购注销决议内容违反了该公司章程的规定内容。章程规定,股份回购和注销属于股东大会的职权,吴某而非董事会的职权。遂向法院提起诉讼,要求判决撤销某公司董事会通过的回购注销议案。

一审、二审法院均认为根据某公司的章程规定,股东大会有权审议股权激励计划,且不得以授权方式通过董事会代为行使。同时根据《公司法》原理,股东大会有权授权董事会执行股东大会的决议。从某公司的情形来看,该公司限制性股票激励计划的具体内容,已经由该公司股东大会审议并通过,故限制性股票激励计划的形成过程与某公司章程内容并不违背。关于本案所涉及的限制性股票回购注销问题,限制性股票激励计划中对回购对象、回购条件、回购后注销以及回购价款的计算与支付等具体操作问题均有明确的规定。

从某公司股东大会审议并通过的关于授权董事会办理公司限制性股票激励计划相关事宜的议案文本记载的内容来看,某公司股东大会授权董事会办理限制性股票激励计划相关事宜的具体内容并未超过限制性股票激励计划已有明确规定之内容范围。换言之,某公司股东大会对董事会的上述授权内容,并未逾越股东大会依据章程规定所应行使之决策权力,亦与董事会作为执行者的法律地位并无冲突。

因此,某公司董事会为具体实施限制性股票注销回购所通过的回购注销议案,其内容并未超越已由股东大会所审议的限制性股票激励计划所规定的内容范围,故某公司董事会就回购注销限制性股票做出决议的行为本身,并未违反该公司章程相关规定内容。

结合以上案例,公司需要注意应由股东会决策的事项不能由董事会代为行使,在股东会决策之后再向董事会授权执行,以保证董事会决议的合法有效性。

3. 股权激励的动态调整机制

前文已经对动态调整机制进行了详细的论述,并且从另一个角度来看退出机制也是动态调整机制中的一部分。而这里讲的动态调整机制主要是指当公司出现一些法律规定的情况时,行权前后的股权数量要按照一定的公式进行动态的调整。

(1)股权激励调整方法

①股权数量的调整方法。若在行权前公司发生资本公积金转增股

份、派送股权红利、股权拆细或缩股、配股等事项,应对股权数量进行相应的调整。调整方法如下。

a. 资本公积金转增股份、派送股权红利、股权拆细:

$Q = Q_0 \times (1+n)$

其中:Q 为调整后的股权数量;Q_0 为调整前的股权数量;n 为每股的资本公积金转增股本、派送股权红利、股权拆细的比率(即每股股权经转增、送股或拆细后增加的股权数量)。

b. 缩股:

$Q = Q_0 \times n$

其中:Q 为调整后的股权数量;Q_0 为调整前的股权数量;n 为缩股比例(即 1 股公司股权缩为 n 股股权)。

c. 配股:

$Q = Q_0 \times (1+n)$

其中:Q 为调整后的股权数量;Q_0 为调整前的股权数量;n 为配股比例(即配股股数与配股前公司总股本的比)。

d. 增发:公司在发生增发新股的情况下,股权数量不做调整。

②行权价格的调整方法。若在行权前公司发生派息、资本公积金转增股份、派送股权红利、股权拆细、缩股、配股等事项,应对行权价格进行相应的调整。调整方法如下。

a. 资本公积金转增股份、派送股权红利、股权拆细:

$P = P_0 \div (1+n)$

其中,P 为调整后的行权价格;P_0 为调整前的行权价格;n 为每股的资本公积金转增股本、派送股权红利、股权拆细的比率(即每股股权经转增、送股或拆细后增加的股权数量)

b. 派息:

$P = P_0 - V$

其中,P 为调整后的行权价格;P_0 为调整前的行权价格;V 为每股的派息额。

c. 缩股:

$P = P_0 \div n$

其中,P 为调整后的行权价格;P_0 为调整前的行权价格;n 为缩股比例(即 1 股公司股权缩为 n 股股权)。

d. 配股:

$$P = P_0 \times (P_1 + P_2 \times n) / [P_1 \times (1 + n)]$$

其中: P 为调整后的行权价格; P_0 为调整前的行权价格; P_1 为股权登记日收市价; P_2 为配股价格; n 为配股比例(即配股股数与配股前公司总股本的比)。

e. 增发:公司在发生增发新股的情况下,股权行权价格不做调整。

(2)股权数量和行权价格的调整程序

正如前文所言,股权的动态调整要尽可能保证程序的公平,故在股权激励当中,进行相关数量确定与行权价格调整的机构应当为公司股东会所授权的第三方公司薪酬与考核委员会。薪酬与考核委员会具有依前文所述已列明的原因调整股权数量或行权价格的权力。薪酬与考核委员会根据相关规定调整行权价格或股权数量后,应及时公告并通知激励对象。公司应聘请律师就调整是否符合公司章程和本次激励计划的规定,向薪酬与考核委员会出具专业意见。

第十章　股权激励实战体系

　　做好一个股权激励项目既需要"世界观"也需要"方法论",换言之,要想做好一个股权激励项目,仅仅停留在理论和认知层面,永远只是纸上谈兵,股权激励终究需要落地,仅仅在理论层面探讨股权激励就像是米洛斯的维纳斯,虽然美丽动人,但是却缺少了行动的臂膀,体会不到股权激励方案设计在实战操作上还有那么多的门道。所以我们结合自身实战经验,总结了本章内容,希望能将股权激励得以坐言起行。

第一节　股权激励的实战思想体系

1. 形与神俱

　　我们喜欢将律师与中医做对比,不仅仅是因为律师和中医一样都是"越老越值钱",而是因为中医之道和律师之道有着相类似之处。《黄帝内经》有云:"上工治未病,不治已病,此之谓也。"所谓"上医治未病",即真正的医道不在于治病而在于让人不生病,而律师的究极之道也在于此。医生是通过"未病先防、已病防变"来实现"治未病"这一目标的;而律师有着同样的方法论,那就是事前预防、事中监控、事后救济。因此好的律师固然要求具有高超的纠纷解决能力,但其究极之道并不仅仅停留在解决纠纷,而在于控制风险,从而不发生纠纷。

中医和律师之间都有着相同的原则，那就是"形与神俱"。中医讲究的"形与神俱"是要求人的身体要和精神保持同步，遵从自身的作息和规律，饿了就吃饭，困了就睡觉，累了就休息。而我们在做股权激励项目时同样要讲究"形与神俱"。公司进行股权激励项目要遵从公司的发展阶段和现状，不能为了激励而激励，将老板的意愿强加给员工；设计股权激励的方案更是如此，要结合公司自身的情况进行方案的设计，不能盲目地生搬硬套；在方案实施时也要和公司的治理相结合，绝对不能孤立地实施激励方案。

此外，"形与神俱"还强调要将股东及激励对象的需求通过一定的方式或程序体现在具体的激励方案中。对于股权激励，股东和激励对象会有自己的想法和要求，而一套好的股权激励方案就是要将股东和激励对象对股权激励所产生的零碎的需求和未成体系的想法，通过一系列法律文本构成股权激励设计方案予以体现。

2. 基因改造体系

股权激励实际上是对公司及激励对象的一次基因改造，而基因的改造点如下图。

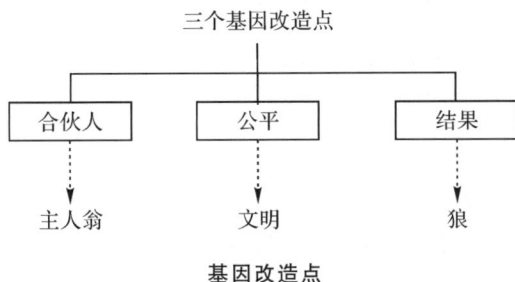

基因改造点

正如前文所述,股权激励的目的是让员工具有主人翁的精神,像老板一样思考,这就是股权激励的第一个改造点——合伙人的改造。"合伙人模式"也是最近非常火热的概念。究其本质,这就是一种合作形式的改变,由原本传统创业的单打独斗转变成一种协作创业的模式,而这种转变就是在培养员工主人翁的精神。股权激励的另一个改造点在于公平,在传统的分配模式和管理模式下,老板一个人说了算,其公平与否不得而知,这种管理与分配的形式是与现代公司精神完全相左的,所以股权激励的第三个改造点的目的就在于给予公司文明的管理模式。在三个改造点中最重要的是第三点——结果。从股权激励的条件设置上可以看出股权激励方案的确定是以结果为导向的,电影《辽沈战役》中有这样一句台词:"我不要你的伤亡数字,我只要塔山。"这句话就是对结果导向最好的诠释。开公司不是过家家,企业的本质是追逐利益的,因此能否激发出员工的狼性对于公司的发展就显得尤为重要。股权激励对公司的第三个基因改造点就在于赋予员工以狼性。

第二节 股权激励的尽职调查实施基础

在股权激励中进行律师尽职调查,是指设计股权激励方案时,律师遵循勤勉尽责、诚实信用的原则,通过实地考察等方法,对目标公司进行全面调查,以充分理由确定企业法律文件和事实真实性的过程。

在实施开展股权激励尽职调查之前,目标企业应设立专门的专项小组,协助律师尽职调查工作,专项小组由目标公司、企业内部人员包括公司相关部门的人员及律师组成,至少为三人。目标公司应在专项小组中指定一名负责人。律师和专项小组成员都应严格遵守有关保密制度,不得利用内幕信息直接或间接为目标公司、本人或他人谋取利益。

律师用于尽职调查方法包括但不限于:①与公司管理层(包括董事、监事及高级管理人员,下同)交谈或发放问卷;②同实际控制人进行访谈或律师列席公司董事会、股东会会议;③律师查阅和复制公司营业执照、公司章程、重要会议记录、重要合同、账簿、凭证等;④通过比较、重新计算等方法对数据资料进行分析,发现重点问题;⑤询问公司相关业务人员;

⑥听取公司核心技术人员和技术顾问以及有关员工的意见;⑦取得公司管理层出具的、表明其提交的文件内容属实且无重大遗漏的声明书等。

律师在进行尽职调查时,专项小组成员应对尽职调查内容进行逐项分工,并在分工清单上签字,明确职责。专项小组负责人对尽职调查工作负全面责任。

除了掌握调查的方法,是否保留工作底稿也显得至关重要,律师在实施股权激励设计中应建立尽职调查工作底稿制度。工作底稿应当真实、准确、完整地反映所进行的尽职调查工作,底稿要求内容完整、格式规范、记录清晰、结论明确,其内容至少应包括公司名称、调查事项的时间或期间、计划安排、调查人员、调查日期、调查地点、调查过程、调查内容、方法和结论、其他应说明的事项。工作底稿还应包括从公司或第三方取得并经确认的相关资料,除注明资料来源外,调查人员还应实施必要的调查程序,形成相应的调查记录并附必要的签字。

工作底稿还应当标有索引编号,相关工作底稿之间,应保持清晰的钩稽关系。相互引用时,应交叉注明索引编号。工作底稿的纸制与电子文档保存期不少于10年。

在调查内容上,首先应当对目标公司主营业务进行一定的了解和调查。

第一,律师应当对公司可持续经营能力尽职调查,调查公司所属行业是否属于国家政策限制发展的范围。根据公司的主营业务,确定公司所属行业,并查阅国家产业政策及相关行业目录。如公司所属行业属于国家特许经营的,应查阅公司从相关主管部门取得的特许经营证书等文件。

第二,律师应对公司主营业务进行尽职调查。律师通过询问管理层、查阅经审计的财务报告、听取注册会计师意见等方法,了解公司为发展主营业务和主要产品而投入的资金、人员及设备等情况。

第三,律师应尽职调查公司主要产品及公司行业地位,分析主要产品的市场前景,分析公司所属行业的市场结构和竞争状况,根据国家产业政策、产业周期等因素,综合分析公司发展所处的市场环境。要求公司搜集和提供主要产品市场的地域分布和市场占有率资料,结合行业排名、竞争对手等情况,对公司主要产品的行业地位进行分析。此外,律师还应比较公司历年的销售、利润、资产规模等数据,计算主营业务收入年增长率、主营业务利润年增长率等指标,分析公司业务增长速度,结合市场营销计划,对公司主要产品的市场前景进行分析。

第四,律师应当对公司的业务发展目标进行尽职调查,律师有必要向公司管理层了解公司未来两年的业务发展目标、发展计划及实施该计划的主要经营理念或模式,调查公司未来发展是否存在重大不确定性。

其次,应当对公司内部控制进行尽职调查。

第一,律师通过与公司管理层及员工交谈,查阅董事会、总经理办公会等会议记录,查阅公司规章制度、人事制度等方法,评价公司是否有积极的控制环境;通过同公司管理层交谈、查阅公司相关规章制度和风险评估报告等,考察管理层为识别和评估对公司实现整体目标有负面影响的风险因素而建立的制度或采取的措施,评价公司风险识别与评估体系的有效性。

第二,律师查阅业务流程相关文件,并与公司管理层及主要业务流程(如采购、销售、现金等业务流程)所涉及部门的负责人交谈,了解业务循环流程和其中的控制措施,包括授权与审批(即业务活动、对资产和记录的接触和处理等应经过适当的授权与审批)、复核与查证、业务规程与操作程序、岗位权限与职责分工、相互独立与制衡、应急与预防等措施。专项小组应选择一定数量的控制活动样本,采取验证、观察、询问、重新操作等测试方法,评价公司的内部控制措施是否有效实施。

第三,律师与公司内部审计部门交谈,了解公司对内部控制活动与措施的监督和评价制度。专项小组可采用询问、验证、查阅内部审计报告和监事会报告等方法,考察公司内部控制监督和评价制度的有效性。

再次,律师应当对目标公司进行股权激励或有风险的尽职调查。

第一,律师尽职调查公司确定、评价与控制或有事项方面的有关政策和工作程序,律师与公司管理层交谈,查阅相关制度规定,了解公司确定、评价与控制或有事项方面的有关政策和工作程序,获取公司有关或有事项的书面声明。

第二,律师应调查公司对外担保形成的或有风险。律师可通过查阅公司董事会和股东会的会议记录和与保证、抵押、质押等担保事项有关的重大合同,查看银行贷款卡相关信息,统计公司对外担保的金额及其占净资产的比例。如以房地产抵押的,应向房产管理部门、土地管理部门查询；以船舶、车辆等抵押的，应向运输工具登记部门查询；以上市公司股份出质的，应向证券登记结算机构查询；以商标、专利权、著作权等财产权利出质的，应向相关管理部门查询。律师了解被担保方的偿债能力及反担保措施，评价公司履行担保责任的可能性及金额，分析对公司财务状况的影响。

然后，律师还可以对公司的治理结构进行尽职调查。

第一，律师调查公司治理结构的制度建设和日常执行情况。通过咨询公司法务人员或智力结构管理人员，查阅公司章程，了解股东会、董事会（含独立董事）、监事会（以下简称"三会"），以及高级管理人员的构成情况和职责，关注公司章程是否合法、合规，三会议事规程、三会和总经理办公会会议记录及决议等是否完整齐备、符合规定，考察公司治理结构、组织结构与决策程序，管理人员权力分配和承担责任的方式，以及管理人员的经营理念与风险意识。

第二，调查公司股东的出资情况。律师查阅具有资格的中介机构出具的验资报告，咨询公司法律顾问或律师，询问公司财务人员，到工商行政管理部门调阅注册登记资料，调查公司股东的出资是否及时到位，出资方式是否合法，是否存在出资不实、虚假出资、抽逃资金等情况。对以实物、工业产权、非专利技术、土地使用权等非现金资产出资的，应查阅资产评估报告；对以高新技术成果出资入股，作价金额超过公司注册资本20%的，应查阅科技管理部门出具的《出资入股高新技术成果认定书》。

第三，调查公司在业务、资产、人员、财务及机构等方面是否均与公司控股股东相互独立，是否具有面向市场的自主经营能力及拥有独立的产供销体系。

第四，查阅公司组织结构文件、销售分公司等的营业执照，结合公司的生产、采购和销售记录实地考察公司的产、供、销系统，分析公司是否具有完整的业务流程、独立的生产经营场所及供应、销售部门和渠道；通过计算公司的关联采购额和关联销售额分别占公司同期采购总额和销售总额的比例，分析是否存在影响公司独立性的重大或频繁的关联交易，判断公司业务独立性。

第五，查阅相关会议记录、资产产权转移合同、资产交接手续和购货合同及发票，确定公司固定资产权属情况。通过查阅房产证、土地使用权证等权属证明文件,了解公司的房产、土地。律师通过与管理层和相关业务人员交谈,查阅公司财务。律师通过询问公司控股股东、查阅营业执照中的经营范围,走访生产或销售部门等方式,调查公司控股股东及其下属的其他企业。律师尽职调查公司对外担保、重大投资、委托;了解公司的专利与非专利技术及其他无形资产的权属情况。关注金额较大、期限较长的其他应收款、其他应付款、预收及预付账款产生的原因及交易记录、资金流向等,调查公司是否存在资产被控股股东占用的情况,判断其资产独立性。律师通过查阅股东单位员工名册及劳务合同、公司工资明细表、公司福利费缴纳凭证,通过与管理层及员工交谈等方法,调查公司总经理、副总经理、财务负责人、营销负责人、董事会秘书等高级管理人员是否在公司与股东单位中双重任职,公司员工的劳动、人事、工资报酬及相应的社会保障是否完全独立管理,了解上述人员是否在公司领取薪酬,判断其人员独立性。

第六,律师通过与管理层和相关业务人员交谈,查阅公司财务会计制度、银行开户资料、纳税资料,并通过到相关单位进行核实等方法,调查公司是否设立独立的财务部门、建立独立的财务核算体系,是否独立地进行财务决策、独立在银行开户、独立纳税等,判断其财务独立性。

第七,律师尽职实地调查、查阅股东会和董事会决议关于设立相关机构的记录、查阅各机构内部规章制度,了解公司的机构是否与控股股东完全分开且独立运作,是否存在混合经营、合署办公的情形,是否完全拥有机构设置自主权等,判断其机构独立性。

最后,律师应当对公司合法合规事项进行尽职调查。

第一,尽职调查公司设立情况。律师尽职查阅公司的设立批准文件、营业执照、公司章程等,到工商行政管理部门核查公司的设立程序、合并及分立情况、工商变更登记、年度检验等事项,对公司设立、存续的合法性做出判断。

第二,尽职调查公司是否存在重大违法违规行为,财务会计文件是否存在虚假记载。律师通过咨询公司法务人员,查阅已生效的判决书、行政处罚决定书及其他能证明公司存在违法行为的证据性文件,判断公司是否存在重大违法违规行为。通过询问公司法定代表人,查阅公司档案,向公司主管部门、税务部门等查询,了解公司是否有违法违规记录。

第三,需要调查公司历次股权变动的合法、合规性及股本总额和股东结构是否发生变化。律师尽职查阅公司设立及历次股权变动时的批准文件、验资报告、股东股权凭证,核对公司股东名册、工商变更登记,对公司历次股权变动的合法、合规性做出判断,核查公司股本总额和股东结构是否发生变动。

第四,尽职调查公司是否进行过合并、分立、资产置换及其他使公司在资产规模、营业记录方面发生重大改变的资产重组。律师尽职查阅公司股东会和董事会决议、有关资产重组合同及工商变更登记资料,咨询公司律师和注册会计师,判断公司是否存在上述事项。

第五,尽职调查公司股份是否存在转让限制。与公司股东或股东的法定代表人交谈,取得其股份是否存在质押等转让限制情形,以及是否存在股权纠纷或潜在纠纷的书面声明。查阅公司工商登记资料等,核实公司股份是否存在转让限制的情形。

第六,调查公司主要财产的合法性,了解是否存在法律纠纷或潜在纠纷以及其他争议。查阅公司房产,土地使用权、商标、专利、版权、特许经营权等无形资产,以及主要生产经营设备等主要财产的权属凭证、相关合同等资料,并向房产管理部门、土地管理部门、知识产权管理部门等核实。同时,咨询公司律师或法律顾问的意见,必要时进行实物资产监盘,重点关注公司是否具备完整、合法的财产权属凭证,商标权、专利权、版权、特许经营权等的权利期限情况,判断是否存在法律纠纷或潜在纠纷。

第七,调查公司的重大债权债务,以及公司对外担保的合法性。

第八,调查公司是否存在重大诉讼、仲裁及未决诉讼、仲裁情况。律师与董事长、总经理及持股5%以上的股东交谈,取得其书面陈述,咨询公司法律顾问或律师的意见,调查其是否存在违反行政、民事或刑事法律法规的情形及诉讼情况,分析对公司所产生的影响并揭示法律风险。

律师应在尽职调查工作完成后,根据调查结果,出具尽职调查报告,并对其负责。为了避免自身风险,律师尽职调查时,若公司或其工作人员对尽职调查工作不予配合,致使尽职调查范围受限制,导致律师无法做出判断的,律师应在尽职调查报告扉页就此做出说明。

在尽职调查报告扉页,律师应声明已对公司的法律事项进行了尽职调查,有充分理由确信尽职调查报告内容不致因上述内容出现虚假记载、误导性陈述及重大遗漏，并对其真实性承担相应责任。

律师应在尽职调查报告中说明尽职调查涵盖的时间、调查范围、调查内容、调查程序和方法、发现的问题、评价或判断的依据等，律师应在尽职调查报告中对下列事项发表独立意见：

①公司的独立性；

②公司的治理结构；

③公司的法律风险；

④公司的财务风险；

⑤公司的可持续发展能力；

⑥公司是否存在关联交易及关联交易的公允性与合规性；

⑦公司是否存在对外担保及对外担保的合规性及反担保措施；

⑧公司是否存在委托理财及委托理财的合规性和安全性；

⑨公司是否存在资产被控股股东及其关联方占用的情形。

最后，律师应在尽职调查报告上签字，并应注明报告的日期，并把尽职调查报告连同股权激励项目等其他法律文件进行归档备查，把归档的法律文件复制，应委托人要求，可以提供给委托人归档备查。

第三节　股权激励的流程体系

公平和正义是关乎股权激励成败的重要因素，因此我们不仅要关注股权激励方案是否在实体上公平，在目的上正义，更要通过一个标准化的流程将股权激励方案制订的程序予以公平正义地呈现，我们通常按照下列流程开展股权激励项目。

第一步：和客户进行初步洽谈，向对方介绍我们的工作流程，简单了解客户的基本需求，并要求客户填写需求反馈表。律师可以初步明确公司拟实施股权激励的真正意图，并以此来确定下一步的操作方向。

第二步：对客户公司进行一个简单尽调，并根据客户描述的相关目的和需求判断客户公司现在是否适合进行股权激励，如果该客户目前的状况不适合进行股权激励或其进行股权激励的目的将有害公司的发展，只能婉言相拒。

第三步：根据客户所提出的工作需求及相关工作要求，向客户出具报价方案。

第四步：和当事人签署服务协议和保密协议。

第五步：同公司实际控制人进行初步会谈，律师向客户介绍股权激励的基本模式和激励原理，并针对会谈时产生的问题形成访谈报告交由客户；同时，听取客户关于目标公司的基本情况介绍，询问股权激励的目标。实际控制人介绍目标公司的性质、股权架构、外部投融资情况、岗位设置、人事结构、激励目标、行业背景、主营业务及商业模式，同时，询问股权激励有关问题确定股权激励目标。

第六步：成立股权激励专项小组，提交材料清单和工作时间表。律师协助客户公司成立由客户公司行政、人事、总经理办公室等部门和律师一同组成的股权激励专项工作小组，并向小组提交工作材料清单，根据客户所确定的时间提交工作时间表。客户根据清单提供材料。

第七步：尽职调查，律师对客户公司进行尽职调查，明确公司的商业模式、股权架构、外部投资协议、岗位设置、人事结构及股权激励的相关利益人（投资人、其他股东等）。尽职调查的程度取决于客户的实际需求，如果客户认为没有必要进一步尽调或仅需在某几个层面调查即可，我们便不进行此项工作或在短时间内完成几个特定领域的尽调工作，以节省工作时间。

第八步：律师根据调查结果制作并反馈尽职调查报告清单于专项小组。

第九步：对相关利益人进行访谈。公司安排律师对相关利益人（投资人、其他股东等）进行访谈，了解他们对股权激励项目的激励模式、激励数量、股权来源和价格等方面的观点和基调，如相关人员较多或不便访谈的，可以问卷的形式进行相应的访谈。

第十步：反馈访谈报告，律师根据访谈结果形成相关利益人访谈报告反馈专项工作小组。

第十一步：设立专项小组会议，根据此前尽职调查报告和访谈报告，讨论确定股权激励模式与基调、激励股权来源和数量，以及激励岗位和对象名单，形成会议纪要。

第十二步：如需设立持股平台的，和实际控制人介绍持股平台和多层级股权设计架构的特点和注意事项，实际控制人明确持股平台的模型和架构层数。如无须设置持股平台的直接到第十五步。

第十三步：如需草拟持股平台合伙协议和股东内部协议，则进行相应的草拟工作。

第十四步：向实际控制人和专项小组讲解相关合伙协议和股东协议，听取其起草意见。

第十五步：起草并定稿相关股权转让的协议和股东会决议，或起草合伙份额转让的有关决议和协议及其他配套协议。

第十六步：公司安排律师同激励对象进行访谈和宣导，向激励对象宣导股权激励有关知识，并对激励对象的特长、需求、性格、购买力等情况进行了解。如激励对象众多可进行问卷调查。这一项工作十分重要，和激励对象的访谈，其目的不仅仅是了解激励对象的基本情况，更是让激励对象通过这个环节，发表自己对于股权激励的看法和意见。这个过程是不能省略的。很多客户说，激励对象的访谈就没必要做了，给他们好处他们肯定会欢迎。但实践中我们发现往往在实际控制人不在的情况下，激励对象会发表很多对股权激励的看法，而这些看法中有些对制订股权激励方案极为有利。因为股权激励方案关键还是在于激励，而激励效果的好坏要看激励对象的参与热情和双方的配合度。通过这个环节，激励对象的参与感得到了提升，也就是我们前文所述的主人翁意识得到了增强，那么，这对激励效果肯定是有正面作用的。

第十七步：形成激励对象访谈或问卷调查报告，反馈给专项小组和实际控制人。

第十八步：针对前期尽职调查报告、相关利益人访谈报告、激励对象访谈报告、专项小组会议纪要等内容，讨论并明确股权激励条件、激励时间、股权价格及激励机制，形成会议纪要。

第十九步：根据调查材料和专项小组会议纪要形成设计初稿，并反馈给客户进行讨论。

第二十步：向实际控制人和专项小组讲解方案初稿，并听取修改意见。

第二十一步：公司安排工会、职工代表或职工代表大会对草案进行民主协商并提出相关意见提议,通过修改形成最终提交稿。因为激励对象大多属于员工,建议公司安排工会对草案进行提议和修改,但是对于没有设立工会的公司也可以考虑由职工代表对草案进行民主协商并提出相关意见、建议,修改后形成最终提交稿。华为公司的《华为基本法》对公司的宗旨、目标、价值分配、公司的决策制订及员工的权利义务等内容进行了原则性的规定,而该法也同时约定了在制订和修订的过程中贯彻"从贤不从众"的原则。《华为基本法》的修改和制订的方式就是在管理者、技术骨干、业务骨干、基层干部中推选出10%的员工,进行修改论证,拟出清晰的提案。然后从这10%的员工中,再推选20%的员工,与董事会、执行委员会一同审议修改部分的提案,最终的提案公布,征求广大员工意见。最后,由董事会、执行委员会、优秀员工组成三方等额的代表进行最终审批。正如《华为基本法》所约定的那样,除了需要民主讨论劳动规章的合法与否,还需要公示。因此,需要说明的是,股权激励方案的成稿还需要在公司范围内进行相应的公示。

第二十二步:律师起草并向专项小组讲解股权激励的管理制度及其他配套文件,听取专项小组提出的修改意见,讨论确定拟任命的薪酬与考核委员会成员。

第二十三步:律师草拟相关公司股东会、董事会决议,公司召开股东会和董事会,通过股权激励方案及相关配套制度和文件,正式成立薪酬与考核委员会,启动股权激励计划。薪酬与考核委员会是股权激励的执行机构,因此其议事规则和职权的确定也显得尤为重要。

第二十四步:律师对客户公司薪酬与考核委员会成员就股权激励相关事宜进行培训。

第二十五步:律师为激励对象提供股权激励相关培训。

第二十六步:律师协助薪酬与考核委员会准备激励股权授予仪式,提供有关文件签署的签字风险注意提示,公司组织股权激励授予仪式。为了增加激励效果,相应的仪式感是不可缺少的,相较于仅让激励对象在相关协议上签个字,一个隆重的签字仪式更能让激励对象明白所得的公司股权是多么重要的财富,具有多么重要的价值,从而促进激励效果的提升。

第二十七步:律师将股权激励方案服务记录根据客户的需求制作成

册,并对服务过程中所遇到的相关问题和服务结果形成报告和文档交付客户。整个项目过程无论是尽职调查的过程和结果,还是访谈的过程和结果,对于公司而言都是一个可反复商议总结的过程,因此材料的保存、反复查看和商议对于公司而言都具有重要的价值。

第二十八步:后期监控。股权激励是一个长期的过程,激励方案也需要根据公司的实际情况不断进行调整。在方案的实施过程中会遇到一些具体操作上的细节问题,也会在实施过程中发现一些新的问题,而前期的方案设计并不可能覆盖实施过程中的所有细节问题,故实践中应根据实施过程中的具体问题提出完善建议。同时,随着法律规定的调整或相关规则的研究深入,我们也会向客户提出对方案的相关完善建议。

有一句法谚:"正义不仅应得到实现,而且要以人们看得见的方式加以实现。"股权激励究其实质是为了激励,因此合理的程序能让激励对象体会到激励计划的公平与正义,促进激励效果的提升。

附　录　股权激励文书体系

正如前文所述,"公司股权设计的本质是通过一连串的合同实现公司控制权和利益平衡的游戏"。通常在一个股权激励项目中,需要 20 余份法律文书才能完整地架构起一套股权激励设计方案。考虑到篇幅有限,在这里我们仅仅对常用的股权激励法律文书进行整理汇编。

附录一　参考股权期权设计方案

××有限公司股权期权激励计划
特别说明

1.本股权激励计划依据《中华人民共和国公司法》及其他有关法律、行政法规,以及××有限公司(以下简称"公司")《公司章程》制定。

2.公司授予本次股权期权激励计划(以下简称"本计划")限定的激励对象(以下简称"激励对象")公司注册资金_____％的股权期权,(公司注册资金_____万,本次股权激励计划让出_____％的股权,其中_____％用于员工内部股权激励,剩余_____％为预留股份用于将来贡献激励)。

3.本次激励采用股权期权的模式。激励对象获得的股权期权拥有在本计划有效期内的可行权日按照预先确定的行权价格受让公司股权的权利。本激励计划的股权来源为公司原有股东有偿出让。

4.公司用于本次股权期权激励计划所涉及的股权合计占公司注册资金的_____％。

5.本股权激励计划的激励对象为××部经理等岗位高级管理人员和

其他核心员工。

6.本计划关于股权期权的有效期为自股权期权第一次授权日起＿＿＿
＿＿＿年。公司将在该日后的＿＿＿＿＿＿＿年度、＿＿＿＿＿＿＿年度、＿＿＿＿＿＿＿年度
分别按公司注册资金的＿＿＿＿＿＿％,＿＿＿＿＿＿％,＿＿＿＿＿＿％,＿＿＿＿＿＿％
的比例向符合行权条件的激励对象授予股权;在本计划有效期内授予的
股权期权,在行权有效期内采取分阶段行权办法。超过行权有效期而未
被授予的股权自动失效,不可追溯行使。

7.股权期权有效期内发生的资本公积转增股本、分红、增资减资等事
宜,股权期权数量、所涉及的标的股权总数及行权价格的变化将根据具体
情况做相应的调整。

8.本股权激励计划已经＿＿＿＿＿年＿＿＿＿＿月＿＿＿＿＿日召开的公司＿＿＿
＿＿＿年第＿＿＿＿＿＿次股东会审议通过。

9.未来对预留的股权激励份额进行分配,实行激励的须经股东会过
半数同意,并由股东会决定激励的具体计划。

第一章　释　义

除非另有说明,以下简称在下文中做如下释义:

(一)公司:××有限公司。

(二)本计划:××有限公司股权期权激励计划。

(三)股权激励:公司为了激励和留住核心人才,有条件地给予激励对象
部分股东权益,使其与公司结成利益共同体,从而实现公司的长期目标。

(四)股权期权、期权激励、期权:××有限公司授予激励对象在未来一定
期限内以预先确定的价格和条件受让××有限公司一定份额股权的权利。

(五)激励对象:依照本股权激励计划有权获得标的股权的人员,包括
公司＿＿＿＿＿＿等岗位高级管理人员和其他核心员工。

(六)股东、董事:××有限公司股东、董事。

(七)标的股权:根据本股权激励计划拟授予给激励对象××有限公
司的股权。

(八)授权日:公司向期权激励对象授予期权的日期。

(九)行权:激励对象根据本激励计划,在规定的行权期内以预先确定
的价格和条件受让公司期权的行为。

（十）可行权日：激励对象可以行权的日期。

（十一）行权价格：××有限公司向激励对象授予期权时所确定的受让公司股权的价格。

（十二）激励考核办法：《××有限公司××目标责任书》及其他《激励考核方案》。

（十三）持股平台：公司在未来一定时期成立的有限合伙企业，激励对象成为该有限合伙企业的有限合伙人，并通过持股平台间接持有公司的股权。

（十四）公司发起人：××有限公司股东××。

第二章　本股权激励计划的目的

公司制定、实施本股权激励计划的主要目的是完善公司激励机制，进一步提高员工的积极性、创造性，促进公司业绩持续增长，在提升公司价值的同时为员工带来增值利益，实现员工与公司共同发展，具体表现为：

（一）建立对公司核心员工的中长期激励约束机制，将激励对象利益与股东价值紧密联系起来，使激励对象的行为与公司的战略目标保持一致，促进公司可持续发展。

（二）通过本股权激励计划的引入，进一步完善公司的绩效考核体系和薪酬体系，吸引、保留和激励实现公司战略目标所需要的人才。

（三）树立员工与公司共同持续发展的理念和公司文化。

第三章　本股权激励计划的管理机构

（一）公司股东会作为公司的最高权力机构，负责审议批准本股权激励计划的实施、变更和终止。

（二）公司设薪酬与考核委员会，是本股权激励计划的执行管理机构，薪酬与考核委员会由＿＿＿＿＿＿＿＿人组成，负责拟定本股权激励计划并提交股东会会议审议通过；薪酬与考核委员会根据股东会的授权办理本股权激励计划的相关事宜。

（三）公司监事负责本股权激励计划的监督工作，负责核实激励对象名单，并对本股权激励计划的实施是否符合相关法律法规及公司章程进行监督。

第四章　本股权激励计划的激励对象

一、激励对象的依据

（一）激励对象确定的法律依据。

激励对象以《中华人民共和国公司法》《中华人民共和国证券法》等有关法律、法规和规范性文件及公司章程的相关规定为依据而确定。

（二）激励对象确定的职务依据。

本激励计划的激励对象包括公司高级管理人员、经营管理骨干人员及公司认定的核心业务人员、财务人员等。激励对象原则上需在公司全职工作、已与公司签署劳动合同并在公司领取薪酬。兼职人员经公司股东会同意，可参与股权激励计划。

对符合本激励计划的激励对象范围的人员，由薪酬与考核委员会根据《激励考核办法》考核为合格以上，经薪酬与考核委员会提名，并经公司监事核实确定。

二、激励对象的范围

本激励计划涉及的激励对象包括公司××部经理、××经理、××经理及公司股东认为需要激励的其他人员共计_____人，但不包括公司的董事、监事。

下列激励对象名单已由公司董事会审定，公司监事/监事会核查：

序号	姓名	身份证号码	职务

三、不能为激励对象的情况

（一）根据《中华人民共和国公司法》第一百四十六条规定的不得担任董事、监事、高级管理人员情形的。

（二）其他违反法律法规及公司《员工手册》的，公司股东会决定不能成为激励对象的。

（三）参加了本公司之外其他公司的股权激励计划的（包括但不限于股权期权、虚拟股权、限制性股权等）。

如在激励计划实施过程中，激励对象出现以上规定不能成为激励对象的，公司将终止其参与本计划的权利，收回已授予的股权，其尚未被授予的股权期权自动失效。

四、激励对象的核实

公司监事应当对激励对象名单予以核实，并将核实情况在股东会上予以说明。

第五章 激励计划的具体内容

一、股权期权的股权来源

股权期权激励计划的股权来源为股东××让渡公司_____％的股权，本次股权激励计划出让_____％的股权，用于内部员工激励，剩余_____％为预留股份用于将来员工的贡献激励。

二、持股平台

本次股权激励计划的持股平台为××投资管理合伙企业（有限合伙）（以下简称"××有限合伙"）。

三、股权期权的股权数量和分配

（一）股权期权的股权数量

本次激励计划公司授予激励对象_____份股权期权，占本激励计划签署时公司股权的_____％，全部让渡于××有限合伙，占××有限合伙股权的100％，本次股权激励××有限合伙出让_____％的股权，剩余_____％为由××持有，并预留部分股份用于将来的股权激励或引进新的投资人。

（二）股权期权分配情况

本激励计划的具体分配情况如下表所示，持股平台比例为××有限合伙中显示的股权比例，期权比例为公司让渡的_____％用于激励的股权中激励对象获得实际比例。

编号	姓名	职务	持股平台比例	期权比例	股数

注:本激励计划的激励对象未参与两个或两个以上公司股权激励计划。

四、股权期权行权价格

股权期权的行权价格为有偿方式,行权价格为_____万元,股权价款分_____期支付,每期_____万元,支付方式为现金支付。

行权价格的确定方法为:依照公司财务出具的授予日上一年度每股净资产金额的_____%确定。

五、股权期权激励计划的有效期、授权日、等待期、行权日、禁售期

(一)有效期

本次股权期权激励计划的有效期为_____年,自股权激励首次授权日起计算。

(二)授权日

授权日是指公司授予员工本激励计划权利的日期,本激励计划需在薪酬与考核委员会报由公司股东会批准后生效。授权日由股东会确定。

自公司股东会审议通过本激励计划之日起 30 日内,公司将按有关规定对激励对象进行首次授权,并完成登记、公告等相关程序。

(三)等待期

等待期指股权期权激励的模式从授予日至可行权日的时段,是可行权条件得到满足的期间。

(四)可行权日

可行权日是指可行权条件得到满足,激励对象具有从公司取得本激励计划权利的日期,行权日指激励对象根据本计划选择购买股权的当日。

(五)禁售期/锁定期

禁售期/锁定期指对激励股权予以权利限制的期间,即激励对象只有在工作年限且考核目标符合激励考核办法的,才可处分限制性股权的期间,股东会书面同意的除外。

本激励计划中限制性股权的锁定期为四年,自授予日起算。公司对相关岗位有考核的,激励对象应符合考核的相关要求。

六、股权期权的行权条件和行权安排

(一)行权条件。

激励对象行使已获授的股权期权必须同时满足如下条件:

1. 与公司保持劳动关系或与授予日确定的相等的合作关系;

2. 绩效考核标准按照公司每年制定的总体目标与个人考核目标进行确定,根据《××有限公司事业部总监目标责任书》及《激励考核方案》规定,激励对象在行权的前一年度其绩效考核达到合格以上。个人与公司考核目标的权重比例为8∶2。

××部、××部、××部的绩效考核标准因股权方案设定时暂未有岗位绩效,暂按公司总体目标确定。将来公司制定并实施绩效考核的,实施该项标准。

若存在超额完成《××有限公司事业部总监目标责任书》及其他《激励考核方案》的情况,超出既定目标的,即可在5%预留的激励股份范围得到奖励。

根据《××有限公司事业部总监目标责任书》超额利润分享的方式确定 $100 < X \leqslant 120$ 为事业部考核优秀标准。

部门	X＝公司年终绩效考核达标得分	超额比例	奖励股权比例
××部	$100 < X \leqslant 120$	$120 < X \leqslant 150$	
		$150 < X$	

公司以年度净利润作为业绩考核指标。设定的每年业绩目标为:年度净利润增长率不低于_____%(含_____%)。

部门	Y＝净利润增长指标	绩效评级	奖励股权比例
××部	$30\% \leqslant Y$	优秀	
	$25\% \leqslant Y < 30\%$	良好	

续　表

部门	Y＝净利润增长指标	绩效评级	奖励股权比例
××部	30%≤Y	优秀	
	25%≤Y＜30%	良好	
××部	30%≤Y	优秀	
	25%≤Y＜30%	良好	

（二）行权安排。

自股权期权首次授权日起＿＿＿＿＿个月后，满足行权条件的，激励对象分四期申请行权。行权安排如下表所示。

行权期	行权时间	行权比例
第一个行权期	满1年（＿＿＿年＿＿＿月＿＿＿日）	＿＿＿＿＿%
第二个行权期	满2年（＿＿＿年＿＿＿月＿＿＿日）	＿＿＿＿＿%
第三个行权期	满3年（＿＿＿年＿＿＿月＿＿＿日）	＿＿＿＿＿%
第四个行权期	满4年（＿＿＿年＿＿＿月＿＿＿日）	＿＿＿＿＿%

在行权期内，若达到行权条件，激励对象可接相应比例的股权期权行权，若未达到行权的标准，则每个周期按照行权比例的＿＿＿＿＿%行权，剩余未得行权的比例按照每个周期的标准归入至下一周期。

各行权期内，符合行权条件但未在各行权期内全部行权的，则未行权的该部分期权由公司注销。

每一期行权数量＝当期股权可行权数量×公司业绩目标系数

第六章　股权激励计划实施程序

一、实施激励计划的程序

（一）公司委托律师拟定本激励计划草案，并提交股东会审议。

（二）监事核实激励对象名单。

（三）股东会审议通过本激励计划草案。

（四）股东会审议本激励计划，监事应当就激励对象名单核实情况在股东会上进行说明。

（五）组建薪酬与考核委员会执行本计划。

（六）股东会批准本激励计划后即可实施。薪酬与考核委员会根据股东会的授权办理具体的股权期权授予、行权等事宜。

二、授予股权激励的程序

（一）首次授予股权激励的程序。

1. 薪酬与考核委员会负责拟定股权期权授予方案；

2. 股东会审议批准薪酬与考核委员会拟定的股权期权授予方案；

3. 监事核查激励对象名单是否与股东会批准激励计划中规定的对象相符；

4. 本计划经股东会审议通过，公司按相关规定确定授权日，授予条件满足后，对激励对象进行授予，完成登记、公告等相关程序。

（二）后期授予股权激励的程序。

1. 按照首次授予股权激励的程序执行；

2. 修改本激励计划。

三、股权期权行权程序

（一）激励对象在可行权日向公司提交《股权期权行权申请书》，提出行权申请。

（二）薪酬与考核委员会对申请人的行权资格与行权条件审查确认。

（三）激励对象的行权申请经股东会确认后，办理登记结算事宜。

第七章　公司与激励对象各自的权利义务

一、公司的权利与义务

（一）公司有权要求激励对象按其所聘岗位的要求及相关业务的要求为公司工作，若激励对象不能胜任所聘工作岗位或者考核不合格，经公司股东会批准，可以取消激励对象尚未行权的股权期权。

（二）若激励对象因触犯法律、违反职业道德、泄漏公司机密、失职或渎职等行为严重损害公司利益或声誉，经公司股东会批准，可取消激励对象尚未行权的股权期权。

（三）公司根据国家税收法规的规定，代扣代缴激励对象应缴纳的个人所得税及其他税费。

（四）公司不得为激励对象依本激励计划获取有关权益提供贷款或其

他任何形式的财务资助,包括为其贷款提供担保。

(五)公司应当根据股权激励计划及有关规定,积极配合满足行权条件的激励对象按规定行权。

(六)公司应保证激励对象按国家及公司相关规定进行利润分配,公司提取利润的_____％用于分红,除按规定缴纳各项税金、提取法定基金、费用后,不得另提取其他费用。

(七)法律、法规规定的其他相关权利义务。

二、激励对象的权利义务

(一)激励对象应当按公司所聘岗位的要求及相关业务的要求,勤勉尽责、恪守职业道德,为公司的发展做出应有贡献。

(二)激励对象有权且应当按照本激励计划的规定行使权利。

(三)激励对象获授的股权期权不得转让或用于担保或偿还债务。

(四)激励对象享有已行权部分股权期权的分红权。

(五)激励对象因本激励计划获得的收益,应按国家税收法规交纳个人所得税等相关税费。

(六)激励对象应按《××有限公司××目标责任书》及其他《激励考核方案》规定执行,共同完成公司每年制定的总体目标及个人的考核目标。

第八章 激励计划变更、终止、回购

一、变更

本协议的变更应由公司薪酬与考核委员会提交股东会审议通过。

二、终止情形

(一)公司有证据证明激励对象发生以下情况时,经公司股东会批准,在情况发生之日,对激励对象已获准行权但尚未行使的股权期权终止行权,其未获准行权的股权期权作废,对已行权的股权期权按本章第三条规定执行。

1.因犯罪行为被依法追究刑事责任的;

2.激励对象严重违反公司规章制度被公司解除劳动合同或解除合作关系的;

3.激励对象履行职务时故意损害公司利益被公司解除劳动合同或解除合作关系的；

4.激励对象因触犯法律、违反职业道德、泄露公司机密、失职或渎职等行为严重损害公司利益或声誉而被公司解除劳动合同或解除合作关系的；

5.激励对象单方面提出终止或解除与公司订立的劳动合同或合作协议的；

6.具有《中华人民共和国公司法》第一百四十八条规定的禁止行为的；

7.根据第四章第三条规定，不能成为激励对象情形的；

8.股东会认定的其他情况。

（二）当激励对象发生以下情况时，经公司股东会批准，在情况发生之日，对激励对象已获准行权但尚未行使的股权期权当日完成行权，其未获准行权的股权期权作废。

1.公司单方面终止或解除与激励对象订立的劳动合同的；

2.激励对象劳动合同期满，公司不再与之续签劳动合同的。

（三）激励对象职务发生变更，但仍为公司的董事（独立董事、监事除外）、高级管理人员或核心技术人员，或者被公司委派到公司的子公司任职，则已获授的股权期权不做变更，本章另有规定的除外。

（四）当激励对象发生以下情况时，在情况发生之日，对激励对象已获准行权但尚未行使的股权期权继续保留行权权利，并在15天内完成行权，其未获准行权的期权作废。

1.激励对象因执行职务负伤而导致丧失劳动能力的；

2.到法定年龄退休且退休后不继续在公司任职的；

3.股东会认定的其他情况。

（五）激励对象死亡的，自死亡之日起所有未行权的股权期权即被取消。但激励对象因执行职务死亡的，公司股东会可以参考激励对象被取消的股权价值的一定比例对激励对象进行合理补偿，并根据法律由其继承人继承。

（六）股东会认定的有特殊贡献者，经股东会同意在其提前离职后可以继续享有股权期权，但公司有足够证据证明股权期权的持有人在离职后尚未行权前,由于其行为给公司造成损失的,或虽未给公司造成损失,但加入与公司有竞争性关系的同行公司的,公司有权中止直至取消其期权。

(七)公司发生重大事项的(包括但不限于并购、重组、改制、分立、合并、注册资本增减,原让渡股东丧失控制人地位等),经公司薪酬与考核委员会提交股东会表决通过终止实施激励计划,激励对象根据激励计划尚未行使的股票期权应当终止行使,已行权的部分由回购主体回购,股东会另有决议的除外。

(八)其他需终止的情形由股东会认定,并确定其处理方式。

三、回购条款

(一)回购主体:

公司原让渡股东或其指定的第三方进行回购,并签署法律文本,回购价款由回购股东承担。

(二)回购情形:

有本章第二条终止情形之一的,回购主体应当回购激励对象已行权的股权期权或限制性股权。

(三)回购时间:

1.有本章第二条规定情形之一的,经股东会批准在情形发生之日起30天内回购;

2.股东会认定的有特殊贡献者,经股东会批准可以延长回购时间,具体事宜另行规定。

(四)回购价格:

回购价格为公司财务出具的上一年度每股净资产金额×激励对象持有公司的股权比例。但有本章第二条第1项规定情形之一的,回购价格为激励对象行权时所支付的行权价格。

第九章　违约责任

若任何一方违反或未能及时履行其本计划项下的任何义务、陈述与保证,均构成违约。

任何一方违反本计划的约定,而给其他方造成损失的,应就其损失向守约方承担赔偿责任。赔偿责任范围包括守约方的直接损失、间接损失及因主张权利而发生的费用(包括但不限于守约方所支出的诉讼费、律师费等)。

第十章　保密条款

本计划各方均应就本计划的签订和履行而知悉的公司及其他方的保密信息,向相关方承担保密义务。在没有得到本计划相关方的书面同意之前,各方不得向任何第三人披露前述保密信息,并不得将其用于虚拟股权激励以外的目的。本条款的规定在激励对象退出后,或本协议终止或解除后继续有效。

第十一章　适用法律及争议解决

本计划适用中华人民共和国法律,并根据中华人民共和国法律进行解释。

如果本计划各方因本计划的签订或执行发生争议的,应通过友好协商解决;协商未能达成一致的,任何一方均可向公司所在地的人民法院提起诉讼。

第十二章　附则

(一)本计划的附件是本计划不可分割的组成部分,与本计划的其他条款具有同等法律效力。

(二)本计划各方一致同意,本计划中的相关内容,与公司章程及其他公司组织性文件的规定具有同等法律效力。如本计划内容与公司章程或其他公司组织性文件相矛盾的,除上述文件明确约定具有高于本计划的效力外,均以本计划中的约定为准。

(三)如果本计划的任何条款因任何原因被判定为无效或不可执行,并不影响本计划中其他条款的效力;且该条款应在不违反本协议目的的基础上进行可能、必要的修改后,继续适用。

(四)本计划经激励对象签字后并经股东大会审议通过后生效。

(五)本计划由公司董事会负责解释。

(六)公司股东会、董事会决议、《员工手册》、《××有限公司岗位目标责任书》《激励考核方案》等作为本计划的附件,与本计划具备同等法律效力。

附录二　参考股东会决议

××有限公司股东会决议
——关于同意股权激励的股东会决议相关事项的决定

　　××有限公司(_____)字第_____号股东会决议

　　根据《公司法》及本公司章程的有关规定,本公司于年_____月_____日在_____(地点)依法召开了(_____)第_____次股东会议。本次股东会之议题已提前_____日通知公司各股东,出席会议的股东(含授权代表)共_____人,代表股_____％股权。会议召集程序及到会股东人数均符合公司章程的要求,经代表 100％表决权的股东通过,形成如下决议:

　　1.各股东同意签订《××有限公司股权期权激励计划书》。

　　2.经公司监事对激励对象名单核实并说明后,在同意于_____年_____月_____日授予 A,B,C,共_____人以《××有限公司股权期权激励计划书》中规定的权利。

　　3.批准成立公司薪酬与考核委员会,由_____同志担任委员会组长,由_____同志担任委员会组员,并同意授权公司薪酬与考核委员会依计划书中已列明的原因调整股权期权数量或行权价格的权力。

　　4.批准公司薪酬与考核委员会拟定的股权期权授予方案。

全体股东签字盖章

　　　　　　　　　　　　　　　　　　××有限公司股东会

　　　　　　　　　　　　日期:_____年_____月_____日

附录三　参考董事会决议

××有限公司董事会会决议
—关于同意股权激励的董事会决议相关事项的决定

××有限公司(_____)字第　号董事会决议

根据《公司法》及本公司章程的有关规定,本公司于_____年_____月_____日在_____(地点)依法召开了(_____)第_____次董事会会议。经全体董事出席并研究通过,形成如下决议:

1.同意签订《××有限公司股权期权激励计划书》。

2.经公司监事对激励对象名单核实并说明后,同意于_____年____月_____日授予 A,B,C,共_____人以《××有限公司股权期权激励计划书》中规定的权利。

3.批准成立公司薪酬与考核委员会,由_____同志担任委员会组长,由_____同志担任委员会组员,并同意授权公司薪酬与考核委员会依计划书中已列明的原因调整股权期权数量或行权价格的权力。

4.批准公司薪酬与考核委员会拟定的股权期权授予方案。

全体董事签字盖章

××有限公司董事会

日期:_____年_____月_____日

附录四 参考期权协议

××有限公司股权期权激励协议

甲方:××有限公司

乙方:＿＿＿＿＿＿＿＿＿　身份证号码:＿＿＿＿＿＿＿＿＿＿＿＿

为了进一步提高员工的积极性、创造性,促进公司业绩持续增长,在提升甲方××有限公司(以下简称"公司")价值的同时为乙方带来增值利益,实现双方共同发展,特签订如下协议:

第一条　本期权协议由公司股东会批准,公司设薪酬与考核委员会执行管理,由公司监事负责监督、核实。基于乙方的突出贡献依据《××有限公司股权期权激励计划》(以下简称"《股权激励计划》")公司授予乙方占本该协议签署时公司股股权＿＿＿＿＿＿＿％的股权期权。

第二条　行权条件与行权价格

乙方行使已获授的股权期权必须满足《股权激励计划》所规定之条件。

依据《股权激励计划》,股权期权的行权价格为＿＿＿＿＿＿＿元,股权价款分4期支付,具体行权价格和安排以《股权激励计划》规定为准。

第三条　本股权期权协议有效期为＿＿＿＿＿＿＿年,自股权激励首次授权日起计算。

第四条　甲方的权利与义务

(一)甲方有权要求乙方按其所聘岗位的要求及相关业务的要求为公司工作,若乙方不能胜任所聘工作岗位或者考核不合格者,经公司股东会批准,可以取消乙方尚未行权的股权期权。

(二)若乙方因触犯法律、失职或渎职等行为严重损害公司利益或声誉,经公司股东会批准,可以取消乙方尚未行权的股权期权。

(三)甲方有权依法代扣代缴乙方应缴纳的个人所得税及其他税费。

(四)甲方不得为乙方依本协议获取有关权益提供贷款或其他任何形式的财务资助,包括为其贷款提供担保。

（五）甲方应当根据《股权激励计划》及有关规定,在乙方满足行权条件后积极配合其按规定行权。

（六）公司应保证激励对象按国家及公司相关规定进行利润分配,公司提取利润的 30% 用于分红,除按规定缴纳各项税金、提取法定基金、费用后不得另行提取其他费用。

第五条　乙方的权利义务

（一）乙方应当按公司所聘岗位的要求及相关业务的要求为公司做出贡献。

（二）乙方有权且应当按照本协议及《股权激励计划》的规定行使权利。

（三）乙方获授的股权期权不得转让或用于担保或偿还债务。

（四）乙方享有已行权部分股权期权的分红权。

（五）乙方因本协议获得的收益应按依法交纳个人所得税等相关税费。

（六）乙方应按《股权激励计划》规定的执行,完成公司每年制定的总体目标及个人的考核目标。

第六条　股权转让的限制

乙方的股权转让《股权激励计划》所规定的限制,本条规定适用于持股平台,《股权激励计划》中有关回购条款另有规定的从其规定。

第七条　协议的变更、终止、回购

本协议依据《股权激励计划》的变更而变更,依其终止而终止。本协议终止后乙方所获股权由回购主体依照《股权激励计划》所规定的回购方式进行回购。

第八条　违约责任

任何一方违反本协议的约定,而给其他方造成损失的,应就其损失向守约方承担赔偿责任。赔偿责任范围包括守约方的直接损失、间接损失及因主张权利而发生的费用(包括但不限于守约方所支出的诉讼费、律师费等)。

第九条　保密条款

本协议各方均应就本协议的签订和履行而知悉的公司及其他方的保密信息,向相关方承担保密义务。在没有得到相关方的书面同意之前,不得向任何第三人披露前述保密信息,并不得将其用于股权期权激励以外的目的。本条款的规定在协议终止或解除后继续有效。

第十条　争议解决

如果本协议各方因本协议的签订或执行发生争议的,应通过友好协商解决;协商未能达成一致的,任何一方均可向公司所在地的人民法院提起诉讼。

第十一条　附则

(一)如本协议内容与《股权激励计划》相矛盾的,以《股权激励计划》中的约定为准。

(二)本协议由公司董事会负责解释。

(三)公司股东会、董事会决议、《员工手册》、《×亮有限公司岗位目标责任书》、《激励考核方案》、《×亮有限公司股权期权激励计划》等作为本协议的附件,与本协议具备同等法律效力。

(四)本协议一式两份,双方各持一份,两份具有同等法律效力,自双方签字盖章之日起生效。

甲方(盖章):　　　　　　　乙方(签字):

日　期:　　　　　　　　　　日　期:

附录五　参考激励对象股权激励承诺书

××有限公司股权期权激励对象承诺书

××有限公司：

本人：_____，身份证号：_____，

联系电话：_____，地址：_____。

为了寻求与公司共同发展，为公司的发展贡献自己的力量，根据《××有限公司股权期权激励计划》（以下简称"《股权激励计划》"），本人可能成为股权激励的激励对象。作为参与股权激励的先决条件，本人现自愿授权并承诺如下。

（一）作为激励对象，本人承诺接受《股权激励计划》及其附件的约束，履行激励对象之义务，遵守《股权激励计划》有关股权转让的规定。

（二）在规定时间内，股权期权的认购资金无法到位，视为本人自动放弃股权期权行权机会；本人承诺所有投入公司的资产（包括技术等无形资产）不存在任何类型或性质的抵押、质押、债务或其他形式的第三方权利。

（三）本人承诺将严格执行《股权激励计划》有关激励计划变更、终止、回购的有关规定，如发生《股权激励计划》所规定的激励计划终止情形的，本人将无条件按照《股权激励计划》有关规定作废未获准行权的股权期权，并协助回购主体回购本人已获股权。

（四）如有违国家法律法规或公司制度行为被公司开除，本人承诺放弃公司给予的所有分红权激励所产生的一切收益，如果已经持有公司股权，则将本人直接或间接持有的公司全部股权无条件返还。

（五）当本人出现《股权激励计划》规定的不得成为该计划激励对象的情形时，同意放弃参与该激励计划的权利，收回已授予的股权，其尚未被授予的股权期权自动失效，并且本人不对公司要求任何补偿。

（六）本人承诺无论能否成为公司的股东，对于该过程中所获悉的公司的各类商业秘密，均予以保守，不对外（包括公司其他员工）泄露。

（七）本人与公司签订的股权激励相关协议，均以最新签订的文本为

准,自新的《股权激励协议》签订之日起,之前所签署的激励协议自动终止。

（八）本人保证所持股权期权激励权利不存在出售、相互或向第三方转让、对外担保、质押或设置其他第三方权利等行为,否则,本人愿意由公司无条件无偿收回所授权利。

（九）本人承诺,签署本承诺书属自愿行为,未受到任何胁迫。

（十）本承诺书一经签订不可撤销,经本人签署或盖章后生效。

承诺人：_____

日期：_____年_____月_____日

附录六 参考股权激励行权申请书

××有限公司员工股权激励申请书

编号：

　　依照《××有限公司员工股权期权激励计划》的相关规定，本人申请公司依计划书规定实施股权期权激励，申请实施激励股权的份额为（期股股权_____％），实施金额为人民币_____万元，本人承诺以现金方式支付对价。

　　特此申请。

申请人签字：_____

身份证号：　_____

申请时间：_____年_____月_____日

附录七 参考股权激励考核确认书

××有限公司员工股权期权激励考核确认书

_____先生/女士：

公司薪酬与考核委员会依据《××有限公司股权期权激励计划》及《激励考核方案》您从_____年_____月_____日起至_____年_____月_____日考核结果确认如下：

部门	净利润增长指标	绩效评级	奖励股权比例
××部			

注:公司薪酬与考核委员会拥有对考核结果的最终解释权。

被考核人签字：_____

××有限公司薪酬与考核委员会

日期：_____

附录八　参考股权激励行权确认书

××有限公司员工期股股权激励实施确认书

编号：

　　经申请人申请,公司股东会考察审核后批准,按照《××有限公司股权期权激励计划》的相关规定,给予公司员工＿＿＿＿＿＿＿（身份证号：＿＿＿＿＿＿＿＿）股权期权激励,股权期权占公司股本比例＿＿＿＿％,总金额为人民币＿＿＿＿万元。出资方式为:申请人直接支付人民币＿＿＿＿万元。相关事项于＿＿＿＿年＿＿＿＿月办理完成,如在行权期内未全部行权,则未行权的该部分期权由公司注销。

　　该实股股权的利润分配权于具体方法按照《××有限公司股权期权激励计划》的相关规定和相关法律法规执行。

　　特此确认。

员工签字：＿＿＿＿＿＿＿＿＿＿＿

公司盖章:××有限公司

日期：＿＿＿＿年＿＿＿＿月＿＿＿＿日

附录九　参考股权激励持股平台合伙协议

××合伙企业(有限合伙)合伙协议

各合伙人声明及保证如下:

(一)各合伙人均为具有独立民事行为能力的自然人,并拥有合法的权利或授权签订本协议。作为有限合伙人的自然人因故不具备完全民事行为能力的,其法定代理人有权依法代理该有限合伙人行使其在合伙企业的权益。

(二)各合伙人投入本合伙企业的资金,均为各方所拥有的合法财产,不存在潜在纠纷或第三方权利限制。

(三)各合伙人向本合伙企业提交的文件、资料等均是真实、完整、准确和有效的。

(四)各激励对象合伙人承诺取得本合伙企业出资份额后遵守股权激励计划及本协议的条款,并承诺于本合伙企业成立之日起与××有限公司签订并交付劳动合同、保密协议及授权委托书等相关文件。

(五)各合伙人保证遵守与××有限公司签署的有关协议或劳动合同,不会在与××有限公司生产或经营同类产品、从事同类或类似业务的有竞争关系的其他本合伙企业任职或直接间接的存在投资关系或以任何形式提供服务。

(六)各合伙人保证不利用其合伙人地位做出有损于本合伙企业或××有限公司利益的行为。

(七)各合伙人保证其对本合伙企业的出资行为并非受任何其他方的委托代为进行,不存在任何委托持股的安排,资金来源合法,无争议。

(八)各合伙人不得将其对本合伙企业的出资或其他财产份额出资。

(九)各激励对象合伙人一致同意《××有限公司股权激励计划》为本协议附件和本协议具有同等效力。

第一章　总　则

第一条　根据《中华人民共和国合伙企业法》（以下简称"《合伙企业法》"）及有关法律、行政法规、规章的有关规定,经协商一致订立本协议。

第二条　本企业为有限合伙企业,是根据协议自愿组成的共同经营体。全体合伙人愿意遵守国家有关的法律、法规、规章,依法纳税,守法经营。

第三条　本协议条款与法律、行政法规、规章不符的,以法律、行政法规、规章的规定为准。

第四条　本协议经全体合伙人签名、盖章后生效。合伙人按照合伙协议享有权利,履行义务。

第二章　合伙企业的名称和主要经营场所的地点

第五条　合伙企业名称:××合伙企业（有限合伙）

普通合伙人可根据合伙企业的经营需要独立决定变更合伙企业的名称。普通合伙人应及时将合伙企业名称变更的情况书面通知各合伙人,并依法办理相应的企业变更登记手续。

第六条　企业经营场所:＿＿＿＿＿＿＿＿＿＿＿＿＿＿＿

普通合伙人可根据合伙企业的经营需要独立决定变更合伙企业的主要经营场所或增加新的经营场所。普通合伙人应及时将合伙企业注册的主要经营场所变更的情况书面通知各合伙人,并依法办理相应的企业变更登记手续。

第三章　合伙目的和合伙经营范围及合伙期限

第七条　合伙目的:本合伙企业为××有限公司的投资人和激励对象员工持股平台,指公司为了激励和留住核心人才,有条件地给予激励对象部分股东权益,使其与公司结成利益共同体,从而实现公司的长期目标。

第八条　合伙经营范围:投资持有××有限公司的股权。

普通合伙人可根据合伙企业的经营需要独立决定变更合伙企业的经营范围。普通合伙人应及时将合伙企业名称变更的情况书面通知各合伙人,并依法办理相应的企业变更登记手续。

第九条　合伙企业自营业执照签发之日起成立,合伙期限为＿＿＿年,届时若全体合伙人决议同意,可延长_____年存续期限。

第四章　合伙人的姓名或者名称、住所

第十条　合伙人共_____个,包括执行事务合伙人、投资人合伙人,以及员工激励对象合伙人,其中执行事务合伙人一名,为普通合伙人,其余投资人合伙人及员工激励对象合伙人为有限合伙人,合伙人分别为:

1.普通合伙人

姓名:_____;

户籍所在地:_____;

文书送达地:_____;

证件名称:_____;

证件号码:_____;

以上普通合伙人为自然人的,都具有完全民事行为能力。

2.有限合伙人

2.1 投资人合伙人

2.1.1 投资人姓名:_____;

户籍所在地:_____;

文书送达地:_____;

证件名称:公民身份证;

证件号码:_____;

　……

3.在合伙企业经营期限内有限合伙人发生变化的,合伙人名单应做相应修改,并应办理相应的工商登记变更手续。普通合伙人依据本条获得授权自行签署有限合伙人变更相关的法律文件,并办理工商登记变更手续。合伙企业应在经营场所置备合伙人名册,登记各合伙人姓名、住所、出资额及普通合伙人认为必要的其他信息。合伙企业相关人员应根据上述信息的变化情况随时更新合伙人名册。

第五章　合伙人的出资方式、数额和缴付期限

第十一条　合伙人的出资方式、数额和缴付期限。

1.普通合伙人

姓名：_____。

以货币出资_____万元，以_____（实物、知识产权、土地使用权、劳务或其他非货币财产权利，根据实际情况选择）作价出资_____万元，总认缴出资_____万元，占出资总额的_____％。

首期实缴出资_____万元，在申请合伙企业设立登记前缴纳，其余认缴出资在领取营业执照之日起_____个月内缴足。

2.有限合伙人

2.1 投资人合伙人

2.1.1 投资人姓名：_____。

以货币出资人民币_____万元，总认缴出资_____万元，占出资总额的_____％，出资于_____年____月____日前到位。

……

2.2 员工激励对象合伙人

2.2.1 激励对象姓名：_____。

以货币出资，总认缴_____元，占出资总额的_____％。

按照股权激励计划有关规定认缴出资额分_____期缴纳，每期实缴出资为_____万元，在行权时缴纳。

……

第十二条　经所有合伙人确认，各合伙人出资的资金为其自有或合法自筹资金，不存在向××及其子公司借款、以××及其子公司的实物资产做标的物为融资提供保证、抵押、质押、贴现等情形，不存在采用分级产品、杠杆或结构化方式进行融资等情形，不存在合伙人之间采用分级收益等结构化安排情形，亦不存在任何争议及潜在纠纷；合伙人均以本人名义参与合伙企业的认缴出资并实际持有合伙企业的相应财产份额；合伙人资产状况良好，不存在个人所负数额较大的债务到期未清偿情形。

第六章　利润分配、亏损分担方式

第十三条　合伙企业在计算可分配利润时，应依法扣除合伙企业在设立及存续过程中所发生的费用，以及企业在正常经营中所产生的相关成本、支出及费用。

第十四条　根据《中华人民共和国合伙企业法》及相关法律法规之规

定,合伙企业并非企业所得税纳税主体,各合伙人应自行按相关规定申报缴纳个人所得税,如法律要求合伙企业代扣代缴,则合伙企业将根据法律规定进行代扣代缴。

第十五条 在合伙企业经营期间,除非本协议另有规定或合伙人另有约定,合伙企业扣除相关成本、支出、费用及税负后的净利润,普通合伙人综合考虑合伙人的利益及符合届时之法律法规和监管规定基础上,按照各合伙人实际认缴出资比例向全体合伙人分配。

第十六条 企业的利润和亏损,由合伙人依照出资比例分配和分担。企业每年进行一次利润分配或亏损分担。时间为每年的_____月。

第十七条 合伙财产不足清偿合伙债务时,普通合伙人对合伙企业承担连带责任,有限合伙人以其认缴的出资额为限对合伙企业债务承担责任。

第七章　合伙事务的执行

第十八条 有限合伙企业由普通合伙人执行合伙事务,执行事务合伙人由全体合伙人共同委托产生,并且需要具备以下条件:

(一)充分执行本合伙协议。

(二)对全体合伙人负责。

(三)接受全体合伙人委托,对企业的经营负责。

(四)有限合伙人不执行合伙事务。

经全体合伙人决定,委托_____执行合伙事务,全体合伙人签署本协议即视为其被选定为合伙企业的执行事务合伙人;其他合伙人不再执行合伙事务。执行合伙事务的合伙人对外代表企业。任何有限合伙人均不得参与管理或控制合伙企业的投资业务及其他以合伙企业名义进行的活动、交易和业务,或代表合伙企业签署文件,或从事其他对合伙企业形成约束的行为。执行事务合伙人应以书面通知合伙企业的方式指定或更换其委派的代表。执行事务合伙人更换委派代表时应办理相应的企业变更登记手续。

第十九条 不执行合伙事务的合伙人有权监督执行事务合伙人执行合伙事务的情况。执行事务合伙人应当定期向其他合伙人报告事务执行情况及合伙企业的经营和财务状况,其执行合伙事务所产生的收益归合伙企业,所产生的费用和亏损由合伙企业承担。

第二十条　合伙人对合伙企业有关事项做出决议,实行合伙人一人一票并经全体合伙人过半数通过的表决办法。

第二十一条　除法律、法规、规章和本协议另有规定外,决议应经全体合伙人过半数表决通过,合伙企业的下列事项应当经全体合伙人一致同意:

(一)处分合伙企业的不动产。

(二)转让或者处分合伙企业的知识产权和其他财产权利。

(三)以合伙企业名义为他人提供担保。

(四)聘任合伙人以外的人担任合伙企业的经营管理人员。

(五)修改合伙协议内容。

第二十二条　普通合伙人不得自营或者同他人合作经营与本有限合伙企业相竞争的业务;有限合伙人可以自营或者同他人合作经营与本有限合伙企业相竞争的业务。

第二十三条　执行事务合伙人经全体合伙人决定,可以增加或者减少对合伙企业的出资。

第二十四条　有限合伙人不执行合伙事务,不得对外代表有限合伙企业,如有《合伙企业法》第六十八条规定的行为,不视为执行合伙事务;如有限合伙人以有限合伙企业名义与他人进行交易,给有限合伙企业或者其他合伙人造成损失的,该有限合伙人承担赔偿责任。

第二十五条　执行事务合伙人权限

执行事务合伙人对外代表企业,拥有《中华人民共和国合伙企业法》及本协议所规定的下列权利,对全体合伙人负责:

(一)执行合伙企业的投资及其他业务。

(二)代表合伙企业行使因合伙企业投资而产生的权利。

(三)管理、维持和处分合伙企业的资产。

(四)接纳新的合伙人入伙、同意现有合伙人退伙或追加出资。

(五)采取为维持合伙企业合法存续、以合伙企业身份开展经营活动所必需的一切行动。

(六)开立、维持和撤销合伙企业的银行账户,开具支票和其他付款凭证。

(七)聘用专业人士、中介及顾问机构为合伙企业提供服务。

(八)监督并要求有限合伙人按照本协议的规定转让其在合伙企业中

的财产份额。

（九）为合伙企业的利益决定提起诉讼或应诉，进行仲裁；与争议对方进行协商、和解等，以解决合伙企业所涉争议。

（十）根据法律法规处理合伙企业的涉税事项。

（十一）代表合伙企业对外签署文件。

（十二）自行决定并由本人或授权代表办理合伙企业的名称、经营场所、经营范围、合伙期限、合伙人变更及其他工商登记/备案事项的工商变更手续。

（十三）变更其授权代表。

（十四）聘任合伙人以外的人担任合伙企业的经营管理人员。

（十五）法律法规及本协议授予的其他职权。

（十六）经全体合伙人一致不可撤销的授权由其办理工商登记等事宜。

第二十六条　执行事务合伙人违约处理办法。

执行事务合伙人因故意或者重大过失造成合伙企业债务的，由执行事务合伙人承担赔偿责任。

第二十七条　执行事务合伙人的除名条件和更换程序。

被委托执行合伙企业事务的合伙人不按照合伙协议或者全体合伙人的决定执行事务的，经全体合伙人同意，合伙企业可以变更执行事务合伙人。执行事务合伙人故意损害合伙企业利益，导致合伙企业重大损失的，其他合伙人可以对执行事务合伙人予以除名或更换。

第二十八条　合伙企业的财产使用及处置。

（一）为本合伙企业目的，除经全体合伙人一致同意之外，运用本合伙企业财产对外投资仅限于购买××实施股权激励的股权。

（二）本合伙企业资产不得用于下列用途：

1.违反本条第一项规定，购买其他主体的股权/股份或债券；

2.直接或间接投资于非自用房产等不动产；

3.向其他主体提供贷款或担保；

4.法律法规和本协议禁止的其他投资。

合伙企业存续期间，因办公场所的租赁、办公设备的购置、人员和中介机构的聘用及日常运营而发生的其他费用和开支，不受前款规定限制，由执行事务合伙人决定其支出事宜。

第八章 入伙与退伙

第二十九条 员工激励对象合伙人作为本合伙企业的合伙人,应遵守股权激励计划所约定的内容及以下条款:

(一)新入伙的激励对象合伙人应为××或其控制下子公司的雇员,合伙人应与××签订劳动合同或实际存在劳动合同关系。

(二)如果员工激励对象合伙人达到退休年龄,且不再与×亮签订聘任合同,以其不从事与××相竞争的业务为前提,可以继续持有其在合伙出资份额。

(三)如果员工激励对象合伙人死亡,其继承人在不从事与××相竞争的业务的前提下,可以继承其所持合伙企业出资份额,成为合伙企业的合伙人,并无条件继承并承担该合伙人在本协议项下的义务和责任。

(四)如出现股权激励计划所约定的终止情形,各员工激励对象合伙人或其继承人应依照股权激励计划所约定的价格将其所持有的全部出资份额转让给合伙企业执行事务合伙人或其指定的其他第三方。如其合伙人的继承人从事与××相竞争的职务或业务的,参照股权激励计划所约定的方式进行回购。

第三十条 除非本协议另有规定,××员工通过股权激励计划,可以加入本合伙企业,成为本合伙企业的有限合伙人(以下简称"新合伙人"),合伙企业成立后,普通合伙人可独立决定接纳新合伙人入伙,普通合伙人有权代表合伙企业及有限合伙人与新合伙人签署相关入伙协议、文件及相关的全部企业变更登记文件,其他有限合伙人不得反对。

在_____担任合伙企业的普通合伙人期间,除非根据本协议有关规定被更换或者将其合伙权益全部转让给继任的普通合伙人,否则合伙企业不接纳新的普通合伙人入伙。

新合伙人入伙,需经普通合伙人同意,依法订立书面入伙协议。订立入伙协议时,原合伙人应当向新合伙人如实告知原合伙企业的经营状况和财务状况。入伙的新合伙人与原合伙人享有同等权利,承担同等责任。

新普通合伙人对入伙前合伙企业的债务承担无限连带责任;新入伙的有限合伙人对入伙前有限合伙企业的债务,以其认缴的出资额为限承担责任。

第三十一条 有《合伙企业法》第四十五条规定的情形之一的,合伙人可以退伙:即

(一)合伙协议约定的退伙事由出现。

(二)经全体合伙人一致同意。

(三)发生合伙人难以继续参加合伙的事由。

(四)其他合伙人严重违反合伙协议约定的义务。

合伙人在不给合伙企业事务执行造成不利影响的情况下,可以退伙,但应当提前三十日通知其他合伙人。

合伙人违反《合伙企业法》第四十五规定退伙的,应当赔偿由此给合伙企业造成的损失。

第三十二条 普通合伙人有《合伙企业法》第四十八条规定的情形之一的,应当退伙:

(一)作为合伙人的自然人死亡或者被依法宣告死亡。

(二)个人丧失偿债能力。

(三)作为合伙人的法人或者其他组织依法被吊销营业执照、责令关闭、撤销,或者被宣告破产。

(四)法律规定或者合伙协议约定合伙人必须具有相关资格而丧失该资格。

(五)合伙人在合伙企业中的全部财产份额被人民法院强制执行。

有限合伙人有上述第一项、第三项至第五项所列情形之一的,应当退伙。

普通合伙人在此承诺,除非将其合伙权益全部转让给继任的普通合伙人,在合伙企业按照本协议约定解散或清算之前,普通合伙人始终履行本协议项下的职责;在合伙企业解散或清算之前,不要求退伙。如普通合伙人发生合伙人之间约定的退伙事由,普通合伙人应当退伙。

普通合伙人被依法认定为无民事行为能力人或者限制民事行为能力人的,经其他合伙人一致同意,可以依法转为有限合伙人;其他合伙人未能一致同意的,该无民事行为能力或者限制民事行为能力的普通合伙人退伙。退伙事由实际发生之日为退伙生效日。

第三十五条 合伙人有《合伙企业法》第四十九条规定的情形之一

的,即

　　(一)未履行出资义务;

　　(二)因故意或者重大过失给合伙企业造成损失;

　　(三)执行合伙事务时有不正当行为;

　　(四)发生合伙协议约定的事由。

　　经其他合伙人一致同意,可以决议将其除名。

　　对合伙人的除名决议应当书面通知被除名人。被除名人接到除名通知之日,除名生效,被除名人退伙。被除名人对除名决议有异议的,可以自接到除名通知之日起三十日内,向合伙企业所在地人民法院起诉。

　　第三十六条　有限合伙人有下列情形之一的,经普通合伙人同意,可以决议将其除名:

　　(一)未履行出资义务;

　　(二)因故意或者重大过失给合伙企业造成损失达到十万元以上;

　　(三)因故意或者重大过失给××或者其下属企业造成损失;

　　(四)因违法违规或者违反××内部规章制度而被××及其下属企业依法解聘或开除;

　　(五)不能成为股权激励对象或解除股权激励协议的;

　　(六)发生合伙协议约定的其他事由。

　　对合伙人的除名决议应当书面通知被除名人。被除名人接到除名通知之日除名生效,被除名人退伙。

　　第三十七条　除股权激励计划另有约定外,有限合伙人承诺,自成为有限合伙人之日起算四年内不得以任何理由提出退伙。

　　第三十八条　除法律和本协议以及股权激励计划对有限合伙人转让财产份额的限制性约定外,有限合伙人可以以书面方式申请全部或部分退伙,以间接转让其持有的合伙企业股份而实现投资收益,因此而产生的税费依法由相关各方自行承担。届时普通合伙人应当予以配合。

　　第三十九条　合伙人退伙如在劳动合同或股权激励计划等协议所约定的服务期间的,则按照约定服务期相关条款将其持有的财产份额转让给普通合伙人。在劳动合同或股权激励计划所约定服务期间外的,拟接受转让的其他合伙人应当与该退伙人按照退伙时的合伙企业财产状况进行结算,退伙人对给合伙企业造成的损失负有赔偿责任的,相应扣减其应当赔偿的数额。退伙时有未了结的合伙企业事务的,待该事务了结后进行结算。

第四十条　普通合伙人退伙后,应当对基于其退伙前的原因发生的合伙企业债务,承担无限连带责任。有限合伙人退伙后,对基于其退伙前的原因发生的有限合伙企业债务,以其退伙时从有限合伙企业中取回的财产为限承担责任。

第四十一条　普通合伙人转变为有限合伙人,或者有限合伙人转变为普通合伙人,应当经普通合伙人同意。

第四十二条　普通合伙人有权将其持有的合伙企业份额中的部分转让给其他人,包括但不限于本协议签署时的有限合伙人、新入伙有限合伙人或者包括但不限于××有限公司控股股东的指定第三人(以下简称"指定第三人"),有限合伙人不得对普通合伙人转让的合伙份额主张优先受让权。

第九章　有限合伙财产份额流转的限制

第四十三条　本协议所述有限合伙财产份额流转包括财产份额转让、财产份额质押和财产份额委托管理等可能导致财产份额持有人在形式上或实质上发生变化的情形。

第四十四条　投资人有限合伙人的退出方式参照投资协议的相关约定;激励对象有限合伙人在约定的服务期限内要求从××有限公司及其下属企业离职或者出现股权激励计划所约定的其他同类情形的,有限合伙人应自其离职之日起三十日内按照其公司财务出具的上一年度每股净资产金额×激励对象持有公司的股权比例的计算方法,将其持有的合伙企业份额全部转让给普通合伙人或其指定的第三方。

第四十五条　如果有限合伙人在约定服务期限内因其违法违规或者违反××有限公司内部规章制度而被××有限公司及其下属企业依法解聘或开除等同类情形的,则有限合伙人应自其离职、被解聘或开除之日起三十日内按照行权时所支付的行权价格将其持有的合伙企业份额全部转让给普通合伙人或其指定的第三方。

第四十六条　有限合伙人同意,不论因任何原因和理由,有限合伙人转让其持有的合伙企业份额时,普通合伙人或其指定的第三方在同等条件下具有优先受让权。

第四十七条　在普通合伙人或其指定的第三方放弃优先受让权的情况下,有限合伙人可以将其持有的合伙企业份额转让给其他第三方。

第四十八条　非经全体普通合伙人同意,合伙人不得同本合伙企业进行交易,不得自营或者同他人合作经营与×亮及其下属企业相竞争的业务,不得将其在有限合伙企业中的财产份额出质。

第四十九条　非经普通合伙人同意,有限合伙人不得转让其在合伙企业中的财产份额。有限合伙人向合伙人以外的人转让其在合伙企业中的财产份额的及有限合伙人之间转让在合伙企业中的全部或者部分财产份额时,应当经全体普通合伙人同意。普通合伙人或其指定第三方对有限合伙人转让的财产份额具有优先受让权。

第五十条　有限合伙人在任何时间从合伙企业退伙,将由有限合伙人自行承担因此产生的税费。

第十章　争议解决办法

第五十一条　本协议的订立、有效性、解释和履行适用中华人民共和国法律。

第五十二条　因本协议引起或与本协议有关的任何争议,包括但不限于有关违反本协议、本协议的终止或有效性的任何争议,各方首先应争取通过友好协商解决。如各方无法通过协商解决争议,除本协议另有约定或另制定仲裁条款外,任何一方均可将向合伙企业注册地人民法院起诉。起诉期间,除正在进行诉讼的部分或直接和实质地受诉讼影响的部分外,本协议其余条款应继续履行。

第十一章　合伙企业的解散与清算

第五十三条　合伙企业有下列情形之一的,应当解散:
(一)合伙期限届满,合伙人决定不再经营。
(二)合伙协议约定的解散事由出现。
(三)全体合伙人决定解散。
(四)合伙人已不具备法定人数满三十天。
(五)合伙协议约定的合伙目的已经实现或者无法实现。
(六)依法被吊销营业执照、责令关闭或者被撤销。

（七）法律、行政法规规定的其他原因。

第五十四条　合伙企业清算办法应当按《合伙企业法》的规定进行清算，合伙企业解散，应当由清算人进行清算。合伙企业应指定普通合伙人作为清算人，清算人指定数个有限合伙人组成清算组协助清算人依法进行清算工作。清算人在清算期间执行下列事务：

（一）清理合伙企业财产，分别编制资产负债表和财产清单。

（二）处理与清算有关的合伙企业未了结事务。

（三）清缴所欠税款。

（四）清理债权、债务。

（五）处理合伙企业清偿债务后的剩余财产。

（六）代表合伙企业参加诉讼或者仲裁活动。

第五十五条　清算人自被确定之日起十日内将合伙企业解散事项通知债权人，并于六十日内在报纸上公告。债权人应当自接到通知书之日起三十日内，未接到通知书的自公告之日起四十五日内向清算人申报债权。债权人申报债权，应当说明债权的有关事项，并提供证明材料。清算人应当对债权进行登记。

第五十六条　清算期间，合伙企业存续，但不得开展与清算无关的经营活动。

第五十七条　合伙企业财产在支付清算费用和职工工资、社会保险费用、法定补偿金，以及缴纳所欠税款、清偿债务后的剩余财产，依照合伙人财产份额进行分配。

第五十八条　合伙企业注销或依法被宣告破产后，原普通合伙人对合伙企业存续期间的债务仍应承担无限连带责任。

第五十九条　清算结束后，清算人应当编制清算报告，经全体合伙人签名、盖章后，在十五日内向企业登记机关报送清算报告，申请办理合伙企业注销登记。

第十二章　违约责任

第六十条　合伙人违反合伙协议的，应当依法承担包括律师费、诉讼费在内的违约责任。

第六十一条　如果任何有限合伙人未能履行本协议项下规定的出资

义务,则将被视为违约有限合伙人。普通合伙人有权针对该项不出资行为,选择强制执行下列的一项或多项规定,或者选择全部或部分免除其出资义务或延长其出资缴付期间。如果普通合伙人决定行使下列规定的一项或多项权力,普通合伙人应当向该违约有限合伙人发出书面通知("违约通知"),违约通知将在发出后十天内生效。

(一)普通合伙人可以要求违约有限合伙人立即缴付其当时应缴付而未缴付的认缴资本额("拖欠资本额"),并将该违约有限合伙人尚未缴付的认缴资本额宣布为立即到期应付。普通合伙人也可以使用任何可分配的现金或收入,来支付该等违约有限合伙人的拖欠资本额或抵销任何其他债务。

(二)普通合伙人可以本合伙企业的名义,通过适当的法律程序,强制违约有限合伙人履行其在本协议项下的出资义务,包括缴付全部拖欠资本额的义务,由此而产生的所有开支和费用(包括律师费)将由该违约有限合伙人承担。

(三)普通合伙人可以将上述违约有限合伙人从本合伙企业中除名,并将其在本合伙企业的资本比例降为零。在此情形下,该违约有限合伙人的合伙财产份额的30%将作为违约金扣除,由所有合伙人进行分配。违约有限合伙人合伙财产份额的其余70%将在本合伙企业清算后予以无息退还。

(四)违约有限合伙人根据本协议或《合伙企业法》规定进行任何表决或批准的权利,可以由普通合伙人予以取消。在此情形下,计算本协议项下的多数权益或其他权益比例时,该等违约有限合伙人的资本额将不被计算在内。

(五)针对拖欠资本额,普通合伙人可以选择:接纳新的有限合伙人来承担全部或部分的拖欠资本额,和/或向普通合伙人自行选定的其他有限合伙人提供增加其认缴资本额的机会。普通合伙人将向有关政府主管部门办理本合伙企业的注册变更手续,以反映各合伙人出资比例等方面的变化情况。

第六十二条 所有合伙人在违反合伙协议的其他约定时,应当承担以下责任:

(一)合伙人未依本协议约定而转让其财产份额或出质的,该行为可撤销或无效,由此给合伙人或合伙企业造成损失的,承担赔偿责任;

(二)有限合伙人未经授权以合伙企业的名义与他人进行交易,给合伙企业或其他合伙人造成损失的,应当承担赔偿责任;第三人有理由相信有限合伙人为普通合伙人并与其交易的,该有限合伙人对该笔交易承担与普通合伙人同样的无限连带责任。

(三)合伙人违反竞业禁止约定或泄露企业商业秘密的,依法承担责任,包括但不限于律师费、诉讼费、逾期利息等。

(四)合伙人具有其他严重违反本协议的行为或者重大过失的,或因违反法律规定给合伙企业造成损失的,应对其他合伙人或合伙企业承担赔偿责任,包括但不限于律师费、诉讼费、逾期利息等。

第十三章　其他事项

第六十三条　经全体合伙人协商一致,可以修改或者补充合伙协议。

第六十四条　各方之间的一切通知均应以中文写成,经专人送达、传真或快递递送至本协议所列通知地址,通知在下列时间应被视为已送达:

(一)如果以专人递送,则在交付时。

(二)如果以传真发送,则在传送时。

(三)如果以快递递送,需使用中国邮政特快专递服务,则在收到邮件时。

第六十五条　如本协议的任何条款或该条款对任何人或情形适用时被认定无效,其余条款或该条款对其他人或情形适用时的有效性并不受影响。

第六十六条　本协议一式_____份,并加盖合伙企业公章,后各交合伙人各持一份,并报合伙企业登记机关一份。本协议未尽事宜,按国家有关规定执行。

(以下无正文)

全体合伙人签名:

普通合伙人:第一方:_____　　签名:_____

有限合伙人:第二方:_____　　签名:_____

……

日期:_____年_____月_____日

附录十 参考持股平台入伙协议

××合伙企业入伙协议

根据《合伙企业法》及本合伙企业合伙协议的有关规定,××合伙企业全体合伙人于_____年_____月_____日召开了合伙人会议。会议由全体合伙人参加,经全体合伙人一致通过,做出以下决定:

1.经全体合伙人一致同意,同意××入伙、成为_____合伙企业的有限合伙人(或:普通合伙人);……新合伙人需按合伙协议履行出资义务。

2.新合伙人的名称(或者姓名)、出资方式及出资额:

×亮,出资方式为_____,出资额为_____万元。

……

3.订立本入伙协议时,原合伙人已经向新合伙人如实告知了原合伙企业的经营状况和财务状况。

4.入伙的新合伙人按《合伙企业法》和修改后的合伙协议享有权利、承担责任。

5.新合伙人是普通合伙人的对入伙前合伙企业的债务承担无限连带责任,新合伙人是有限合伙人的对入伙前合伙企业的债务以其认缴的出资额为限承担责任。

6.本协议原件合伙人各持一份,并报合伙企业登记机关一份。本协议经新合伙人和原合伙人签字、盖章后生效。

××合伙企业(合伙企业盖章)

新入伙人签字、盖章:

原全体合伙人签字、盖章:

日期:_____年_____月_____日

附录十一　参考合伙企业持股平台同意修改合伙协议决议

××合伙企业全体合伙人决定书
——关于同意修改合伙协议、变更……的决定

根据《合伙企业法》及本合伙企业合伙协议的有关规定，××合伙企业于_____年_____月_____日召开了合伙人会议，会议由全体合伙人参加，经全体合伙人一致通过，做出如下决定：

1.同意修改合伙协议，具体修改内容见"_____年_____月_____日修改后的新合伙协议"。

2.同意变更……（变更的具体事项应当写明，如同意变更合伙企业地址、同意变更合伙企业的执行事务合伙人等）。

3.……

××合伙企业（合伙企业盖章）

全体合伙人签字或盖章：

日期：_____年_____月_____日

附录十二　参考股权激励持股平台合伙财产转让协议

合伙企业财产份额转让协议

转让方(甲方)：

身份证号：

联系地址：

受让方(乙方)：

身份证号：

联系地址：

鉴于：

1._____合伙企业(有限合伙)(下称"合伙企业")系一家根据中华人民共和国法律设立并有效存续的有限合伙企业。合伙企业认缴出资总额为人民币_____万元,注册地址为_____。

2.甲方为合伙企业的普通/有限合伙人,认缴出资人民币_____万元,持有合伙企业全部合伙份额的_____%。

3.甲方有意向乙方转让其在合伙企业的合伙份额_____%(指占整个合伙企业的合伙份额比例)；乙方有意从甲方处受让该等合伙份额,并成为合伙企业的有限合伙人。

甲乙双方经平等协商,达成协议如下：

第一条　出让合伙份额的比例、价格和支付方式

(一)经双方协商,甲方向乙方出让其所持有的合伙企业_____%(指占整个合伙企业的合伙份额比例)的合伙份额。乙方在上述合伙份额受让完成后即成为合伙企业的有限合伙人。

(二)本协议项下合伙份额的出让价为人民币_____元(以下简称"转让款"),乙方应按以下第_____种方式支付：

1.____年____月____日内付清；

2.合伙企业办理相应工商变更手续之后_____个工作日内付清；

3.____年____月____日内支付人民币_____元,合伙企业

办理相应工商变更手续之后_____个工作日内付清余款。

4.其他：_____

（三）合伙企业现状的说明，已进行下列第_____种方式的处理：

1.乙方已经详细了解合伙企业的原合伙协议内容，并同时在受让后签署按原合伙协议签署；

2.甲方已明确向乙方告知合伙企业的经营范围、经营风险和运营现状，乙方已明确了解上述内容，并自愿加入合伙企业。

3.请见本协议附件：_____

第二条 生效、变更和终止

（一）本协议自经各方或其授权代表共同签字盖章之日起生效。

（二）协议履行过程中如需变更，应由各方或其授权代表签署相应补充协议。经各方签署的补充协议，与本协议具有同等效力。

（三）各方同意，本协议自以下任何情形之一发生之日起终止或中止：

1.各方协商一致以书面形式终止本协议；

2.本协议经各方履行完毕；

3.本协议依法解除；

4.依据有关法律、法规和本协议的规定而中止或终止本协议的其他情形。

（四）乙方逾期付款，每逾期一日，应按逾期金额的千分之一向甲方支付违约金。

乙方逾期付款超过十五日的，甲方有权解除本合同。

（五）有如下情形之一的，乙方有权解除本合同：

1.因合伙协议的限制或其他合伙人的原因，导致本合同无法履行的；

2.甲方向乙方做出的陈述或保证有重大不实的。

第三条 适用法律和争议解决

（一）本协议的签订、生效、解释、履行、变更、解除均以中华人民共和国法律为准。

（二）在协议履行过程中发生的争议，各方应以友好信任的精神协商解决；若三十个日历日内仍未能通过协商解决时，各方均有权将该争议提交合伙企业注册地人民法院诉讼解决。

第四条 附则

（一）乙方成为合伙人后，应按合伙协议享有权利和承担义务。

（二）本协议生效后，乙方应积极配合甲方和乙方履行本协议下合伙份额转让和合伙企业相应变更的工商登记手续。

（三）本协议一式叁份，各方各执壹份，并报企业登记机关壹份。每份协议具有同等法律效力。

（四）未尽事宜，各方另行订立补充协议。

其他合伙人同意本次转让的声明

本人（本单位）同意上述合伙份额转让，并同意配合办理相关手续。

签名（或盖章）：

日期：＿＿＿＿年＿＿＿＿月＿＿＿＿日

附录十三 参考一致行动人协议

一致行动人协议书

甲方：

　　送达地址：

　　法定代表人：　　　　联系电话：

乙方：

　　送达地址：

　　法定代表人：　　　　联系电话：

鉴于各方系＿＿＿＿＿＿＿有限公司（以下简称"公司"）的股东，拥有并详细知悉公司的关键技术，为了公司长期稳定的发展，同意各方按照《中华人民共和国公司法》等有关法律、法规的规定和要求，作为一致行动人行使股东权利，承担股东义务，共同参与公司的经营管理。为明确协议各方作为一致行动人的权利和义务，根据平等互利的原则，经友好协商，特签订本协议书。

第一条　协议各方的权利义务

（一）协议各方应当在决定公司日常经营管理事项时，共同行使公司股东权利，特别是行使召集权、提案权、表决权时采取一致行动。包括但不限于：

1.决定公司的经营方针和投资计划；

2.选举和更换非职工代表担任的董事、监事，决定相关的报酬事项；

3.审议批准董事会的报告；

4.审议批准监事会或者监事的报告；

5.审议批准公司的年度财务预算方案、决算方案；

6.审议批准公司的利润分配方案和弥补亏损方案；

7.对公司增加或者减少注册资本做出决议；

8.对发行公司债券做出决议；

9.对公司合并、分立、解散、清算或者变更公司形式做出决议；

10.修改公司章程;

11.公司章程规定的其他职权。

(二)协议各方应当在行使公司股东权利,特别是提案权、表决权之前进行充分的协商、沟通,以保证顺利做出一致行动的决定;必要时召开一致行动人会议,促使协议各方达成采取一致行动的决定。

(三)协议各方同时作为公司的董事,在董事会相关决策过程中应当确保采取一致行动,行使董事权利。

(四)协议各方应当确保按照达成一致行动决定行使股东权利,承担股东义务。

(五)协议各方若不能就一致行动达成统一时,按本协议第三条第一项执行。

第二条　协议各方的声明、保证和承诺

(一)协议各方均具有权利能力与行为能力订立和履行本协议,本协议对协议各方具有合法、有效的约束力。

(二)协议各方对因采取一致性行动而涉及的文件资料,商业秘密及其可能得知的协议他方的商业秘密负有合理的保密义务。

(三)协议各方在本协议中承担的义务是合法有效的,其履行不会与其承担的其他合同义务冲突,也不会违反任何法律。各项声明、保证和承诺是根据本协议签署日存在的实施情况而做出的,协议各方声明,其在本协议中的所有声明和承诺均不可撤销。

第三条　一致行动的特别约定

(一)若协议各方在公司经营管理等事项上就某些问题无法达成一致时,应当按照持股多数原则做出一致行动的决定,协议各方应当严格按照该决定执行。

(二)协议任何一方如转让其所持有的公司股份时应至少提前三十天书面通知协议其他各方、协议其他各方有优先受让权。

(三)协议各方承诺,在公司股票发行上市后三十六个月内不转让其所持有的公司股份。

第四条　违约责任

由于任何一方违约,造成本协议不能履行或不能完全履行时,由违约方承担违约责任。如出现多方违约,则根据各方过错,由各方分别承担相应的违约责任。

第五条　争议解决方式

凡因履行本协议所发生的一切争议，协议各方均应通过友好协商的方法解决；但如果该项争议在任何一方提出友好协商之后仍未能达成一致意见的，双方应该将争议提交公司所在地人民法院起诉。

第六条　其他

（一）本协议中未尽事宜或出现与本协议相关的其他事宜时，由协议各方协商解决并另行签订补充协议，补充协议与本协议具有同等法律效力。

（二）本协议一式＿＿＿＿＿＿份，协议各方各执＿＿＿＿＿＿份。

甲方：　　　　　　　　乙方：

日期：＿＿＿＿年＿＿＿＿月＿＿＿＿日

附录十四　参考期权证书

期权证书

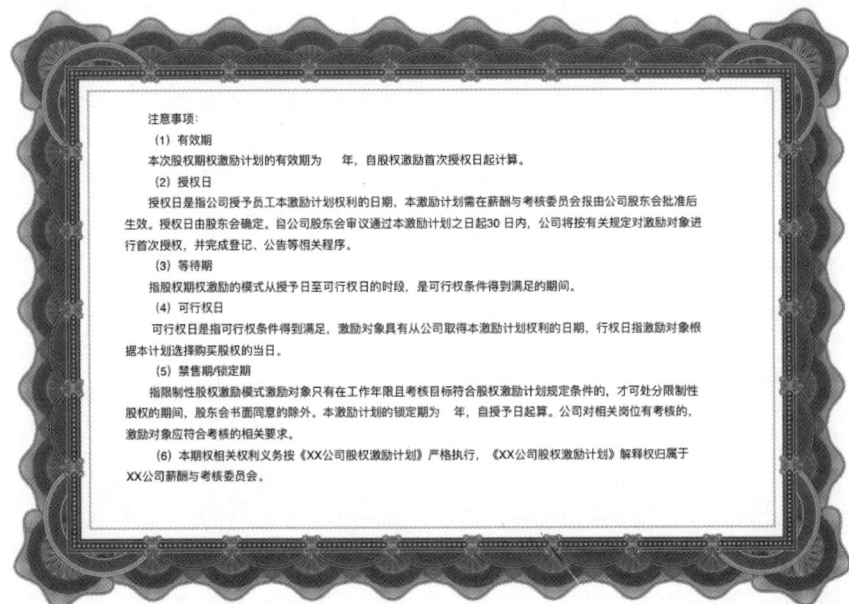

附录十五　参考商业秘密确认单

××有限公司商业秘密确认单

编号:××

确认人:　　　　　　所属部门:

说明:

1. 基于履行职务的需要,确认人已经了解或收到本表中的相关信息。

2. 下列事项,均为公司商业秘密,确认人应按照公司规章制度及双方约定履行保密义务。本表所列之外,依据公司规章规章制度及双方约定属于商业秘密的,确认人亦应履行保密义务。

3. 本表中的客户为公司专有客户,有关材料中的知识产权均归公司所有。

客户信息:

其他秘密信息与材料:

备注:

确认:

1. 上述信息本人已知悉,有关材料已收到,我将依据公司规章制度与双方约定履行保密义务。

2. 我承诺不会私下与公司客户进行(直接或间接)与公司相竞争或利益冲突的业务,即使在我离职之后亦应履行。

签名:

日期:＿＿＿＿年＿＿＿＿月＿＿＿＿日

附录十六　参考商业反贿赂条款

××有限公司廉洁自律承诺书

对于××有限公司(以下简称"公司")员工彼此之间,与用户、客户及供应商、股东及其他相关各方之间的业务关系,公司致力于遵循最高标准的商业行为规范。这意味着我们应当在遵守国家各项法律法规的同时,一并遵循最高标准的商业道德准则。

公司有权随时解释、修订、补充具体的一些条款规则。

如果您对本文件中的任何条款,或者对具体行为的廉洁自律要求有任何疑惑,可通过公司人力资源部门的以下渠道获得解答。

一、具体行为准则

公司要求您避免一切现实的、潜在的、可能的利益冲突。

当您的个人利益无论以何种方式影响或甚至从表面上看来可能影响公司的利益时,即形成利益冲突。当您所采取的行动或享有的利益令您难以客观、不偏不倚且有效地履行公司分派的工作或职责时,即产生利益冲突。

公司员工应以诚实、合乎道德的方式从事公司的业务,包括以合乎道德的方式处理个人与公司业务间的实际或潜在可能的利益冲突。如果您在具体情况下不确定是否存在利益冲突,您有责任咨询人力资源部负责人,并向其全面披露关于利益冲突的所有情况。

鉴于不能一一列举每种可能发生的利益冲突,以下列举的是一些常见的存在实际或潜在利益冲突的情况。

(一)其他公司的财务利益

未经公司人力资源部相关负责人的事先书面批准,员工本人或员工的关联人士,不应:

1.持有与公司存在竞争的公司的任何权益,但在证券交易所内进行的证券交易、基金或信托且通过该种交易本人或关联人仅持有低于该公司发行在外 5％的权益的投资除外；

2.持有与公司有业务往来的公司(如公司的客户、代理商、转售商或供应商)的任何权益,但在证券交易所内进行的证券交易、基金或信托且通过该种交易本人或关联人仅持有低于该公司发行在外 5％的权益的投资除外。

(二)关联交易

未经人力资源部的事先书面批准,您不应从事或促使其关联人士从事任何关联交易,包括但不限于：

1.对于任何与公司有业务往来的个人或机构(如公司的客户、代理商、转售商或供应商),向其提供贷款、为其担保贷款、从其获得贷款或在其协助下获得贷款(但与银行或金融机构的正常借贷则除外)；

2.与公司共同设立合资/合伙企业、合伙或参与其他商业安排；

3.与公司形成任何形式的业务往来,和/或促成任何关联人士与公司形成任何形式的业务往来,包括但不限于购买或销售商品,购买或销售除商品以外的其他资产,提供或接受管理服务,劳务服务或代理服务,租赁资产或设备,提供资金(包括以现金或实物形式),共同研究与开发项目,签订许可协议,赠予或达成任何非货币交易,致使员工本人或关联人士成为公司的客户、代理商、转售商、供应商或达成其他任何交易关系,或明知上述情况可能发生而不向公司进行披露。

未经合规负责人的事先书面批准,您不得参与任何涉及您的关联人士的采购流程、决策流程或其他类似流程,即使这些流程未必构成本准则所规定的关联交易。

(三)与竞争方的外部雇佣关系或活动

1.您不应当同时受雇于公司的竞争方,或与公司的竞争方发生任何方式的关联(包括以咨询、顾问、志愿者或其他类似身份从事的活动),或担任其董事,以及从事其他旨在或可合理预期能够增进竞争方利益的活动,包括但不限于成为该竞争方客户、代理商、转售商或供应商；

2.在受雇于公司期间,您或您的关联人士不应营销任何对公司现有或潜在商业活动构成竞争的产品或提供任何对公司现有或潜在商业活动构成竞争的服务。

(四)收受财物、礼品、娱乐与其他款待

您或您的关联人士不得利用您在公司的工作、职位或身份索取或接受任何私人利益或赠予，包括但不限于回扣、贿赂、私下佣金、低于市场价格的贷款、现金或现金等价物（包括礼券和证券），无论是向供应商、合作方、客户等，均在禁止之列。但在商业来往中获得的一些符合商业惯例的小额非现金促销礼品除外。

任何情况下，如果收取个人利益价值超过300元人民币，则应征得公司人力资源部门批准。如不便事先批准，则应在回到公司后立即将所收财物交至公司人力资源部门并说明情况。

（五）提供礼物、赠予、娱乐与其他款待

绝对禁止提供或给予任何具贿赂、回扣、私下佣金或私人利益性质的付款或礼品。如果因公司业务而须向第三方提供礼品、餐饮、娱乐和其他款待，则必须合法、合理且在具体情况下为适当的，并且即使公开披露也不会使公司、供应商或客户处于尴尬处境。您或您的关联人士不应提供或表示将提供超过象征性价值或超出与商业惯例相关的通常商务礼仪的礼品或娱乐活动。商务活动中的礼品和娱乐活动的开支须经适当的预算、审批、记录、文件存档等流程。

（六）公务活动

1.公司员工在公务交往活动中，必须厉行节俭，不准违反规定公款吃喝，不准用公款接待与公务无关活动的人员；

2.公司员工在外出公务活动中，应当有明确的公务目的，一切从简，不准超标报销差旅费用，不准借公务之机绕道旅游。

（七）业务往来

1.公司员工不得借工作之便索要或接受供货商、经销商或业务单位赠送的礼金、有价证券、通讯工具、笔记本电脑等贵重物品，不得在供货商、经销商或业务单位报销任何应由工作人员个人支付的费用等，不准协同经销商或业务单位套取、截留公司费用、奖品、赠品；

2.公司员工不得借职务之便要求或者接受供货商、经销商或业务单位为其婚丧嫁娶活动、旅游等个人行为提供方便。

二、法律责任

任何违反本条款的员工将被视为严重违反规章制度与劳动纪律而解

除劳动关系或雇佣关系。

特别是违反本规定收受财物、回扣、利益时，无论金额大小，无论是否已经实际取得，只要员工已经表达该意图，即视为严重违反规章制度与劳动纪律而解除劳动关系或雇佣关系。

与此同时，公司将依法追究员工的其他法律责任，包括但不限于赔偿公司损失等。

三、承诺签署

本人已经详细阅读、理解上述制度，并承诺遵守。

本人签名：

日期：_____年_____月_____日

附　录　与股权设计和股权激励相关的法律法规及文件列表

附录一　非上市公司应适用的法律法规及相关文件

序　号	名　称	发文机关	颁布时间
1	《中华人民共和国公司法》	全国人民代表大会常务委员会	2013 年 12 月 28 日
2	《中华人民共和国公司登记管理条例》	中华人民共和国中央人民政府	2014 年 02 月 19 日
3	《关于完善股权激励和技术入股有关所得税政策的通知》	中华人民共和国财政部 中华人民共和国国家税务总局	2016 年 09 月 20 日
4	《国务院关于大力推进大众创业万众创新若干政策措施的意见》	中华人民共和国中央人民政府	2015 年 06 月 11 日
5	《外商投资创业企业管理规定》	中华人民共和国对外贸易经济合作部 中华人民共和国科学技术部 中华人民共和国国家工商行政管理总局 中华人民共和国国家税务总局 中华人民共和国国家外汇管理局	2003 年 01 月 30 日

序　号	名　称	发文机关	颁布时间
6	《非上市公众公司监管指引第 4 号——股东人数超过200 人的未上市股份有限公司申请行政许可有关问题的审核指引》	中国证券监督管理委员会	2013 年 12 月 26 日
7	《关于印发〈中关村国家自主创新示范区企业股权和分红激励实施办法〉的通知》	中华人民共和国财政部中华人民共和国科学技术部	2010 年 02 月 01 日
8	《关于中关村国家自主创新示范区股权激励改革试点工作若干问题的解释》	中关村科技园区管理委员会	2009 年 12 月 26 日
9	《财政部关于〈公司法〉施行后有关企业财务处理问题的通知》	中华人民共和国财政部	2006 年 03 月 15 日
10	《非上市公众公司监管问答——定向发行(二)》	中国证券监督管理委员会	2015 年 11 月 24 日
11	《全国中小企业股份转让系统股票发行业务细则（试行）》	全国中小企业股份转让系统	2013 年 12 月 30 日

附录二　国有企业应适用的特殊规定

序　号	名　称	发文机关	颁布时间
1	《国务院办公厅转发财政部、科技部〈关于国有高新技术企业开展股权激励试点工作的指导意见〉的通知》	中华人民共和国国务院办公厅 中华人民共和国财政部 中华人民共和国科学技术部	2002 年 09 月 17 日
2	《关于高新技术中央企业开展股权激励试点工作的通知》	国务院国有资产监督管理委员会 中华人民共和国科学技术部	2004 年 04 月 30 日
3	《关于实施〈关于规范国有企业职工持股、投资的意见〉有关问题的通知》	国务院国有资产监督管理委员会	2009 年 03 月 24 日
4	《关于在部分中央企业开展分红权激励试点工作的通知》	国务院国有资产监督管理委员会	2010 年 10 月 11 日
5	《关于印发〈国有控股上市公司（境内）实施股权激励试行办法〉的通知》	国务院国有资产监督管理委员会 中华人民共和国财政部	2006 年 09 月 30 日
6	《关于印发〈国有控股上市公司（境外）实施股权激励试行办法〉的通知》	国务院国有资产监督管理委员会 中华人民共和国财政部	2006 年 01 月 27 日
7	《中共中央关于国有企业改革和发展若干重大问题的决定》	中国共产党第十五届中央委员会	1999 年 09 月 22 日
8	《关于印发〈关于国有控股混合所有制企业开展员工持股试点的意见〉的通知》	国务院国有资产监督管理委员会 中华人民共和国财政部 中国证券监督管理委员会	2016 年 08 月 02 日
9	《关于印发〈国有科技型企业股权和分红激励暂行办法〉的通知》	中华人民共和国财政部 中华人民共和国科学技术部 国务院国有资产监督管理委员会	2016 年 02 月 26 日

附录三 上市公司适用/非上市公司可参考的部分 法律法规及相关文件

序 号	名 称	发文机关	颁布时间
1	《中华人民共和国证券法(最新修订)》	全国人民代表大会常务委员会	2014 年 08 月 31 日
2	《上市公司股权激励管理办法》	中国证券监督管理委员会	2016 年 07 月 13 日
3	《企业会计准则第 11 号——股份支付》	中华人民共和国财政部	2006 年 02 月 15 日
4	《创业板信息披露业务备忘录第 8 号——股权激励计划》	深圳证券交易所	2016 年 08 月 12 日
5	《创业板信息披露业务备忘录第 9 号——股权激励(限制性股票)实施、授予与调整》	深圳证券交易所	2015 年 09 月 16 日
6	《中小企业板信息披露业务备忘录第 4 号:股权激励限制性股票的取得与授予》	深圳证券交易所	2015 年 06 月 26 日
7	《关于上市公司实施员工持股计划试点的指导意见》	中国证券监督管理委员会	2014 年 06 月 20 日
8	《创业投资企业管理暂行办法》	中华人民共和国国家发展和改革委员会 中华人民共和国科学技术部 中华人民共和国财政部 中华人民共和国商务部 中国人民银行 中华人民共和国国家税务总局 中华人民共和国国家工商行政管理总局 中国银行业监督管理委员会 中国证券监督管理委员会 中华人民共和国国家外汇管理局	2005 年 11 月 15 日

序　号	名　称	发文机关	颁布时间
9	《股权激励有关事项备忘录1号》	中国证券监督管理委员会	2008 年 03 月 17 日
10	《股权激励有关事项备忘录2号》	中国证券监督管理委员会	2008 年 03 月 17 日
11	《股权激励有关事项备忘录3号》	中国证券监督管理委员会	2008 年 09 月 16 日

参考文献

普通图书

[1] 寇延丁,袁天鹏.可操作的民主:罗伯特议事规则下乡全纪录[M].杭州:浙江大学出版社,2012.

[2] 单海洋.非上市公司股权激励一本通[M].北京:北京大学出版社,2014.

[3] 王文书.企业股权激励实务操作指引[M].北京:中国民主法制出版社,2011.

[4] 胡八一.股权激励9D模型之非上市公司股权激励[M].北京:企业管理出版社,2010.

[5] 段磊,周剑.分股合心:股权激励这样做[M].北京:中华工商联合出版社,2011.

期刊中析出的文献

[1] 林蔚然.上市公司双重股权制度在资本市场的适用性探讨[J].汕头大学学报(人文社会科学版),2016(5):48—54.

[2] 章六红.为股东协议正名[J].董事会,2011(3):86—87.

[3] 朱丽莉.美国股权激励制度面临的困境及启示[J].管理现代化,2012(5):97—99.

报告

[1]最高法院3月31日召开新闻通气会公布4个典型案例[R/OL].(2015-03-31)[2016-6-19].http://www.court.gov.cn/zixun-xiangqing-14000.html.

报纸中析出的文献

[1] 陆剑伟.万科筑城防御"野蛮人"[N].深圳商报,2014-06-23.

[2] 龚名扬.以股权激励顺渡转型期[N].南方日报,2015-11-26.

学位论文

[1] 华波德.论揭开公司面纱规则的适用限制[D/OL].重庆:西南政法大学,
2008[2017-05-23]. http://doc.mbalib.com/view/1d6f51e0f0a3272dea78b9-
e2e8004cd4.html? 2NSCXk—xppyc.uz.taobao.com—facai.html.

案例来源

[1] 孔令文.以最高人民法院指导案例 15 号为例探讨"公司法人人格否认"
制度在我国的首次运用[DB/OL].(2015-07-09)[2017-05-23]. http://
www.lawbang.com/index.php/topics-list-baikeview-id-38882.shtml.

[2] 土豆条款[DB/OL].[2017-05-23]. http://wiki.mbalib.com/wiki/土
豆条款.

[3] 一个关于福特用人的经典故事[DB/OL].(2016-04-28)[2017-05-
23]. http://mt.sohu.com/20160428/n446726863.shtml.

[4] 关于"大娘水饺"的新闻[DB/OL].(2015-12-01)[2017-05-23].
http://money.163.com/keywords/5/2/59275a186c34997a/1.html.

[5] 非上市公司股权激励模式及经典案例[DB/OL].(2015-12-01)[2017-
05-23]. http://mt.sohu.com/20151201/n429028699.shtml.

[6] 万科公司治理浅析[DB/OL].[2017-05-23]. http://www.docin.
com/p-663639979.html? _t_t_t=0.13615774270147085.

[7] 富商入住澳门四季酒店被按摩浴池吸住后溺亡[N/OL].(2015-04-06)
[2017-05-23]. http://news.sina.com.cn/c/2015-04-06/074131685098.
shtml.

[8] 真功夫之殇根由:世上最差股权结构[N/OL].(2013-12-17)[2017-
05-23]. http://news.ifeng.com/gundong/detail _ 2013 _ 12/17/
32184527_0.shtml.

[9] 真功夫 VS 海底捞:最差股权结构公司的不同命运[N/OL]. http://
yq.stcn.com/2013/1106/10888813.shtml.

[10] 万科董事会通过增发股份引入深圳地铁重组预案[DB/OL]. (2016-06-17)[2017-05-23]. http://news. 163. com/16/0617/21/BPPRSJG-600014AED. html.

[11] 财务案例研究,对帝豪公司的投资决策委员会的设立与决策程序进行分析[DB/OL]. (2011-12-22)[2017-05-23]. http://www. wangchao. net. cn/xinxi/detail_1616068. html.

[12] 在线教育网站泡面吧一夜分家:估值近亿元[DB/OL]. (2014-07-07)[2017-05-23]. http://tech. qq. com/a/20140707/010755. html.

[13] 梁灯. 理想与现实的背离:有限责任公司回购股权安排的有效性分析[DB/OL]. [2017-05-23]. http://mp. weixin. qq. com/s? biz = MjM5NzM0MjY0OA = = &mid = 402576801&idx = 1&sn = 75cd9a42e47ea002fd735d5840fdaa2a&scene=0♯wechat_redirect.

[14] 传1号店创始人于刚将离职 控制权移位? [DB/OL]. (2015-05-04) [2017-05-23]. http://www. chinairn. com/news/20150504/172700819. shtml.

[15] Facebook超额发行新股,股东提起诉讼[DB/OL]. (2016-05-02)[2017-05-23]. http://tech. china. com/news/company/892/20160502/22563652. html.

[16] ST银广夏被重组方忽悠[N/OL]. (2010-01-26)[2017-05-23]. http:// finance. sina. com. cn/stock/s/20100126/13577311540. shtml.

[17] 有限合伙成秘密武器:张玉良如何用10万元控制188.8亿资产[DB/OL]. (2014-03-26)[2017-05-23]. http://pe. pedaily. cn/201403/20140326362334. shtml.

[18] 康欣. 股权激励典型案例汇编[DB/OL]. (2017-01-12)[2017-05-23]. http://victory. itslaw. cn/victory/api/v1/articles/article/5e251c79-265d-4558-b89f-64c5271bd8fb? downloadLink = 2&source = iOS&from = singlemessage&isappinstalled=1.

[19] 库克推新福利:苹果员工可购买限制性股票[DB/OL]. (2015-10-15) [2017-05-23]. http://it. sohu. com/20151015/n423282667. shtml.

[20] 梁灯. 虚拟股权激励机制,如何设计才能达到利益平衡? [DB/OL]. (2016-06-11)[2017-05-23]. http://victory. itslaw. cn/victory/api/

v1/articles/article/6a381ade-992a-42c2-8bc0-97a3a42dd8e4?
downloadLink＝2＆source＝iOS.

[21] 康欣. 股权激励, 你不可不知的几个要点 [DB/OL]. (2016-12-08)
[2017-05-23]. http://victory. itslaw. cn/victory/api/v1/articles/article/
80c67a28-9f63-4e95-8223-21bba1232ffd? downloadLink＝2＆source＝iOS.

[22] 刘燕迪, 潘晓黎, 毕晓东. 非上市公司股权激励的实务要点指引 [DB/
OL]. (2016-03-26)[2017-05-23]. http://victory. itslaw. cn/victory/api/
v1/articles/article/65b84eb3-ddb0-4140-8afd-1357200ac884?
downloadLink＝2＆source＝iOS＆from＝singlemessage＆isappinstalled
＝1.

[23] 企业生命周期理论 [DB/OL]. [2017-05-23]. http://wiki. mbalib.
com/wiki/企业生命周期理论.

[24] 上市公司股权激励案: 到底是有条件的赠与还是转让 [DB/OL].
(2016-09-17) [2017-05-23]. http://www. govgw. com/article/21342.
html.

[25] 中华全国律师协会律师办理风险投资与股权激励业务操作指引 [DB/
OL]. (2013-08-19) [2017-05-23]. http://law. wkinfo. com. cn/
document/show? aid＝MTAxMDAxMDkyODk＝＆bid＝＆collection
＝legislation＆modules＝.

[26] 冯清清. 创业公司必备: 图解非上市公司股权激励操作要点和法律
风险 [DB/OL]. (2015-11-30)[2017-05-23]. http://www. 360doc.
com/content/15/1130/11/26755966_516888932. shtml.